A UNIVERSIDADE VIRTUAL E GLOBAL

T565u Tiffin, John
A universidade virtual e global/ John Tiffin e Lalita Rajasingham ; tradução Vinícius Figueira. – Porto Alegre : Artmed, 2007.
216 p. : il. ; 23 cm.

ISBN 85-363-0758-7

1. Tecnologia educacional. I. Rajasingham, Lalita. II. Título.

CDU 37:6

Catalogação na publicação: Júlia Angst Coelho – CRB 10/1712

John Tiffin e Lalita Rajasingham
Victoria Universidade, Wellington, Nova Zelândia

A UNIVERSIDADE VIRTUAL E GLOBAL

Tradução:
Vinicius Figueira

Consultoria, supervisão e revisão técnica desta edição:
Rommel Melgaço Barbosa
Doutor em Engenharia de Sistemas e Computação

artmed®

2007

Obra originalmente publicada sob o título
The global virtual university

Authorised translation from the English language edition published
by Routledge, a member of the Taylor & Francis Group
ISBN 0-415-28702-2

Capa: *Gustavo Macri*

Preparação do original: *Jô Santucci*

Leitura final: *Carla Rosa Araujo*

Supervisão editorial: *Mônica Ballejo Canto*

Editoração eletrônica: *Formato Artes Gráficas*

Reservados todos os direitos de publicação, em língua portuguesa, à
ARTMED® EDITORA S.A.
Av. Jerônimo de Ornelas, 670 – Santana
90040-340 Porto Alegre RS
Fone (51) 3027-7000 Fax (51) 3027-7070

SÃO PAULO
Av. Angélica, 1091 – Higienópolis
01227-100 São Paulo SP
Fone (11) 3665-1100 Fax (11) 3667-1333

SAC 0800 703-3444

IMPRESSO NO BRASIL
PRINTED IN BRAZIL

Agradecimentos

Agradecemos a um grande número de acadêmicos que dispuseram generosamente de suas visões sobre os problemas com os quais as universidades de hoje se deparam e sobre a idéia de uma universidade virtual e global. Em particular, expressamos nossa gratidão às pessoas que atuam como professores-fundadores da idéia de uma universidade virtual e global: Barry Brown, Universidade de Saskatchewan; Gajaraj Dhanarajan, vice-chanceler e CEO da Commonwealth of Learning; Anne Hill-Duin, Universidade do Estado de Iowa; Meheroo Jussawallah, professor emérito do East West Centre; Fred Litto, presidente da Escola do Futuro na Universidade de São Paulo; Roy Lundin, Universidade de Tecnologia de Queensland; Madanmohan Rao de Microland; Horacio Reggini, pró-reitor da Faculdade de Engenharia da Universidade Católica da Argentina; Alexander Romiszowski, Universidade de Syracuse; Majid Tehranian, Universidade do Havaí; Nadia Magnenat von Thalmann, diretora da MIRALab Universidade de Genebra; Armando Rocha Trindade, reitor da Universidade Aberta de Portugal; John Sinclair, Universidade de Birmingham; Nobuyoshi Terashima, chefe do Global Information and Telecommunications Studies na Universidade de Waseda; Georgette Wang, chefe do setor de Comunicação na Universidade Batista de Hong Kong; e Esa Saarinen, Universidade de Tecnologia de Helsinki.

Também somos gratos a quem nos associamos em experimentos de realidade virtual e na busca de construir sintagmas a partir de nossos paradigmas de uma universidade virtual e global: Margaret Allan, Scott Allan, David Ashworth, Gordon Boyce, Noel Bridgeman, Sue Chard, Gowan Duff, Chris Kissling, Matthew e Karen Lloyd, Simon Lonsdale, Liz Mirams, Minako O'Hagan e Alan Strawbridge.

Também agradecemos Stuart McCutcheon, vice-reitor da Victoria Universidade de Wellington, a John Harper e Anuar Zaini Md Zain, vice-reitor da Universidade de Malaya, por dedicarem seu tempo a expressar seus pensamentos sobre a universidade do futuro.

A pesquisa recebeu o auxílio de uma associação entre a Telecommunications Advancement Organisation of Japan e de uma concessão de um programa de intercâmbio entre a Nova Zelândia e o Japão. Nosso reconhecimento às influências que vieram do desempenho de alunos, professores, professores convidados e associados das universidades de Addis Abeba (quando tinha o nome do imperador Hailé Selassé), Bologna, Cambridge, Catalunha, Chulalongkorn, De LaSalle (Filipinas), Flórida, Ghana, Havaí, James Cook, Leeds, Liverpool, Los Banos (Filipinas), Melbourne, Nacional Chung Cheng, Pernambuco, Simon Fraser, Victoria, Waseda e Wisconsin.

Agradecemos em especial:

Ao reitor da Universidade de Bologna, a universidade mais antiga do mundo, pelo lançamento da idéia da "mais nova universidade do mundo".

A Noboyoshi Terashima por nos conectar à HiperRealidade, colaborando conosco no projeto de pesquisa sobre HiperAula e por revisar as partes do livro que se relacionam à HiperRealidade; a Don Hanna, por ler a idéia; à Anne Gooley, por receber nossas experiências na Queensland Open Learning Network; a Somasundran Puvi-Rajasingham, por suas contribuições epistemológicas adversas; à Sara Hudson, por ajudar em nossas pesquisas; a Simon Lonsdale, por tornar a tecnologia possível; aos nossos alunos de pós-graduação, por entrarem no espírito de uma universidade vitual e global; à Annette Patterson e seus colegas na Universidade James Cook, por pensarem no que estará envolvido na validação de uma universidade virtual e global; à Alison Foyle, da RoutledgeFalmer, pela boa orientação; a Margaret Allan, um muito obrigado bastante especial pela interminável edição do livro, sutis e não-sutis sugestões e paciência incansável com paradigmas sobre paradigmas.

Finalmente, agradecemos à Victoria Universidade, em Wellington, na qual a mais alta tradição acadêmica sustentou de maneira generosa nossa pesquisa durante 17 anos, mesmo quando não concordava com seu objeto.

Sumário

Prefácio à edição brasileira

Fiquei muito feliz ao receber o convite para escrever o prefácio da versão em língua portuguesa deste livro, escrito por dois velhos amigos e colaboradores em diversos projetos educacionais ao longo dos anos. Mas, também fiquei um pouco preocupado. O livro trata do impacto – real e possível – das novas tecnologias da era da globalização nas velhas instituições e metodologias de ensino superior. Mas, novas tecnologias aparecem com freqüência assustadora e os efeitos da globalização estão mudando diversos aspectos da vida em sociedade até mais rapidamente do que foi previsto. Será que o livro que John e Lalita escreveram no início do novo milênio e publicaram, na versão em língua inglesa em 2003, estaria ainda "em dia" na segunda metade dessa década, e seria relevante nas próximas décadas do século? Pessoalmente, acredito que não há dúvida – a resposta é SIM. Mas, para explicar minha convicção, seria bom refletir um pouco sobre os dois componentes do assunto – educação e tecnologia.

Nos últimos anos, temos presenciado uma verdadeira explosão de atividade na área de aplicação das tecnologias da informação e da comunicação - as "TICs" – na educação. Nos ensinos fundamental e médio, as novas tecnologias entram de diversas maneiras: novas matérias a serem estudadas para poder concorrer no mercado de trabalho; novas ferramentas que apóiam o processo de busca e processamento das informações; novos métodos de organização e comunicação de tais informações, que apóiam o processo de aprendizagem pelo uso dos recursos de multimídia e interatividade. Mas de modo geral, a escola, como um espaço físico que reúne crianças e adolescentes em grupos por determinado período do dia, permanece como antigamente.

Isso ocorre porque a escola, além de ensinar algumas matérias básicas selecionadas por alguma autoridade como "relevante e útil para todo cidadão", preenche outros papéis importantes: socializar crianças; manter adolescentes fora do mercado de trabalho – e fora das gangues de desempregados; atuar como um tipo de "creche" para que os pais possam trabalhar com eficácia e eficiência. Estas forças não mudaram. Em alguns casos, o impacto das mudanças tecnológicas reforça a importância das antigas estruturas sistêmicas da sociedade. Por exemplo, o crescimento de "teletrabalho" e o uso da própria casa como escritório tendem a reforçar a importância da escola como "creche" e, assim, garantir a sobrevivência das escolas de ensino básico na sua forma atual.

Já nas áreas de ensino superior e formação profissional, as forças da sociedade são outras. As novas tecnologias também entram no pós-ensino médio em diversas maneiras iguais ao que ocorre no ensino fundamental. Mas, a necessidade de reunir adultos em determinado lugar físico por determinado período do dia, muitas vezes atua como camisa de força, limitando oportunidades, acesso e as próprias condições de estudo e aprendizagem. Portanto, um resultado das recentes inovações tecnológicas é o surgimento de inúmeros sistemas de ensino e aprendizagem a distância, por meios eletrônicos. Surgiram novos cursos, programas e instituições operando total ou parcialmente a distância, às vezes sem nenhuma infra-estrutura convencional de *campus*, prédios escolares e salas de aula. São as escolas e universidades "virtuais".

Este novo fenômeno, naturalmente, deu margem a inúmeras publicações na forma de artigos, revistas e livros discutindo todo e qualquer aspecto do assunto. Podemos então perguntar se há espaço para mais um livro. Qual a sua contribuição ao acervo de informações já existentes? Qual o valor agregado da mensagem que John e Lalita transmitem neste livro?

O livro não é um estudo de caso de determinada instituição real. Não apresenta uma revisão de literatura sobre diversos casos, que possa servir como base para estudo acadêmico do fenômeno e da formulação de princípios gerais que expliquem o sucesso de alguns empreendimentos do gênero e fracasso de outros. Descreve e analisa todos os principais subsistemas de uma universidade virtual, operando *on-line* em escala global. Mas não apresenta nenhuma "receita de bolo" para montagem ou operação de tal tipo de instituição. Ao invés de apresentar estudos de casos de sucesso ou fracasso, ou procedimentos algorítmicos para planejamento e gestão de instituições de ensino superior baseados no uso intensivo de novas tecnologias da informação e da comunicação, os autores adotam uma abordagem heurística – propondo novos modos de pensar sobre as propostas básicas de tais instituições e os aspectos essenciais, sistêmicos, de seu funcionamento.

Na primeira parte do livro enfrentamos uma análise que coloca as tendências atuais no ensino superior, movidas, em grande parte, pelo impacto das novas tecnologias, no contexto da evolução ao longo de séculos da universidade como instituição, e dos próprios conceitos sobre seu papel na sociedade. Observamos que, segundo os autores, existe certa discrepância entre o que realmente está acontecendo e o que poderia ou deveria acontecer – certa confusão de paradigmas que norteiam as mudanças que estão ocorrendo, ou que deveriam ocorrer, mas não estão ocorrendo, no ensino superior. Observamos também que o modo como as novas tecnologias são usadas, nem sempre está trazendo as mudanças radicais que a sociedade necessita e espera. As universidades estão se tornando, talvez, mais eficientes, mais acessíveis, mais competitivas, mais "empresas". Porém, para estender a analogia empresarial, continuam usando os mesmos processos para fabricar os mesmos produtos. O ensino superior, em contraste com os ensinos fundamental e médio, está se transformando do presencial para virtual; mas, em termos das suas bases filosóficas e contribuição a uma sociedade em plena transformação, há pouca mudança. Podemos resumir a situação com a famosa frase francesa; "plus c'a change; plus c'est la même chose" – quanto mais as coisas mudam, mais ficam como antigamente.

Mas, será que não seria necessário mudar, realmente? – em termos de conceitos e paradigmas fundamentais? Talvez as universidades precisem reavaliar seu papel na sociedade e o que isto significa em termos de estrutura e funcionamento. Talvez as novas tecnologias possam servir como instrumentos para implementação das mudanças necessárias. Mas, para isto acontecer, precisamos abordar a questão de maneira diferente do que está acontecendo na maioria dos casos atuais de transformação de universidades presenciais em virtuais. Precisamos questionar algumas bases que parecem imutáveis – as "vacas sagradas" da maioria dos sistemas de ensino superior. Entre os exemplos citados e amplamente comentados pelos autores estão o real papel da universidade e a divisão dos atuais esforços entre os papéis de ensino e pesquisa. Pelo próprio nome dado ao setor, parece que o primeiro citado é o papel principal, mas a realidade fiscal e organizacional da maioria das instituições sugere o contrário.

Outro exemplo comentado é a falta de clareza, no mundo de hoje, quanto à própria visão da educação superior: é um "bem público", como serviço de primeiros socorros ou limpeza de ruas, que deve estar ao alcance de todo cidadão e financiado pela sociedade por meio de impostos; ou é um produto ou serviço comercial, que deve encontrar seu espaço no mercado definido pelas forças naturais de oferta e demanda, e no final das contas, financiado pelo próprio consumidor/cliente – o estudante ou seu empregador?

Para resolver tais questões básicas e chegar a um consenso sobre o que devemos fazer em busca de um mundo não apenas modificado, mas realmente melhor, precisamos adotar uma abordagem sistêmica. Precisamos perceber, claramente, o que está acontecendo na sociedade como um todo – definir claramente uma "visão" do papel das universidades neste cenário de mudança – identificar onde os sistemas de ensino superior estão bem estruturados para preencher seu papel e onde existem necessidades de mudança na própria "missão" dessas instituições. A partir de tal análise, podemos proceder a uma síntese do modelo ideal de uma universidade do futuro: definir o sistema desejado em termos dos resultados esperados; selecionar as estratégias gerais que devem ser adotadas para alcançar esses resultados; elaborar um plano tático e realista, mas sem deixar de ser idealista, para implementar as mudanças necessárias. Sem esquecer dos aspectos de avaliação: como vamos saber, e em tempo hábil, se as mudanças que estão acontecendo realmente estão levando a este mundo melhor que imaginamos no início do processo; o que devemos instalar em nossos sistemas de ensino superior para poder desenvolver, e em tempo hábil, as ações que possam se tornar necessárias para evitar desvios desastrosos do caminho desejado.

As idéias expressas no parágrafo anterior são minhas. Mas, refletem a principal mensagem que o livro me comunica: apesar do emprego das novas tecnologias já acontecendo no ensino superior em todo o mundo, precisamos repensar nossos projetos – sociais e pedagógicos – para poder orientar as mudanças em direções verdadeiramente úteis. Por este motivo, a mensagem do livro de John e Lalita não está ultrapassada. Ao contrário, há ainda maior necessidade de divulgação desta mensagem hoje, já que estamos percebendo com a passagem dos anos que, muitas vezes, os resultados das mudanças tecnológicas no ensino superior não são nem tão revolucionários nem tão benéficos como que se esperava.

O termo técnico-popular adotado, inclusive pelos brasileiros, para descrever o fenômeno aqui analisado é a palavra inglesa "e-learning". Às vezes, o termo é escrito "E-learning", ou, então, "e-Learning". O uso irregular das letras maiúsculas pode ser resultado da falta de padronização de um termo relativamente novo ou simplesmente da falta de atenção dos autores e seus editores. Mas outra hipótese seria a de que o uso da letra maiúscula reflete a relativa importância, talvez inconsciente, que determinado autor coloca nos aspectos tecnológicos e educacionais do sistema – "E" para Eletrônica ou "L" para "Learning"? Obviamente, os dois aspectos são importantes, mas não existe dúvida nenhuma de que, no processo, o componente "L" deve ser o Líder e "E" o Escravo. Porém, a realidade muitas vezes mostra que os papéis se invertem.

A mensagem contida neste livro alerta para os perigos dessa tendência e mostra como achar o equilíbrio entre os meios e os fins da educação superior. Talvez o livro não ensine como ganhar dinheiro com "e-learning", mas faz algo bem mais importante – explica como a futura Universidade Virtual e Global pode fazer uma diferença real, para melhor, neste Admirável Mundo Novo em que vivemos.

Alexander Joseph Romiszowski. PhD.
Professor, Tecnologias da Educação, Universidade de Syracuse, USA
Diretor, TTS-Global Consultoria, Rio de Janeiro, Brasil.
ajromisz@syr.edu

Prefácio

Este livro, *A universidade virtual e global,* de John Tiffin e Lalita Rajasingham, oferece-nos uma excelente visão virtual. Mas não se trata de uma visão utópica: contém as maravilhas das novas tecnologias da informação e da comunicação (TIC), estando também adornada com os ricos emblemas de uma instituição que durante séculos sobreviveu às vicissitudes do tempo e do espaço. A visão contém amplitude, profundidade, erudição e realismo. De maneira envolvente, também nos apresenta muitos exemplos virtuais.

Tiffin e Rajasingham oferecem-nos uma visão que responde a uma premente necessidade global. Necessidade que se demonstrou muito forte em recentes e intensos eventos e debates. Começando com a tese de Samuel Huntington, *Clash of Civilisations,* (1993, 1996) [O choque de civilizações], o mundo tem se voltado atentamente aos conflitos Norte-Sul, em vez de voltar-se aos conflitos Leste-Oeste da época da Guerra Fria. Depara-se também com a possibilidade de uma guerra sangrenta de civilizações.

Um forte debate internacional tem ocorrido. Ergueram-se vozes contrárias à tese de Huntington. Benjamin Barber (1995) caracterizou o conflito como "Jihad *vs.* McWorld". Eu havia chamado o mesmo fenômeno de um conflito entre duas patologias atuais mundiais: "Identidade *vs.* Fetichismo da Mercadoria" (Tehranian, 1981). Edward Said (2001) denominou a tese de "um choque de ignorância", Tariq Ali (2002) chamou-a de choque de fundamentalismos entre o mercado e a religião. Em 1996, o Toda Institute for Global Peace and Policy Research escolheu como seu lema "Diálogo das Civilizações por uma Cidadania Global". Quatro anos mais tarde, em 2000, o instituto reuniu eruditos de oito civilizações distintas para que travassem diálogos sérios. Os resultados foram publicados como *Dialogue of civilisations: A new peace agenda for the new millennium,* incluindo perspectivas do xamanismo, hinduísmo, budismo, confucionismo, judaísmo, cristianismo, islamismo e humanismo secular. Por iniciativa do presidente Mohammad Khatami, do Irã, as Nações Unidas declaram 2001 como o ano do diálogo entre as civilizações.

Ironicamente, porém, 2001 foi o ano dos ataques terroristas de 11 de setembro, nos Estados Unidos. Aquela tragédia nos levou a uma nova era, que ameaça jogar os ricos contra os pobres em uma guerra civil global. O choque poderia ser, como disse Huntington, "entre o Ocidente e o Resto". Em um artigo do *New York Times,* de 27 de novembro de 2002, Thomas Friedman dramatizou "o choque" com uma carta imaginária do presidente George W. Bush ao mundo islâmico, alertando-o das terríveis conseqüências de sua beligerância. Enquanto isso, uma guerra paralela está ocorrendo em todos os lados para corresponder à guerra de palavras.

Enfrentamos um conflito de interesses materiais explícitos, como o controle do petróleo no Oriente Médio, um confronto irreconciliável de fanatismos, ou um puro e simples choque de civilizações? Todos os três fatores estão provavelmente em ação de maneira complexa e camuflam a ganância e a ignorância humanas. "A civilização é uma corrida entre a educação e a catástrofe", disse muito bem H. G. Wells. O desafio com que o mundo se depara agora é o de como educar os 6,2 milhões de pessoas que aqui vivem, para evitar catástrofes futuras. Essa educação exige a retomada de valores fundamentais de compaixão e de esclarecimento presentes em todas as grandes civilizações – orientais ou ocidentais. Mas também exige o desenvolvimento das habilidades cognitivas e profissionais necessárias para a sobrevivência em um mundo orientado para a tecnologia.

Tiffin e Rajasingham respondem a esse desafio assustador convocando três transformações concorrentes: na educação de nível superior, nas modalidades de conhecimento e nas fronteiras civilizatórias.

Sob o impacto das tecnologias da informação e da comunicação (TIC), a transformação da educação superior já começou. A explosão de universidades virtuais ameaça tomar as funções das universidades tradicionais. Eli Noam (1995) argumentou que o fim está próximo. De acordo com essa visão, as universidades convencionais já perderam muito de suas funções de produção de conhecimento (para corporações e para grupos de especialistas transnacionais), de distribuição de conhecimento (para as universidades virtuais) e de armazenamento de conhecimento (para bancos de dados, bibliotecas eletrônicas, internet e para a World Wide Web). Algumas universidades convencionais, contudo, responderam ao desafio. Muitas já lançaram ou experimentam programas variados de ensino a distância.

As universidades não são, contudo, fábricas de conhecimento. São instituições sociais interativas e vitais. Juntamente com outras instituições científicas e culturais (religiosas, artísticas, literárias e científicas), elas atuam como guardiãs morais e intelectuais dessas sociedades. São importantes canais para a socialização, recrutamento, inovação, reflexão, serviços e capacitação (Tehranian, 1996). Tiffin e Rajasingham reconhecem tudo isso. Mas eles defendem de maneira persuasiva que uma educação superior mais universal tornou-se agora possível tecnologicamente, libertando à aprendizagem do tempo e do espaço.

As novas universidades virtuais estão globalizando, democratizando e transformando o conhecimento. As universidades convencionais dos mundos hindu-budistas, confucionistas, judaicos, cristãos e islâmicos impunham determinados limites ao conhecimento. Esses limites estavam intimamente associados com visões metafísicas de mundo. As universidades modernas impuseram limites diferentes ao conhecimento, intimamente ligados aos novos positivismo e empirismo da ciência moderna. Os parâmetros de conhecimento expandiam-se apenas por mudanças de paradigmas que ocorriam nos limites de visões de mundo que variavam de Newton a Darwin e Einstein. As teorias das cordas e do caos expandiram esses parâmetros. Mas as universidades virtuais estão expandindo ainda mais esses limites por meio da globalização, da democratização e da relativização de todo o conhecimento. Aqueles que defendem ter chegado à verdade, seja ela metafísica ou científica, estão cada vez mais sob a suspeita de que já a perderam.

Cada vez mais, a verdade é considerada como a busca pelas verdades. Dois teólogos proeminentes, um judeu e um muçulmano, pediram tolerância, e não celebração de diferenças (Sacks, 2002; Soroush, 1378/1999). Isso quer dizer diálogo com outros povos, culturas e civilizações. Nesse sentido, o próprio conceito de civilização passa por uma transformação profunda. A civilização não deve mais ser considerada como um destino definido. Ao contrário, deve ser vista como uma jornada, como um processo de vir-a-ser. Nenhuma nação pode, portanto, alegar ter chegado a um estado civilizado. O choque de civilizações, assim, só é um jogo sangrento para os fanáticos. O diálogo entre as civilizações é o único caminho para a negociação de problemas e soluções. Essas novas perspectivas ampliadas tanto pelas universidades convencionais quanto pelas virtuais talvez possam salvar a humanidade dos desatinos e das catástrofes que ela mesma produz.

São essas as boas novas. As mesmas tecnologias da informação e da comunicação que aumentaram imensamente as oportunidades educacionais também permitiram, no entanto, que a Al-Qaeda planejasse globalmente o terror, em uma rede que envolvia as comunicações, o sistema financeiro e a política. As mesmas tecnologias nos colocaram ainda em uma espécie de aquário global. Para acalmar os revolucionários famintos que pediam pão, Maria Antonieta hoje não diria que "comessem brioches". Ela teria sido castigada pelas imagens de fome na África e em outros lugares, conforme demonstram as redes globais de televisão. A ignorância explícita dos ricos em relação ao mundo seria impensável.

Por outro lado, as mesmas tecnologias da informação e da comunicação permitiram que as populações pobres e marginalizadas do mundo testemunhassem pela televisão o estilo de vida dos ricos. A exposição à propaganda mundial aguçou seu apetite por bens de consumo que estão efetivamente fora de seu alcance. O aumento das expectativas e frustrações entre os pobres os coloca em uma situação de crescente alienação, regressão e agressão. As inseguranças humanas dos marginalizados são, por sua vez, espelhadas nas inseguranças humanas dos entrincheirados. Os guetos de pobreza nas favelas urbanas encontram assim sua imagem espelhada nos guetos dos ricos, nas comunidades fechadas e eletronicamente vigiadas.

Para construir um mundo mais pacífico e próspero para todos, a aprendizagem virtual poderá transformar as energias humanas mobilizadas para a violência em esforços voltados à paz e ao desenvolvimento? Para encontrar uma resposta eloqüente a esta questão crítica, prezado leitor, não posso oferecer melhor fonte do que os dois parágrafos finais deste livro esplêndido.

Majid Tehranian
Universidade do Havaí, Manoa
Toda Institute for Global Peace and Policy Research
Honolulu, Havaí

REFERÊNCIAS

Ali, T. (2002). *The Clash of Fundamentalisms: Crusades, Jihads and Modernity*. London: Verso.

Barber, Benjamin (1995). *McWorld vs. Jihad.* New York: Random House.

Friedman, Thomas (2002). Op-ed. *The New York Times,* 27 November.

Huntington, S. P. (1993). *The Clash of Civilisations, Foreign Affairs,* Summer.

Huntington, S. P. (1996). *The Clash of Civilisations and the Remaking of World Order.* New York: Simon and Schuster.

Noam, E. (1995). "Electronics and the dim future of the university", *Science*, 270, October 13: 247-9.

Sacks, J. (2002). *The dignity of difference.* London and New York: Continuum.

Said, E. (2001). "The Clash of Ignorance", *The Nation,* 12 October.

Soroush, Abdol-Karim (1378/1999). *Sarathaye mostaghim* (The Straight Paths). Tehran: Sarat Cultural Foundation.

Tehranian, M. (1981). "The fetish of identity: communications revolution and fundamentalist Revivals", *Media Asia*, 8:1.

Tehranian, M. (1996). "The end of university?", *The Information Society*, 12: 441-7.

Tehranian, M. and Chappell, D. W. (eds.) (2002). *Dialogue of Civilisations: A New Peace Agenda for the New Millennium.* London: I. B. Tauris.

Introdução

A sociedade da informação está tornando-se uma sociedade do conhecimento. Um sistema educacional se faz necessário. As sociedades industriais se tornaram possíveis com a educação de níveis fundamental e médio universais. Uma sociedade do conhecimento precisa de educação superior que esteja disponível a qualquer pessoa ao longo de sua vida adulta.

A educação superior é fundamentalmente oferecida pelas universidades, cujo papel tradicional tem sido preparar as elites administrativas e profissionais das nações. Elas agora precisam tornar-se um serviço que atenda a todos. E se a globalização tiver de ser algo mais do que a exploração dos miseráveis por parte dos poderosos e dos privilegiados, ela deve também tornar a educação universitária disponível a todos e em todos os lugares que a queiram, independentemente de nação, cultura ou crença. Uma demanda extraordinária por educação universitária e pela mudança na missão civilizatória das universidades está em processo. Que tipo de universidade se encaixa nisso?

A universidade moderna foi feita para responder às necessidades da sociedade que a sustém e legitima. Ela não foi projetada ou equipada para responder às novas demandas globais. A dependência do transporte tradicional, das tecnologias de construção e do ensino realizado em sala de aula restringe sua abrangência e torna impossível a rápida expansão sem o rebaixamento de padrões.

Tem de haver uma melhor maneira de responder à demanda global pela educação universitária e de administrar o modo de fazer isso sem transformar as universidades em um campo de treinamento corporativo. Tem de haver uma maneira mais econômica e, portanto, possível, mais condizente com a época em que vivemos e com a tecnologia com o qual trabalhamos, mais aberta às pessoas que falam outras línguas – que não o inglês – e mais preocupada com as necessidades curriculares e com as preocupações culturais da própria globalização.

Em 1995, publicamos *In search of the virtual class: education in an information society*, no qual delineamos a idéia de uma universidade virtual baseada na internet e que estaria disponível a qualquer pessoa e em qualquer lugar. No ano seguinte, a Universidade Aberta da Catalunha funcionava integralmente na internet. Desde então, as universidades virtuais proliferaram. Contudo, nem todas tiveram tanto sucesso ou estavam tão preocupadas com os padrões como a UOC. São as vantagens econômicas da internet que atraem, mais do que a oportunidade de desenvolver um novo tipo de universidade que repare os problemas da velha universidade e que atenda às necessidades de uma nova era.

Nosso interesse está no potencial de uma universidade virtual desatrelada das estruturas de reconhecimento das nações e que operem a partir de uma plataforma de telecomunicações de banda larga e global, na qual a norma do poder da computação pessoal faça com que seja possível distribuir a realidade virtual com a inteligência artificial. Tal ambiente tecnológico tornar-se-á, como a televisão e as armas, globais e, se, como a televisão e as armas, for percebido como um meio de prazer e sobrevivência, mesmo os pobres encontrarão uma maneira de acessar a tecnologia. Em vez de oferecer simples diplomas insossos, será possível às universidades virtuais oferecer todo o sabor da vida acadêmica que até agora esteve disponível apenas a quem freqüenta as universidades "reais".

Em *The idea of a university*, publicado em 1873, o cardeal John Newman (1996) definiu a universidade moderna como a conhecemos. Também foi Newman (1902) que cunhou a expressão "universidade virtual". Quando usamos essa expressão pela primeira vez, em 1980, tínhamos em mente o conceito de "realidade virtual" apresentado por Jaron Lanier e os nossos próprios experimentos com "aulas virtuais" utilizando um "computafone" quando pesquisávamos como uma universidade poderia ser uma função das tecnologias de computação e comunicação. Newman (1902, p.4), contudo, empregou a expressão "universidade virtual" para as grandes metrópoles da Revolução Industrial, pois a aglomeração de pessoas e idéias nelas presentes colocou-as no centro de mudanças dinâmicas que ocorriam na sociedade. Trata-se de uma idéia rica. Se viver na Manchester do século XIX implicava estar no centro da Revolução Industrial, estar na internet no século XXI é ser parte da revolução do conhecimento.

Sendo nós mesmos provenientes de culturas diferentes, reconhecemos os perigos do etnocentrismo que Timothy Reagan levanta em sua obra *Non-Western Educational Traditions*. Ao buscar os princípios comuns que subjazem a toda a educação, ele usa os conceitos lingüísticos dos "universais relativos" para as propriedades que são geralmente mantidas sob controle comum e "universais absolutos" para as quais não há exceções (Reagan 2000, p.15). De nossa parte, buscamos os universais das universidades que as fazem universidades e que deveriam, portanto, ser incorporados em qualquer universidade do futuro.

As universidades não são nada além de sistemas de comunicação e, portanto, a idéia abstrata de universidade é um paradigma. Os universais de uma universidade podem ser então vistos como os elementos fundamentais do paradigma da universidade, e as universidades individuais, como expressões sintagmáticas desse paradigma.

Escrevemos sobre o paradigma da universidade não a partir de uma base estatística, nem somente da literatura anglófona, mas a partir de encontros, conferências e comunicações na internet com acadêmicos do mundo todo que já adotam a academia global. Também escrevemos a partir de nossa experiência com as universidades onde ensinamos e estudamos, em diferentes países. Em geral nos surpreendemos com a notável similaridade entre as universidades. Analisar a idéia de universidade como um paradigma ajuda-nos a entender por que isso é assim e nos dá a esperança plena de que independentemente de onde estejam os professores e os alunos, eles sentir-se-ão em casa em uma universidade virtual e global que se conforma ao velho paradigma da universidade. Este livro descreve o tipo de mudanças radicais de que as universidades precisam se quisermos encontrar uma nova maneira de ser para elas na era da globalização, mas também defende a idéia de que as universidades não devem abandonar os universais que as viram sobreviver durante tanto tempo quanto a própria civilização.

A relação entre universidades e civilização é próxima. Este livro foi escrito à sombra dos eventos do 11 de setembro de 2001, entre conversas sobre as Cruzadas, uma paranóia crescente e o surgimento de medos atávicos de outras culturas. Carrega consigo a sugestão de que uma universidade global e virtual poderia ser um passo em direção à sanidade, à sabedoria, em direção ao conhecimento de que precisamos para lidar com os problemas globais de maneira global.

1
Os universais de uma universidade

O propósito de uma universidade é voltar-se às grandes questões de seu tempo.

(Wang, 1999, comunicação verbal pessoal)

... a universidade não era mais um lugar para a aprendizagem, mas um empreendimento comercial, uma loja de diplomas administrada por administradores sem alma que cortavam custos impiedosamente e sobrecarregavam um número cada vez menor de docentes.

(Hewett, 1999, p.155)

... uma instituição burocrática para peneirar, classificar e credenciar uma massa uniforme.

(Miller, 1998, p.22)

Um professor da Northern Territory University foi ameaçado de decapitação se os alunos não fossem aprovados em um exame de Língua Inglesa nesta semana.

(*The Australian,* 2002)

... a fábrica do conhecimento, por assim dizer, no centro da economia do conhecimento.

(*The Economist,* 1997)

INTRODUÇÃO

Pediu-se ao reitor da universidade que fizesse sua última manifestação completamente nu e que depois se deitasse de bruços para que sua cabeça fosse cortada. Seu corpo foi então colocado em um túmulo aberto, sem mortalha ou caixão, e sua cabeça enfiada em um mastro por 15 dias, depois dos quais foi jogada no rio para dar lugar à cabeça do administrador da universidade (Richards, 1995).

Isso não é fantasia de um aluno de graduação. A universidade em questão é Cambridge, o ano foi o de 1535, o reitor era John Fisher e o administrador, Sir Thomas More. O problema de ambos é que dependiam da autoridade monolítica do Papa para revelar o significado de Deus ao mundo e para decidir se o rei deveria ou não se divorciar da rainha. A autoridade papal era a pedra fundamental na estrutura da lógica que as universidades ensinavam e na mentalidade que sustentava o mundo medieval. Mas a Reforma havia começado. A infalibilidade papal estava sendo questionada. Poderosos príncipes europeus do norte dos Alpes, como Henrique VIII, afirmavam a soberania do Estado. Na edificação da universidade medieval estavam aparecendo as primeiras rupturas que acabariam por abrir caminho à universidade moderna. Os acadêmicos que não se ajustavam ao que ensinavam e pesquisavam uma nova realidade tiveram destinos similares aos de More e Fisher.

Figura 1.1 John Fisher, reitor da Universidade de Cambridge (1514-1535). (Figura reproduzida com a permissão do St John's College, Cambridge). Dirigir uma universidade tem sido uma ocupação de risco desde a época de Sócrates.

Desde os anos de 1960 parece que o mundo inteiro percebe que novamente, como na canção de Bob Dylan, "os tempos estão mudando", exceto para quem administra a universidade moderna. Elas continuaram a funcionar como se por direito divino, enquanto o mundo para o qual deveriam preparar as pessoas mudava. Porém, isso não acontece mais. Novamente as cabeças dos reitores e dos vice-reitores rolam, ainda que apenas virtualmente. Será isso, como pergunta Majid Tehranian (1996), "o fim da universidade"?

As universidades ainda estão centradas nas antigas questões nacionais dos países aos quais servem, em uma época em que a globalização está tornando-se uma questão premente, não a globalização no sentido de um ambiente neoliberal pelo livre-comércio, mas no sentido mais completo antevisto por Marshall McLuhan quando escreveu sobre uma aldeia global (McLuhan e Fiore, 1967). Estamos todos inextricavelmente interconectados em um ambiente global de informações que nos traz uma consciência global e, com ela, uma responsabilidade global por um desenvolvimento sustentável, pela busca de soluções para a poluição, a pobreza, as pandemias e as mudanças climáticas, assim como pela aprendizagem de como viver juntos. Nenhum país, nem mesmo os Estados Unidos, pode pensar em si mesmo como "uma ilha totalmente isolada". O desafio é desenvolver uma universidade que esteja acima do sectarismo e cultivar núcleos de profissionais que lidem com questões globais.

Este livro trata da idéia de uma universidade virtual global. Quem deveria ensinar o que, a quem e como, no futuro? A quem os acadêmicos servirão quando as universidades forem globais, como serão pagos e por quem, como seus alunos e eles próprios serão avaliados? Que regras, procedimentos e filosofias manterão todos juntos? Para responder a estas questões, consideramos a universidade como um paradigma.

O PARADIGMA DA UNIVERSIDADE

Se tivéssemos de indicar um texto apenas como ponto de partida sobre a idéia da universidade como um paradigma, este teria de ser *A estrutura das revoluções científicas*, de Thomas Kuhn (1962). Ao lançar dúvida sobre a objetividade do método científico, ele questionou as bases filosóficas sobre as quais a universidade moderna se sustenta.

Kuhn usou o termo "paradigma" para indicar "o que os membros de uma comunidade científica, e somente eles, compartilham" (Kuhn 1977, p.294) e explicou que tais

> *comunidades são caracterizadas pela relativa plenitude de comunicação dentro do grupo e pela relativa unanimidade de julgamento do grupo em questões profissionais. Em grande parte, os membros de uma dada comunidade terão absorvido a mesma literatura e tirado lições semelhantes dela.* (p.296)

A história da ciência, de acordo com Kuhn, não é uma progressão lógica em direção à revelação da natureza do mundo em que vivemos. Em vez disso, a ciência se desenvolve em estágios de paradigmas normativos bem-definidos, separados por revoluções científicas. Em um paradigma normativo, os resultados de pesquisa complementam-se reciprocamente. O novo conhecimento fornece as peças que faltavam ao quebra-cabeça do paradigma normativo. Os profissionais são treinados para resolver problemas de acordo com o paradigma normativo e têm um interesse declarado por sua preservação. Quando as descobertas científicas não se encaixam no paradigma normativo, cria-se um paradoxo. Se a pesquisa e o pesquisador são desacreditados, o paradigma normativo é reiterado, mas, se provarmos que o problema atinge o paradigma, a revolução científica resultante implicará a competição entre novos paradigmas até que um novo paradigma normativo surja para resolver o paradoxo. A ciência assim considerada é mais um sistema de comunicação cultural que se mantém por conta própria do que uma busca objetiva pela verdade.

O conceito de Kuhn sobre os paradigmas foi amplamente aplicado em outros campos. Heinich (1970) fala de paradigmas educacionais e Carlotta Perez (1983), de paradigmas tecnológicos. A maneira pela qual Kuhn aplica o conceito de um paradigma à ciência pode ser aplicada a qualquer disciplina universitária. Na verdade, ele se encaixa em qualquer sistema de conhecimento estabelecido socialmente.

Cem anos depois que Fisher e More, de Cambridge, foram executados por defender a primazia do papado na resolução de quaisquer paradoxos que se poderia apresentar a uma universidade, Galileu Galilei, da Universidade de Pádua, foi acusado de heresia pela Inquisição por defender o heliocentrismo. Galileu, contudo, estava no lado sul dos Alpes, onde a Contra-Reforma estava em amplo desenvolvimento e o papa ainda tinha o controle sobre questões paradoxais de acordo com o paradigma normativo definido pela Bíblia. Galileu só foi salvo da tortura e da execução porque se retratou: a Terra era o centro do Universo, como é claro que tinha de ser, pois Deus havia nela colocado o Jardim do Éden.

Dava Sobel (1999) relaciona a vida de Galileu à de sua filha, que era uma freira em uma ordem religiosa fechada. Sua correspondência demonstra como o filósofo e a seminarista estavam ambos fechados em um mundo onde tudo era explicado e justificado em termos da intenção de Deus, de acordo com a interpretação da Igreja Católica Romana. A predominância dessa mentalidade só pode ser entendida se a compararmos ao racionalismo científico no qual o mundo desenvolvido e suas universidades estão hoje imersos. Michel Foucault chama de *Zeitgeist* uma episteme que é um corpo totalmente abrangente de conhecimento inconsciente peculiar a determinada época e espaço.

Há uma semelhança entre a idéia de episteme de Foucault e o conceito de paradigma de Kuhn (Major-Poetzl, 1983, p.86). A idéia de Kuhn de que "quando os paradigmas mudam, o próprio mundo muda com eles" (1962, p.110) reflete a visão de Foucault (1970) de uma episteme como visão de mundo tão abrangente que não é possível para as pessoas, em uma episteme, compreender o que as pessoas de outra episteme pensam. Podemos pensar em uma episteme como sendo um metaparadigma de todos os paradigmas pelos quais as pessoas vivem ao comer, beber, vestir, trabalhar, lutar, conversar (e ir à universidade). A diferença entre uma episteme e outros paradigmas, como aqueles da universidade, da ciência e das roupas, está em sua abrangência. Podemos abandonar um jogo de tênis ou uma palestra sobre ciência política e reconhecer que outras pessoas praticam outros jogos e se dedicam a assuntos diferentes, mas não podemos assim tão prontamente abandonar a episteme em que vivemos ou então compreender epistemes em que não vivemos. Estamos cientes de nosso uso dos paradigmas em uma episteme. Buscamos adquirir o conhecimento de paradigmas de maneira que "saibamos" como fazer as coisas de modo a serem aprovadas pela nossa sociedade. Vamos à universidade para aprender paradigmas complexos avançados e para criticá-los de modo a melhorá-los, mas não mudamos de paradigmas assim tão facilmente. Fazer isso seria dar lugar à discórdia em uma harmonia de paradigmas já entrelaçados que formam uma episteme.

Galileu olhou para o lado de fora de sua episteme quando viu as montanhas da lua em seu novo telescópio e descobriu que Vênus orbitava ao redor do Sol e que os céus não eram imutáveis. Galileu escreveu sobre suas descobertas a partir de uma perspectiva científica e matemática, não bíblica, e em italiano, não em latim, de maneira que o leitor pudesse acompanhar seu raciocínio e não simplesmente aceitá-lo. O caso de Fisher era sobre quem deveria decidir sobre o que Deus pretendia a respeito do casamento. A principal questão do tribunal de Galileu era a busca do conhecimento: quem explicava o mundo, Deus ou os humanos? Essa era a questão filosófica fundamental que, em última análise, distinguira a episteme medieval da episteme moderna e, conseqüentemente, a universidade medieval da universidade moderna.

Na universidade medieval, o conhecimento se baseava na vontade de Deus e estava revelado na versão latina da Bíblia. Na universidade moderna, o conhecimento se baseia nos textos de autores que tenham autoridade e sejam amplamente referenciados, que racionalizam com base em fundamentos lógicos aceitos e que se intertextualizam em uma comunidade de colegas para desenvolver *corpus* de conhecimento, preferencialmente na língua do Estado que sustenta a universidade. Esses textos constituem os paradigmas normativos nacionais sobre as disciplinas que, em resumo, formam o currículo de um sistema de educação nacional. Os alunos realizam exames que testam sua compreensão do que os autores dos livros pretendiam que eles entendessem. Depois, vão adiante e lecionam, administram e atuam na comunidade profissional para a qual o estudo do paradigma do conhecimento os preparou, fazendo com que o racionalismo científico se ligue aos problemas das sociedades industriais. Temos então aí o sacerdócio do modernismo, os textos que eles estudam sendo suas bíblias e os autores, seus deuses.

A universidade moderna, que surgiu no Iluminismo para atender às necessidades do Estado nacional por meio da aplicação do racionalismo científico, ainda está conosco. Ainda é a universidade legítima, mas em 1968 surgiram sinais de que nem tudo estava bem quando alunos e acadêmicos em Paris foram protagonistas de uma revolta contra o autoritarismo da universidade moderna e de sua incapacidade de voltar-se às questões de seu tempo. Foi também em 1968 que Philip Coombs refletiu sobre o fato de que a educação estava preparando as pessoas para o passado e não para o futuro. *Les évènements* de Paris ressoaram nas universidades do mundo e ao longo dos anos que se seguiram, manifestando-se sob uma variedade de formas, como o feminismo, a teoria cultural, o pós-modernismo e, agora, como uma forma de globalização ironicamente chamada de antiglobalização.

Em 1977, Roland Barthes anunciou a "morte do autor". Com isso ele quis dizer que, uma vez publicado o texto, é o leitor que dá significado a ele. Os leitores se tornam novos deuses, que criam seus próprios mundos individuais virtuais a partir das informações que o texto fornece. Muitos se lembrarão da maneira pela qual alguns professores se comportavam no passado, como se fossem pequenas divindades. Qualquer pessoa que lecione hoje na universidade encontrará alunos que esperam ser tratados como alguém muito especial. Jacques Derrida (1974) ensinou a *intelligentsia* a desconstruir o significado dos textos e a descobrir que não havia um significado único e universal. Jean-François Lyotard (1984, p.XXIV) definiu a condição pós-moderna como "incredulidade em relação a metanarrativas", nas quais ele incluía tanto a religião quanto a ciência. A Teoria Crítica, em suas muitas formas, tem atacado as estruturas teóricas que unem a universidade moderna e a sociedade moderna. O efeito tem sido a erosão da episteme do modernismo que as universidades sustentam e das visões de mundo pelas quais atuamos naquilo que consideramos ser a civilização. Quando todos somos deuses, sobra alguém para acreditar em nós?

O conceito de paradigma de Kuhn pode ser aplicado à idéia de universidade. Poderíamos então ver uma mudança de paradigma na maneira pela qual a universidade medieval se tornou a universidade moderna e argumentar que caminhamos para outra mudança, desta feita da universidade moderna para a universidade global? As revoluções científicas que Kuhn considerou como mudanças de paradigma foram de fato revoluções. Não é possível conciliar o gênesis e a geologia. Da mesma forma, a Revolução Industrial foi realmente uma revolução. A vida das sociedades pré-industriais era radicalmente diferente da vida nas sociedades industriais. A mudança entre as universidades medieval e moderna não foi dessa ordem. Deu-se mais na natureza de uma adaptação à mudança epistêmica da Revolução Industrial.

Figura 1.2a A Universidade de Virgínia, fundada em 1819, é a expressão da crença de Thomas Jefferson de que uma nova universidade em um novo país deveria basear-se no exemplo da Grécia Antiga.

Figura 1.2b A Victoria Universidade, Wellington, tem apenas 100 anos, mas sua arquitetura tem a influência da igreja medieval.

Figura 1.2c A torre do relógio da Universidade de Waseda mistura sutilmente o gótico europeu ao Japão medieval.

Figura 1.2d A torre da biblioteca da Universidade de Leeds, quando foi construída, era um símbolo *art déco* do moderno.

Figura 1.2e A Universidade Nacional Chung Cheng, fundada em 1989, guarda relações com a antiga civilização chinesa.

Figura 1.2f A Universidade Aberta da Catalunha, fundada em 1996, tem um exterior clássico, mas não há alunos em seus recintos. Ela abriga apenas os gabinetes da universidade virtual

PARADIGMAS SOBRE PARADIGMAS

Se você se imaginasse transportado para uma universidade do século XIII em algum lugar da Europa, talvez não entendesse o latim que as pessoas estivessem usando e elas talvez o olhassem com estranheza por ser uma mulher ou por não estar vestido adequadamente, mas teria pouca dificuldade em reconhecer que o lugar em que estava era uma universidade. Desde a fundação da Universidade de Bologna, em 1088, tem havido uma forte continuidade institucional nas universidades. Ainda temos palestras, seminários e aulas que dão conta de um currículo fixo. Temos professores, reitores e vice-reitores, e alunos que escrevem trabalhos, discutem, se embebedam e ganham diplomas de bacharel ou mestre há quase mil anos. Há componentes do paradigma universitário que todas as pessoas reconhecem. A maior parte das universidades medievais sobreviveu e se transformou em universidades modernas, e as novas universidades ainda seguem as tradições das universidades medievais. O paradigma filosófico do que se ensinava e pesquisava mudou da teologia para o cientificismo racional à medida que a universidade se adaptava à mudança epistêmica do medieval para o moderno, mas a forma institucional da universidade permaneceu relativamente constante. O que se ensina mudou, mas o modo como se ensina permaneceu o mesmo. Poderíamos, portanto, pensar em um paradigma de uma universidade medieval-moderna que dura há mais de 900 anos, e com poucas mudanças.

Uma questão com a qual nos deparamos ao projetar uma universidade virtual e global para o futuro é a de se ela continuará ou não dentro do paradigma normativo da universidade como instituição. O paradigma universitário pode adaptar-se à mudança epistêmica da revolução das informações e à mudança filosófica do pós-moderno? Continuaremos a oferecer diplomas, a usar títulos tradicionais, a trabalhar por semestres e a realizar rituais medievais em que os participantes se vestem como se arremedassem o refinamento medieval de monges para conferir o grau aos alunos, ou haverá uma espécie de disjunção semelhante à que ocorreu entre a idéia grega de uma universidade e a instituição medieval de uma universidade?

Se fosse agora levado a uma aula na Grécia Antiga, você a reconheceria como sendo a aula de uma universidade? Muitas universidades norte-americanas ecoam a Grécia Antiga em sua arquitetura, como se a ambientação clássica sugerisse uma universidade, mas não temos provas de que havia qualquer espécie de sala de aula ou seqüência formal de aulas ou de que as pessoas recebessem diplomas. Você provavelmente ficaria espantado com a escassez dos trajes dos alunos, mas eles eram inteligentes, instruídos e adultos, e as mulheres eram parte da tradição da universidade grega. Contudo, o que pareceria estranho a qualquer pessoa que tenha passado por uma universidade moderna é que, em vez de dizer as coisas a você, o professor na Grécia Antiga faria perguntas. O conhecimento não era algo a ser aceito e que se passasse adiante, mas a ser buscado e infinitamente renovado por meio do questionamento.

Glenys Patterson (1997) faz uma distinção entre a universidade como uma idéia e a universidade como uma instituição. O que a universidade medieval e a moderna têm em comum é um paradigma institucional. O que a universidade moderna compartilha com a universidade greco-alexandrina é a idéia de que a função primordial de uma universidade é a busca pela verdade. Esse é o universal de uma universidade que transcende epistemes. É a liberdade acadêmica para testar o conhecimento recebido, a incansável inquirição do paradigma normativo que levanta as idéias seminais que levam a revoluções e à mudança epistêmica.

Há alguma coisa paradoxal na idéia de questionar o conhecimento em uma instituição dedicada à continuidade do conhecimento, e às vezes as universidades se tornam o meio de manter o *status quo* mais do que de questioná-lo. Quando se torna impossível questionar o paradigma do que se ensina, quando os paradigmas normativos se tornam dogmáticos, quando pensadores radicais não encontram um lugar, então a idéia de universidade esmaece, e as universidades se tornam meras instituições, universidades no nome, mas não na natureza.

O paradigma filosófico grego não se encaixou com facilidade na filosofia predominantemente teológica da universidade medieval. Contudo, havia conexões tênues ao longo da Idade Média entre a universidade greco-alexandrina e a medieval-moderna. Os monastérios irlandeses do século VI ao VIII, isolados nos Apeninos, a Universidade de Constantinopla (425-1453) e os centros de estudo no mundo islâmico mantinham vivas as idéias e o conhecimento da Grécia Antiga. Foi com a Renascença que a racionalidade grega se renovou nas universidades européias. Da Renascença veio o Iluminismo e o surgimento da maneira racional e científica de explicar o mundo, a qual forneceu a base filosófica para a universidade moderna. Hoje, qualquer visão geral de uma disciplina artística ou científica começará pelo reconhecimento de suas raízes no pensamento da Grécia Antiga. Toda disciplina que traz o sufixo logia ou ologia, gráfico ou grafia faz com que nos recordemos de que ela tem suas origens nas universidades da Grécia Antiga. Até que momento do passado se estende o paradigma da universidade?

Poderíamos argumentar que a idéia grega de universidade começou com uma mulher. A escola de Safo, em Lesbos, oferecia uma educação completa para uma comunidade de jovens mulheres do século VII a.C. Foi considerada por Marrou (1956, p.34) como o equivalente à Academia de Música e Drama, por concentrar-se na dança, na música e de seu "ideal de beleza que aspirava à sabedoria". Contudo, temos uma idéia muito vaga do nível do conteúdo do que se ensinava. Assim, primeira prova real de algo que poderia ser considerado como universidade vem do que sabemos dos últimos escritos da Escola de Pitágoras, fundada em Crotona, no sul da Itália, em 518 a.C. Era uma comunidade de adultos de ambos os sexos oriundos de muitos lugares, que viviam juntos e estavam envolvidos em um profundo estudo filosófico de matérias com as quais ainda nos envolvemos, em um nível que desafiaria qualquer acadêmico moderno (Dewdney, 1999). A partir dos pitagóricos, podemos traçar uma tradição contínua de erudição grega que durou até a devastação final da grande Biblioteca de Alexandria, em 640. Depois, temos um hiato de cerca de quatro ou cinco séculos, até que surgisse a primeira universidade medieval. Mas não se tratava de uma mudança de paradigma. Tratava-se da Idade Média.

Será que a universidade começa na Grécia, com Pitágoras? Muitas das idéias que Pitágoras levou até sua escola em Crotona originam-se de suas viagens e estudos nos antigos centros de civilização na África e na Ásia. Ele passou cerca de 20 anos estudando matemática nos templos do Egito. Os construtores egípcios usavam uma corda com nós que era uma aplicação prática do que hoje chamamos de Teorema de Pitágoras (Dewdney, 1999). As construções e a organização do Egito faraônico dificilmente teriam ocorrido sem um conhecimento avançado e um sistema associado de instrução de nível superior. Havia fontes no Egito Antigo e também na Grécia para a fundação da grande Biblioteca de Alexandria. No Cairo, a Universidade de al-Azhar, fundada em 969, alega ser a universidade mais antiga, e a Faculdade-mesquita de al-Zaituna, na Tunísia, tem uma história antiga semelhante (Gibb, 1939).

Pitágoras foi capturado no Cairo pelo exército do Rei Camyses e levado para a Babilônia. Quatro tabuletas encontradas próxima ao local onde ficava a Babilônia e hoje guardadas na Universidade de Yale demonstram que os babilônios sabiam como aplicar o Teorema de Pitágoras mais de mil anos antes de ele ter nascido (O'Connor e Robertson, 2002). A Babilônia era uma grande metrópole e centro de aprendizagem. Os babilônios eram excelentes matemáticos e ocupavam a antiga terra da Suméria, a qual é considerada como o berço da língua escrita e da educação de sala de aula (Kramer, 1963).

Durante cinco anos, entre o cativeiro na Babilônia e o seu retorno à Grécia, o destino de Pitágoras não ficou claro, e a lenda conta que ele foi à Índia e à China. As aplicações de seu famoso teorema (mas não a prova) estavam descritas nos Sulbasutras védicos que existiram três séculos antes dele. Além disso, suas idéias filosóficas incluem a transmigração de almas de espécie à espécie, o que é similar à crença hindu da reencarnação. Havia estabelecimentos de homens instruídos na Índia e envolvidos com a educação em nível superior em 600 a.C. (Mudaliar, 1960). O que parece ter sido a origem da Universidade de Taxila, no norte da Índia, a qual atraiu centenas de alunos de muitos lugares e ficou famosa por suas escolas de medicina e filosofia quando Alexandre invadiu a Índia (Raza, 1991). Buda foi contemporâneo de Pitágoras. Foi com o surgimento do budismo que o que pode ser claramente reconhecido como uma universidade apareceu na Índia (Siqueira, 1943). A Universidade de Nalanda em Bihar passou a rivalizar com a Alexandria como centro de estudos. Em determinado momento, ela contava com 1.500 professores e 8.500 alunos, um índice de professores de que qualquer universidade poderia se orgulhar. Os alunos vinham da China, do Nepal, do Tibete e da Coréia. Os exames de admissão eram rígidos, a média de idade dos alunos era de 20 anos e eles aprendiam uma ampla variedade de assuntos sagrados e seculares. Havia universidades semelhantes em Vallabhi, no Gujarat, e em Vikramshila, em Bihar (Raza, 1991).

Há uma prova chinesa do Teorema de Pitágoras, e seu conceito de interação dos contrários parece ser o mesmo utilizado na idéia de *yin* e *yang* dos chineses. Confúcio (551 a.C. – 479 a.C.) foi outro contemporâneo de Pitágoras. Embora houvesse antes uma forma de educação superior, Confúcio é visto como o inspirador da educação superior na China. O confucionismo sustentava que a educação prepara as pessoas para a vida pública pelo cultivo da virtude e da sabedoria e de relações harmoniosas. A educação superior estava intimamente ligada ao exame de admissão no serviço civil.

Parecia haver centros de educação superior na Ásia e no Egito, os quais consideraríamos como proto-universidades. Contudo, foi por volta de 500 a.C. que tivemos a extraordinária coincidência de Pitágoras, Buda e Confúcio estabelecendo não apenas as universidades *per se*, mas paradigmas do que as universidades deveriam ser. O conteúdo filosófico do que ensinavam era diferente, mas o que cada um desses filósofos tinha em comum era a busca pela verdade, que envolvia uma relação professor-aluno entre adultos autônomos instruídos e letrados. Parece improvável que esse primeiro florescimento das universidades tenha ocorrido nas civilizações antigas da China, Índia, Mesopotâmia, Egito e Grécia sem que eles se conhecessem. Havia uma relação por causa das grandes rotas comerciais. A história de Pitágoras é uma história de mobilidade. Não é difícil imaginar acadêmicos do passado fazendo conferências em seus camelos ao longo da Rota da Seda.

O paradigma cristão das universidades medievais tinha como correspondente os paradigmas hindu, budista, confucionista e islâmico das universidades asiáticas. Contudo, a Ásia não parece ter tido algo equivalente ao Iluminismo. O primeiro florescimento das universidades na Ásia, com a exceção dos madrasas do Islã, apagou-se ao longo dos séculos. Ao contrário, os últimos 500 anos presenciaram o paradigma da universidade européia se espalhar pelo mundo. Inicialmente, em especial na América do Norte e do Sul, as universidades foram parte de um processo de colonização e apoiavam a tradição teológica medieval. Porém, os últimos 200 anos presenciaram a difusão da idéia da universidade moderna, a qual se provou excepcionalmente adaptável a qualquer lugar onde foi implantada.

Se algum evento particular pode ser visto como o início da episteme moderna, este é a Revolução Norte-Americana. Ela marcou o surgimento de um Estado nacional democrático baseado no racionalismo. Um novo tipo de universidade era necessário para corresponder a um novo tipo de nação: uma universidade baseada na ciência empírica, democraticamente acessível e dedicada ao serviço do Estado. Os Estados Unidos desenvolveram uma espantosa diversidade na sua educação de ensino superior, mas foi o surgimento da universidade moderna na Alemanha, e a maneira que ela integrou o ensino e a pesquisa científica, que mais influenciou o modo pelo qual as universidades norte-americanas se desenvolveram. Foi nos Estados Unidos que a universidade moderna atingiu seu apogeu, e é a partir dos Estados Unidos, e também da Europa, que a universidade moderna se espalhou pela América Latina, África e Ásia.

Hoje, alunos estrangeiros são um componente considerável das universidades de língua inglesa do mundo desenvolvido. Eles estudam em uma segunda língua e aprendem a aplicar seu conhecimento ao modo ocidental. Alguns desses alunos aproveitarão as oportunidades que as universidades ocidentais oferecem para se tornar parte de um processo de globalização. Alguns voltarão aos seus países e adaptarão o que aprenderam à sua língua, ao seu contexto e à sua cultura. Muitos ficarão cientes de que as raízes da cultura estão nas universidades antigas, que existiram antes da universidade moderna. O paradigma da universidade que localizamos na civilização romana-greco-alexandrina do Mediterrâneo compartilhou suas raízes com as antigas universidades da Ásia. Ao longo de mais do que quase 3 mil anos o paradigma da universidade rumou para o Oeste até que completasse um círculo e chegasse novamente à Ásia. Houve mudanças epistêmicas e choques no tempo e no espaço, mas o paradigma básico provou ser excepcionalmente duradouro. Hoje, como provavelmente eram nos dias de Pitágoras, as universidades do mundo são muito similares, o que não é de estranhar, pois são todas exemplos de um mesmo paradigma. Independentemente da forma que uma universidade virtual e global assuma para atender à episteme do futuro, ela precisará de uma razão muito boa para divergir do paradigma básico da universidade.

OS PARADIGMAS SÃO SISTEMAS DE COMUNICAÇÃO

Nos estudos de lingüística e comunicação, a palavra "paradigma" se refere a um sistema de comunicação abstrato e é usada em oposição à "sintagma", que se refere a uma manifestação real de comunicação a partir de um paradigma (Fiske, 1990).

Todas as mensagens, portanto, envolvem a seleção feita a partir de um paradigma, e que é combinada em um sintagma. Todas as unidades de um paradigma devem compartilhar características que determinam a participação naquele paradigma, como as letras no paradigma alfabético, os números no paradigma numérico e as notas no paradigma musical. Cada unidade do paradigma deve ser claramente diferenciável de outras unidades; deve caracterizar-se por características distintivas. Da mesma forma que o paradigma é governado por características comuns e por traços distintivos, o sintagma é determinado por regras ou convenções pelas quais a combinação de paradigmas é feita – regras de gramática e de sintaxe (Watson e Hill, 1996, p.123).

Isso não entra em contradição com o uso que Kuhn faz do termo "paradigma". As universidades são sistemas de comunicação. A idéia de uma universidade é um paradigma. Uma universidade empírica é um sintagma. A Universidade de Cambridge sobreviveu à episteme medieval e tornou-se uma universidade moderna. Sem dúvida, um dia haverá uma Universidade de Cambridge Virtual. Cambridge já é uma universidade global. Seus professores e alunos vêm de muitos países e a universidade conseguiu manter um grau de autonomia em relação ao Estado graças ao fato de ter reitores e vice-reitores que foram preparados para dar tudo de si. Como acontece com outras universidades de renome internacional, seu nome transcende o lugar onde está. Tais universidades serão tentadas a expandir-se globalmente, passando a ser virtuais. Em suas diferentes encarnações, Cambridge é um sintagma do paradigma arquetípico de universidade.

As universidades como instituições são universidades porque outras universidades aceitam que elas o sejam. O processo chamado *ad eundem* (ao mesmo nível) se aplica aos alunos que buscam transferir-se de uma universidade à outra. Isso determina se a experiência prévia do aluno se deu em uma universidade que pode ser reconhecida como uma universidade pelo fato de encaixar-se no paradigma de universidade. As universidades de hoje são uma parte tão fundamental da sociedade que elas estão sob a avaliação dos alunos, do governo, dos empregadores, das agências de crédito e da mídia como forma de garantir que elas façam o que as universidades devem fazer e estejam de acordo com o paradigma que os estados têm de uma universidade moderna (Hanna, 2000, p.22-3). É aqui que podemos apreciar o efeito de uma episteme no paradigma de universidade. As agências que dão crédito às universidades esperam que elas se encaixem no paradigma moderno. Elas têm poucas dificuldades em aceitar a equivalência de universidades de outros países cujo *ranking* seja similar. Mas têm dificuldades em aceitar universidades que alegam ser virtuais e globais e que, embora aparentemente funcionando como deveria funcionar uma universidade, não têm a forma de uma universidade. Elas dão crédito a algumas universidades virtuais, e não a outras, ficando claro que a idéia de uma universidade virtual e global ainda não se estabeleceu. Porém, se qualquer organização tentasse estabelecer uma universidade onde toda a comunicação fosse em latim, as mulheres não fossem aceitas e os acadêmicos pudessem ser processados se ensinassem qualquer coisa que não estivesse de acordo com a Bíblia, teria problemas de verdade. A universidade medieval terminou. Tente, por exemplo, estabelecer uma universidade no estilo da Grécia Clássica, onde independentemente dos problemas da língua e das peculiaridades do vestuário, o aluno e o professor estavam acostumados a envolver-se no que Patterson (1997) chamou de "tradição educativa erótica".

AS UNIVERSIDADES SÃO SISTEMAS DE COMUNICAÇÃO EDUCACIONAIS

Os sistemas educacionais são um tipo especial de sistema de comunicação em que há quatro fatores cruciais: professores, alunos, conhecimento e problemas. O núcleo do processo comunicativo é a interação do professor com os alunos a fim de ajudá-los a aplicar o conhecimento aos problemas (Tiffin e Rajasingham, 1995). Essa verdade é tão inerente às universidades quanto o é aos jardins-de-infância, com a diferença de que um está no topo e o outro está na base do processo educacional de uma sociedade.

Os termos "professor" e "aprendiz" são usados em sentido amplo e se referem às pessoas que têm esses papéis na relação que travam entre si. Isso também permite que os papéis sejam revertidos, como freqüentemente ocorre hoje em um curso de pós-graduação, na qual um aluno maduro pode ao longo de um seminário assumir o papel de professor. O que é fundamental no eixo de comunicação professor-aluno na educação é que ele seja interativo. O aluno deve ter a possibilidade de pedir ajuda, e o professor deve ter a possibilidade de descobrir se o aluno precisa de ajuda.

O uso dos termos "conhecimento" e "problema" é também relativo e se refere ao domínio do conhecimento que se aplica a determinada classe de problemas. O eixo conhecimento-problema está engastado no conteúdo da interação aluno-professor.

Esse modelo baseia-se na noção de zona de desenvolvimento proximal (ZDP), de Vygotsky. Uma ZDP passa a existir quando alguém descobre que não sabe como resolver determinado tipo de problema e busca a ajuda de alguém que saiba e que, portanto, assuma o papel de professor (Vygotsky, 1978). Isso implica a existência de algum conjunto abstrato de conhecimento que pode ser aplicado a uma classe particular de problemas a que o aluno se refere, e que os professores são professores porque sabem como aplicar o conhecimento, e os alunos são alunos porque não o sabem. Quando o aluno pode aplicar o conhecimento, então a ZDP não mais existe para ele.

Vygotsky via esse processo como algo engastado na cultura. Determinada classe de problemas é resolvida pela aplicação de um paradigma de conhecimento que é culturalmente sancionado. Uma tentativa de resolver um problema específico de uma maneira culturalmente adequada é uma expressão sintagmática de um paradigma de conhecimento. O processo de aquisição de paradigmas de conhecimento começa no momento em que a criança nasce. Quando a criança vai à escola, o corpo de conhecimento paradigmático que se espera que adquira é aprovado pelo Estado, assim como é o sistema de exames que avalia se os alunos são capazes de aplicar o conhecimento do currículo a uma classe adequada de problemas. Os sistemas legais garantem que as pessoas continuem a resolver problemas de maneira adequada fora da escola, e há sistemas penais para quem não cumpre esse procedimento. Um médico pode considerar a eutanásia a melhor solução para um paciente com um câncer terminal que sofre dores terríveis, mas em muitos países teria de enfrentar processos criminais se o fizesse. No ápice do sistema educacional estão as universidades que preparam os juízes, os advogados, os médicos, os servidores públicos e os professores que serão responsáveis por garantir que o aparato do Estado funcione de acordo com a hierarquia nacional dos paradigmas existentes em determinada episteme.

A condição *sine qua non* de que a organização paradigmática do Estado depende, sobre a qual toda a educação desde sempre dependeu, é a simples interação entre professor, aluno, conhecimento e problema. A função básica da universidade é fazer isso no nível mais alto do sistema educacional, em nível avançado, com alunos maduros. Esses são os componentes básicos de qualquer paradigma de universidade, independentemente da época ou do país. É a natureza desses componentes e o estilo e os meios de comunicação entre eles que variam com a episteme. O que se quer dizer com alunos, professores, conhecimento e problemas em uma universidade virtual e global e como a interação entre eles ocorre serão o objeto dos Capítulos 3 a 7.

Nos sistemas educacionais convencionais, as tecnologias que fazem o sistema de comunicação educacional possível são o transporte e os prédios. Os professores e os alunos viajam pelas rodovias ou ferrovias para se encontrarem em uma sala de aula. Trazem consigo o conhecimento e os problemas que estão em suas cabeças, seus livros ou cadernos. O conhecimento também está presente nas bibliotecas, mas terá sido colocado lá, em primeiro lugar, por meio de sistemas de transporte. A escola, a faculdade ou a universidade têm sistemas de apoio para a administração, para o descanso e para as necessidades pessoais, mas o processo fundamental ocorre em sala de aula. São elas que propiciam o ambiente protegido para o processo de comunicação face a face, o qual chamamos de aula, que é onde a educação, no sentido que lhe dá Vygotsky, ocorre. O encontro entre alunos, professores, conhecimento e problemas pode acontecer por meio de serviço postal e com a ajuda de filmes, rádios, televisão e computadores, mas o sistema de transporte e os prédios ainda permanecem sendo as principais tecnologias que dão validade à educação.

As diferenças radicais entre uma universidade virtual e todas as universidades anteriores são a de que alunos, professores, conhecimento e problemas se reúnem como *bits* de informação, e não como substância atômica. As telecomunicações e os computadores substituem as estradas e os prédios. A internet facilitou esse processo e, embora os números de forma alguma estejam no mesmo nível daqueles da educação convencional, a virada do milênio presenciou uma multiplicação de escolas virtuais, faculdades e universidades na internet. Contudo, a internet está em transição. No começo do século XXI ela ainda depende fundamentalmente dos sistemas de telecomunicação de internet discada, estabelecidos no século anterior para propósitos diferentes. Isso significa que a interação entre professor, aluno, conhecimento e problema é essencialmente assincrônica, baseando-se em e-mails e na World Wide Web.

A primeira geração de universidades virtuais aproxima-se das universidades abertas, usando a internet em vez do serviço postal. A dinâmica da comunicação sincrônica face a face que se tornou possível na sala de aula convencional, e que explica o fato de sobreviver há 4 mil anos, ainda tem de acontecer na sala de aula virtual. Até que isso ocorra, a internet pode suplementar, mas não ameaça o modo convencional de ensino.

COMO AS UNIVERSIDADES DIFEREM ENQUANTO SISTEMAS DE COMUNICAÇÃO

O que torna as universidades peculiares é a busca pela verdade, independentemente do conceito que tenhamos dela. A pesquisa e o questionamento sempre estiveram presentes, mas é na universidade moderna que encontramos uma clara aceitação de que deveria haver uma unidade de ensino e pesquisa. Isso deriva da filosofia fundadora da Universidade de Humboldt, em Berlim, conhecida, por essa razão, como a mãe das universidades modernas. As universidades com fortes cursos de pós-graduação e tradição de pesquisa na tradição humboldtiana têm a expectativa de que seus professores tenham qualificações de pesquisa, estejam ativamente envolvidos em pesquisas e demonstrem sua qualidade pela publicação regular de artigos em revistas especializadas.

Das origens das universidades na Grécia e na Ásia, os acadêmicos derivam um sentido de missão similar àquele que orienta médicos e padres. As universidades estão onde o conhecimento paradigmático de uma sociedade é criado, consolidado, criticado e renovado. É por isso que as universidades são respeitadas, chamadas a pontificar sobre seus objetos e vistas como a consciência da sociedade. Mesmo a universidade medieval estimulava a pesquisa, com base no conhecimento de que, se adequadamente realizada, ela poderia apenas reafirmar que todos os fenômenos são uma manifestação da vontade de Deus. Se isso não acontecesse, o pesquisador seria tomado como um herege e levado à fogueira. Hoje, a busca da verdade na pesquisa seria definida como algo que pode atrair investimentos.

O eixo conhecimento-problema permanece na comunicação da pesquisa, mas a relação professor-aluno é substituída por um questionamento interativo entre pesquisadores que atuam em conjunto até que encontrem uma resposta. O processo de ensino começa quando uma zona de desenvolvimento proximal se abre e se fecha quando os alunos podem aplicar o conhecimento aos problemas. O processo de pesquisa começa quando uma zona de questionamento paradigmático se abre (por que o conhecimento não resolve todos os problemas?) e se fecha quando o que se busca responder é resolvido ou pela adição ao paradigma de conhecimento existente ou por um novo paradigma de conhecimento que se considera como algo que resolve melhor o velho problema.

O que faz um paradigma melhor do que o outro? William de Ockham aplicou o princípio da parcimônia. Einstein de maneira similar buscava a simplicidade (Schroeder, 1991). O procedimento reconhecido hoje é o de relatar os resultados a uma revista científica e passar pela revisão de pares. Se o artigo for aceito e publicado como uma contribuição ao paradigma existente, ele se torna parte do conhecimento sobre aquele objeto de pesquisa e, assim, uma parte do corpo paradigmático de conhecimento ensinado em um sistema educacional e, portanto, parte da episteme pela qual as pessoas entendem a realidade. Se as conclusões de pesquisa de fato apresentarem fundamentos para uma mudança de paradigma, elas não serão publicadas com facilidade e não serão aceitas prontamente pela comunidade de conhecimento implicada.

A mudança do medieval para o moderno ocorreu durante séculos nas universidades da Europa. A Universidade de Humboldt, em Berlim, pode alegar ser a mãe da universidade moderna porque foi fundada, em 1810, com base no princípio de integração de ensino e pesquisa, mas a Universidade de Halle também alega ser a primeira universidade moderna porque, quando foi fundada, em 1694, abandonou a ortodoxia religiosa em favor de uma abordagem científica e adotou a língua nacional no lugar do latim. Também outorgou o primeiro doutorado a uma mulher, em 1754, ao passo que somente em 1869 se fundou o Girton College para mulheres em Cambridge. Em contraste a isso, a mudança que ocorre nas universidades de hoje, do moderno ao que chamaríamos de virtual e global, é tão rápida que os acadêmicos estão de fato cientes da mudança. Achamos que os fatos ocorridos em Paris nos anos de 1960 marcaram o começo, e o ritmo da mudança está se acelerando, mas as infra-estruturas tecnológicas que tornam uma universidade global possível ainda não estão no lugar e o equivalente a uma Humboldt ou Halle ainda tem de ser fundado.

O QUE É, ENTÃO, UMA UNIVERSIDADE?

Em resumo, quais são os universais das universidades ao longo do tempo e no mundo como um todo?

Qualquer expressão sintagmática de um paradigma universal de universidade seria um campo espaço-temporal, onde as pessoas interagem nos papéis de professores, alunos e pesquisadores para estudar a aplicação de conhecimento a problemas de nível avançado de uma maneira que questionasse o conhecimento aceito e que buscasse melhorar o conhecimento naquilo que seria visto como uma busca pela verdade. Seria o ápice do paradigma educacional da sociedade a que servisse, preparando as pessoas para papéis profissionais e tendo uma função fundamental na validação do *corpus* de conhecimento que constitui o paradigma social. O que constitui a sociedade, o conhecimento e os problemas e quem são seus professores, alunos e pesquisadores, e como a busca pelo conhecimento se dá, depende da episteme na qual a universidade existe.

O paradigma é um sistema de comunicação abstrato, mas sua aplicação sintagmática requer um sistema de comunicação real que, nas universidades, está relacionado a algum tipo de tecnologia de comunicações institucionalizada, tais como bibliotecas, locais para aulas ou internet. Podemos dizer que todas as universidades têm estruturas sistêmicas que não funcionarão sem os sistemas de *feedback* e de controle, sem os sistemas de suporte e o *input* de informação, energia e dinheiro.

Os paradigmas são sistêmicos, mas o termo "paradigma" não carrega consigo a obsessão com objetivos que estão atrelados a uma abordagem sistêmica. As pessoas pensam paradigmaticamente e agem sintagmaticamente. Os objetivos de um paradigma são auto-referenciais. Pensar de acordo com um paradigma requer a crença nesse paradigma e em seus propósitos. O aluno ou acadêmico pode perguntar-se por que está em uma palestra e qual é o sentido de estar lá, o que é algo como ir a um jogo de futebol e se perguntam por que as pessoas vestindo aquelas roupas diferentes estão correndo atrás de uma bola. Os paradigmas só são possíveis porque as pessoas os aceitam em seus próprios termos. Contudo, aqueles que são os jogadores na universidade de hoje precisam perguntar-se sobre o que estão jogando, pois o jogo está mudando.

AQUILO QUE NINGUÉM OUSA DIZER

Um dos encantos da globalização das universidades é a proliferação de conferências internacionais. Aqui e no mundo pré e pós-conferências feitas por trocas de e-mail, as faculdades passaram a ser globais e prosperaram. Com toda aquela conversa que acompanha o discurso acadêmico, conversas em que se fala com colegas de outras universidades e que jamais passariam adiante qualquer indiscrição, veio a percepção de que as tensões e incômodos que surgiram ao longo das últimas duas décadas em uma universidade, e que pareceriam ser tão idiossincráticas, são na verdade algo muito comum, pelo menos nas universidades que ainda conseguem enviar seus acadêmicos a conferências. Fala-se de um mal-estar nas universidades, de uma corrupção lenta do espírito acadêmico. Os acadêmicos com mais de uma década de experiência em universidades acreditam que os padrões de ensino estão caindo, que a pesquisa está comprometida e que a intimidação por parte dos administradores está se alastrando, mas, como nos dias de Henrique VIII, a maior parte deles sabe que deve ficar quieta para evitar o corte. Mesmo assim, há uma crescente produção de obras que são despejadas nas portas das universidades por almas intrépidas a pedir uma reforma (Hanna et al., 2000; Miller, 1998; Barnett, 1997; Biggs e Davis, 2002; Slaughter e Leslie, 1997; Marginson e Considine, 2000; Readings, 1996; Wortham, 1999).

A episteme está mudando, e as universidades mudaram. Para dizer o óbvio, a sociedade da informação está baseada na tecnologia da informação e assim devem ser também as universidades. Elas têm de ter uma dimensão virtual. Os estados nacionais não desaparecem, mas muitas de suas funções são realizadas por corporações globais. As universidades têm de ter uma dimensão global e corporativa, assim como uma dimensão nacional e pública.

A mudança epistêmica em que estamos no nível global não tem o tipo de imediação que vem com a conquista ou com a mudança política radical, nem terá o século de iluminação no qual o moderno substituiu o medieval. As universidades estão em transição e não sabem ao certo o que são. Dentro da universidade de hoje, o que é bom ou mau depende da perspectiva epistêmica pela qual se observa, da velha ou da nova. John Fisher, o homem que foi decapitado defendendo a infalibilidade papal, também é celebrado como a pessoa que, praticamente sozinha, trouxe a aprendizagem da Renascença a Cambridge (de Hamel, 2001, p.29). A lógica que levaria à universidade moderna e a crença na teologia católica medieval coexistiam no mesmo homem. Uma polaridade similar de espírito pode ser encontrada em Galileu, Kepler e Darwin, e é uma fonte de angústia para o acadêmico de hoje.

O dilema das universidades não é diferente daquele com que se depara o ecoturismo. Os parques e toda a movimentação turística do século passado abriram vastas áreas de montanhas e florestas, antes fechadas, ao público, o que foi considerado como tornar a beleza da natureza disponível a todos. Contudo, ao final do século, o impacto cumulativo de um número cada vez maior de turistas estava devastando a paisagem e destruindo a beleza. Há cem anos, a educação universitária estava disponível apenas a alguns poucos privilegiados. Lentamente, as portas foram se abrindo a um número cada vez maior de pessoas, mas, enquanto isso, se tornava cada vez mais difícil manter o ambiente que existia quando as universidades eram privilégio da elite. As pressões sociais para aumentar o acesso à educação universitária surgem à medida que os governos prometem reduzir os impostos. Em resposta a isso, os alunos pagam uma proporção cada vez maior dos custos das universidades, mas os governos exigem maior responsabilidade de parte das universidades pelo uso dos subsídios governamentais.

De acordo com a Organização para Cooperação e Desenvolvimento Econômico (OECD, 2000), 37% de toda a educação está no setor privado e isso se reflete em universidades nas quais aquilo que os alunos pagam e o que o Estado paga se aproximam rapidamente da paridade. Da perspectiva da velha episteme, quanto mais o apoio governamental é reduzido, pior ficam as coisas. A educação é um bem público, e sua privatização é algo ruim. Da perspectiva da nova episteme, porém, quanto menos o governo contribuir, melhor. O subsídio estatal é visto como um problema. De acordo com a Organização Mundial do Comércio, a educação universitária é um serviço de informação que pode ser comercializado globalmente. As universidades apoiadas pelo Estado comercializaram um serviço subsidiado, e isso é uma prática injusta. As universidades da América do Norte e da Europa que dominam as exportações globais de educação universitária estão protegendo tanto sua educação quanto protegem sua agricultura.

Nesta época de transição, as universidades perdem seu senso de direção e sua missão. Encaminhamos a questão "Qual é o propósito da universidade?" para colegas da academia e a resposta foi ambígua. Contudo, Georgette Wang, que escreve sobre a sociedade da informação (1994, 2000), respondeu de uma forma que transcendeu as epistemes: "Voltar-se às grandes questões de seu tempo" (1999). É necessário que perguntemos "quais são as grandes questões do nosso tempo?". Esta pergunta serve como base para a projeção de uma universidade do futuro e nos leva ao próximo capítulo sobre a tecnologia que está transformando a episteme.

2

As universidades têm TI

> Tecnologia da informação (TI): uma combinação, baseada na microeletrônica, de computação e telecomunicações.
>
> (Watson e Hill, 1996, p. 87)

> Virtual: Computação. Que não existe fisicamente, mas que parece existir pela ação de um *software*.
>
> (*Oxford English Dictionary*)

> Não é a própria tecnologia que é importante, mas usar a melhor tecnologia disponível a serviço de uma idéia: para ampliar e globalizar a aprendizagem.
>
> (Ferrate, 2000, p.15-16)

> Esses tipos de robô poderão passar livremente do mundo real para o ciberespaço, existindo simultaneamente nos dois mundos.
>
> (Shimohara, 2001, p.84)

INTRODUÇÃO

As universidades convencionais colocam alunos, professores, biblioteca e pesquisadores em um mesmo local por meio dos sistemas de transporte. As universidades virtuais fazem o mesmo por meio dos computadores e das telecomunicações. Essas tecnologias também permitem a globalização. Onde os elementos fundamentais de uma universidade existem como átomos, em uma universidade virtual eles existem como *bits* de informação. A internet tornou possível a primeira geração de universidades virtuais, com a World Wide Web propiciando a base de conhecimento que tradicionalmente estava presente na biblioteca de uma universidade e com o *e-mail* acelerando o que as universidades abertas já faziam. Contudo, a internet ainda está na infância. Este capítulo se volta às implicações, para as universidades virtuais, do crescimento inevitável da banda de internet e da capacidade de processamento dos computadores. Explora o impacto sobre o paradigma de universidade realizado pelo reconhecimento de voz, pelos sistemas multilíngües, pela computação vestível*, pela internet sem fio, pela inteligência artificial, pelos avatares, pela realidade virtual e pela HiperRealidade. Descreve-se aqui a infra-estrutura tecnológica na qual as universidades estarão envolvidas em um futuro nem tão distante assim. Será que elas lutarão para descontar o tempo perdido e para se adaptarem à mudança tecnológica depois que isso for inevitável, como aconteceu com a introdução da internet, ou será que tomarão a frente na projeção e no desenvolvimento das tecnologias nas quais o conhecimento estará engastado e na exemplificação de como a TI pode ser usada em uma sociedade de informação? Até que ponto as universidades se moldarão à tecnologia da informação e até que ponto serão moldadas por ela?

A TI RECÉM-COMEÇOU

A expressão "tecnologia da informação" foi usada pela primeira vez em 1981 (Watson e Hill, 1996). Em 1986, perguntamos a uma turma quantos usavam um PC. De cerca de 60 alunos, apenas três responderam afirmativamente. Quando dissemos que os computadores estariam disponíveis e que no futuro todas as tarefas de sala de aula seriam feitas no computador, o resto da turma sentiu-se ultrajado. Eram alunos de comunicação, e não *nerds*. Para que precisariam de um computador? Por volta de 1992, a questão teve de ser trocada: quem não utilizava um computador? Apenas três alunos. E quantos estavam utilizando a internet? De novo, três alunos. Hoje, professores, alunos e pesquisadores de universidades usam os computadores e a internet com tanta facilidade quanto utilizam o telefone.

Estamos em meio a uma mudança maciça no modo pelo qual nos comunicamos nas universidades. A adoção da TI nas universidades e na sociedade em geral acontece em silêncio, de maneira rápida e global, mas está longe de atingir um platô. O que observamos até agora no que diz respeito à sociedade da informação é equivalente ao que a locomotiva a vapor foi para a sociedade industrial. Ainda não chegaram a nós o equivalente à locomotiva a motor, à locomotiva elétrica ou à energia atômica.

---

* N. de R.T. Computação vestível (*wearable computing*) – designação de equipamentos de computação carregados no corpo do usuário, seja ligados às suas roupas ou implantados.

Os anos de 1980 presenciaram a chegada dos PCs de mesa, e os de 1990 viram a internet chegar às infra-estruturas de telecomunicação de internet discada. O que virá a seguir será uma conseqüência do crescimento das redes de telecomunicação digital de banda larga e da capacidade de processamento dos computadores, bem como de uma tendência constante de miniaturização e portabilidade da tecnologia da informação. Essas tendências tecnológicas farão com que seja possível a ampla introdução da inteligência artificial e da distribuição de realidade virtual. As universidades adotarão essas tecnologias da mesma forma que adotaram os computadores e a internet, porque tais tecnologias são extensões dos computadores e da internet e, assim como os computadores e a internet, tornar-se-ão parte de uma infra-estrutura do ambiente de trabalho profissional e da sociedade em geral. A questão não é se as universidades irão adotar essas novas tecnologias da informação, mas até que ponto terão fundos para manter livros e salas de aula quando buscam competir no comércio global da educação de ensino superior que está por chegar.

QUE DIFERENÇA FAZ A TI?

Ao longo dos últimos 50 anos, os pesquisadores da educação adotaram metodologias quantitativas buscando comparar os resultados de qualquer novo meio de instrução, tais como os filmes, o rádio e a televisão, com os do ensino convencional de sala de aula. Os resultados foram excepcionalmente coerentes, mostrando que não há "diferença significativa". Muitos alunos de doutorado ainda usam os mesmos métodos de pesquisa para comparar a aprendizagem via internet com a aprendizagem de sala de aula, com os mesmos resultados (Merisotis e Phipps, 1999). É como comparar maçãs e pêras pelo seu índice de crescimento ou de vendas. As maçãs e as pêras são frutas diferentes, e compará-las de uma maneira que leve a diferença em consideração exige uma pesquisa qualitativa e não quantitativa.

Desde 1986, lecionamos em turmas convencionais e simultaneamente em cursos a distância por meio de computadores e telecomunicações, buscando entender as diferenças por meio da discussão com nossos alunos, colegas e especialistas em tecnologia. Isso ocorreu no âmbito de uma pesquisa de longo prazo que buscava descobrir como o ensino universitário poderia ser levado em frente em um ambiente de TI. Em 1992, uma empresa de telecomunicações encomendou uma comparação quantitativa convencional dos resultados de aprendizagem de nossos alunos convencionais e de nossos telealunos. Para surpresa de todos, a pesquisa constatou, que não havia diferença significativa, o que agradou à companhia telefônica que a patrocinava. A seguir, eles defenderam a possibilidade de se obter uma educação universitária por meio de computadores e telecomunicações tão boa quanto a que se dá por meio da presença física, o que é uma descoberta relevante. A partir de nossa perspectiva qualitativa descobrimos que havia uma diferença, não uma diferença estatisticamente significativa, mas traumática. As "maçãs" e as "pêras" não eram aqueles alunos que freqüentavam as aulas convencionais e a distância; eram os alunos antes e depois da internet. Eles pertenciam a diferentes epistemes. A diferença não estava no que aprendiam, mas no modo como aprendiam. Com a internet, os alunos começaram a se responsabilizar por seu próprio aprendizado. Enviavam *e-mails* aos autores dos textos que usavam, comentando suas teorias. Constataram que alguns autores haviam revisto suas idéias e passavam essa mudança aos seus colegas. A idéia de perda de tempo com o conhecimento foi logo suplantada, assim como a posição intermediária do professor. Os alunos verificavam o currículo de cursos similares em outras universidades para ver como se comparavam ao seu. Que textos os outros estavam usando? Que tipos de tarefa tinham de realizar? Como eram avaliados? Nossos alunos entraram em contato com alunos de outros países e compararam suas experiências. Eles navegaram pela internet em busca de recursos e se reuniram em *chats* internacionais. Os alunos pré-internet, ou "maçãs", pensam em termos locais. Os alunos pós-internet, ou "pêras", pensam em termos globais. Tanto um quanto o outro grupo sabem responder às mesmas perguntas de um exame, mas pensam diferentemente, e são as "pêras" que estão sob demanda.

Para funcionarem como universidade, as pessoas interagem por meio da fala, da audição, da leitura e da escrita. É claro que algumas profissões, como medicina, música, engenharia e geologia, também exigem interação com as coisas, por exemplo corpos, instrumentos e máquinas, e fazem uso de imagens, mas ainda precisam da linguagem (às vezes uma linguagem adicional especializada, como álgebra ou notação musical) transmitida por ondas sonoras ou ondas de luz para mediar tal interação. O fato de ler e escrever no papel ou diretamente nos computadores e o fato de falar e ouvir presencialmente ou por meio de telecomunicações não parece fazer muita diferença para o aluno aprender o conhecimento com que as universidades lidam. Em última análise, é a linguagem que importa em qualquer matéria que é medida por testes e exames. As universidades no futuro poderão funcionar de maneira bem diferente por causa de uma complexa tecnologia da informação, mas o que elas ensinam e pesquisam e o modo como ensinam ainda estarão agregados na linguagem, como têm estado há mais de 2.500 anos. Além disso, mesmo que seja possível ter acesso a uma enciclopédia em um minuto, é improvável que consigamos fazer o mesmo com nossa velocidade de leitura.

Não estamos dizendo que a escolha dos meios de instrução não é importante. Os meios definem as circunstâncias da aprendizagem, determinam quem pode acessar a aprendizagem e influenciam muito o que aprendemos.

Marshall McLuhan lutou por articular as mudanças que surgem com a colocação da mesma mensagem em meios diferentes ao alegar que o meio modifica a mensagem e que os meios são extensões do homem (McLuhan, 1964; McLuhan e Fiore, 1967). O próprio guru de McLuhan, Harold Innis, na verdade argumentou que as epistemes são o produto do meio dominante. Meios que duravam, como as paredes de uma caverna, favoreciam a continuidade e estavam vinculados ao tempo, mas restringiam o crescimento espacial. Ao contrário, meios como o papel, que podiam ser facilmente transportados, vinculavam-se ao espaço e facilitavam o crescimento do império (Innis, 1950; Innis, 1972). McLuhan previu que as comunicações eletrônicas criariam uma episteme que ele aproximava de uma aldeia global. Mais recentemente, Tapscott chamou as pessoas que vivem na episteme que se formou com a internet de "geração da rede": "Eles têm uma cultura, uma psicologia e uma abordagem diferentes, no que diz respeito à aprendizagem, ao consumo, ao trabalho e à diversão, do que tinham seus pais, nascidos no pós-guerra" (Tapscott, 1998a, p.2). Tapscott está falando do impacto da primeira geração da internet. O que ainda está por vir não foi previsto por ele, nem por Innis ou McLuhan.

A UNIVERSIDADE ASSINCRÔNICA É UNIVERSIDADE?

As universidades abertas funcionam essencialmente de maneira assincrônica e têm feito isso com algum sucesso desde que começou no Reino Unido, em 1971. Porém, como observa Don Hanna (2001, p.7): "aprendizagem aberta não é universalmente aceita". A primeira geração de universidades virtuais também funciona assincronicamente e provoca a pergunta: "São mesmo universidades?".

Na universidade moderna, os programas de estudo são valorizados em termos de número de créditos ou pontos necessários para se obter um diploma. Os créditos e os pontos são baseados em uma estimativa quantitativa do tempo que se leva para fazer um curso, em especial as horas de contato em palestras, aulas, seminários, tutoriais e práticas que Hanna (2000, p.7) chama de "horas-relógio em que ficamos sentados". Os tempos em que vivemos são seguramente propícios à comunicação assincrônica entre alunos e professores, que são o *sine qua non* das universidades convencionais. A maior parte do trabalho de uma universidade se destina a propiciar as salas e os professores para essa espécie de comunicação. São eles os eventos principais do ensino de uma universidade e onde podemos observar a aprendizagem ocorrer.

Também se espera que os alunos realizem regularmente um estudo não- supervisionado, como leitura e escrita, que são, em geral, tarefas estabelecidas para estimulá-los a buscar o tipo de conhecimento de que precisam, em livros, anotações de aula e bibliotecas. No tempo devido, as tarefas são avaliadas e devolvidas, dando aos alunos certo *feedback*. Esse processo de aprendizagem interativo assincrônico depende das tecnologias de impressão e de escrita, tendo como intermediário o papel e, antes dele, o pergaminho e a papiro. Um grande gasto para a universidade é o de uma biblioteca com espaço para estudos, e outro é o tempo que os professores passam corrigindo e comentando trabalhos. Porém, como muitos alunos estudam sem o auxílio dos livros da universidade e sem supervisão, o custo por aluno para a universidade assincrônica é menor do que o da sincrônica.

Isso levanta uma questão que muitas pessoas que passaram pela universidade devem em algum momento ter feito a si próprias. Já que a pessoa sabe ler e escrever e tem alguma autodisciplina, por que tem de ir à aula? Para as sociedades que buscam reduzir os custos da educação de ensino superior, a questão se torna a seguinte: em vez de usar os sistemas de transporte para unir as pessoas em um mesmo lugar para se comunicarem em sala de aula, por que não usar o serviço postal? Melhor ainda, por que não usar a internet?

Ensinar por correspondência, com a ajuda do rádio, da televisão e de vários meios audiovisuais foi a base inicial das universidades abertas, as quais cresceram para se tornar o que John Daniel (1996) chama de "megauniversidades". Essas universidades estão trocando suas atividades por correspondência pela internet, tornando-se, na verdade, universidades virtuais. Seu sucesso poderia sugerir que a comunicação assincrônica por meio da palavra escrita teria condições de ser tudo o que é necessário para a interação do ensino, o que representa uma enorme economia de custos para a universidade (Bates, 1995; Daniel, 1996). Por que precisamos da palavra falada sincrônica? Por que ainda nos importamos com aulas que têm de ser dadas em horários e lugares determinados no ritmo do professor, quando podemos imprimi-las, gravá-las em vídeo, em *stream* pela internet ou registrá-las em páginas da web com ilustrações e efeitos para uma leitura mais detalhada no momento em que os alunos julgarem mais adequado e em seu próprio ritmo?

É evidente que muitas pessoas *são* capazes de estudar por correspondência ou pela internet para obter um diploma. Há muitas que nunca assistem palestras, aulas ou cursos e tão pouco procuram saber o que foi tratado neles, dependendo apenas de si próprias e da biblioteca e que, para a irritação de quem assiste regularmente, passam satisfatoriamente pelos exames e tarefas. Algumas pessoas são por natureza aprendizes autônomos que preferem estudar por conta própria em horas que elas mesmas escolhem. Entre as pessoas que querem ir à universidade, há muitas que têm vidas muito complexas, com famílias, trabalho e crianças, o que faz com que seja difícil freqüentar as aulas com regularidade. Para elas, os sistemas de comunicação assincrônica são atraentes e eficientes. Afinal de contas, aquilo que é escrito, em especial o que se publica, é mais cuidadosamente pensado e organizado do que aquilo que se fala. A velocidade de leitura, algo diferente do ritmo fechado de escutar alguém, varia de indivíduo para indivíduo e permite que se tenha tempo de refletir e de reler. Quando a administração das universidades busca garantia de qualidade e responsabilidade final, é mais fácil aplicar um projeto de ensino rigoroso e de controle ao que é escrito do que ao que é dito.

Ainda assim os alunos querem conversar. Constatamos, de maneira regular, que a maioria dos nossos telealunos de pós-graduação sente uma necessidade muito grande de encontrar professores e colegas. Desde o início, as universidades abertas sentiram a necessidade de algumas aulas convencionais ou de centros de estudo ou cursos intensivos para que os alunos pudessem encontrar-se por alguns dias. As universidades virtuais constatam que há uma demanda dos alunos por alguma espécie de encontro, mesmo que seja na situação de sincronicidade parcial de uma sala de bate-papo ou em um local em que possam encontrar-se com outros alunos.

A lenda diz que as palestras, ou aulas, fazem referência a uma época anterior à imprensa, em que os alunos tinham a oportunidade de fazer sua própria cópia do texto que se lhes lia. Tal prática pode ainda existir, mas não é isso que leva os alunos a buscar a oportunidade de ter um contato face a face com seus colegas. Eles querem ter a oportunidade de conversar entre si e com o professor, e não só de falar sobre conhecimento e problemas. A expectativa pode ser a de que os alunos devem passar determinado número de horas lendo e escrevendo, mas a realidade é que muitos deles passarão boa parte do tempo conversando. Há em geral mais pessoas conversando em restaurantes, bares, cafés, áreas internas e passarelas nas universidades do que estudando nas bibliotecas, e é fácil presumir que nem todas essas conversas sejam sobre assuntos acadêmicos.

Contudo, quando pessoas da mesma área se reúnem, muito embora essa conversa seja informal, elas provavelmente falam de conceitos, idéias, teorias, eventos e pessoas que conhecem. Ao fazê-lo, elas talvez também falam e comportam-se como pessoas que estejam estudando, digamos, direito, ciência da computação ou teatro. Talvez se vistam, assumam estilos e jeitos de ser e freqüentem os mesmos ambientes que seus colegas. São iniciadas na rede que se tornará, por exemplo, "a turma de 2003". Elas se tornam participantes do seu paradigma disciplinar, envolvendo-se no seu discurso, no sentido em que James Gee (1990, p.XV) usava o termo: "... uma combinação de dizer as coisas certas de maneira certa e, ao mesmo tempo, envolver-se com os tipos certos de ação, parecendo pensar e sentir da maneira certa e tendo o tipo certo de valores". É pela necessidade de falarem frente a frente com outra pessoa e com o gosto de estarem passando por uma comunicação sincrônica que as pessoas freqüentam as universidades. O aprendiz solitário tem sua independência de pensamento às custas de ser visto como uma pessoa isolada.

A universidade tradicional atende tanto aos modos sincrônicos quanto aos assincrônicos. A primeira geração de universidades virtuais que usa a telecomunicação por internet discada atende apenas ao modo assincrônico e transforma isso em uma virtude, vendendo-se como um modo simples e básico de os alunos autônomos obterem seu diploma, sem a necessidade de passar por armadilhas e pelo que não é essencial na vida acadêmica. Ao fazê-lo, elas estão adquirindo a reputação de fábricas de diplomas (Bear, 1996). E se há um valor que se deve acrescentar ao componente sincrônico de comunicação no ensino, então essas universidades seriam de segunda classe, pois as universidades convencionais agora usam a internet e os computadores, *além dos* modos convencionais de comunicação, tendo o melhor dos dois mundos.

É na aula tradicional que os modos de comunicação sincrônica e assincrônica interagem. É nela que os alunos e professores falam entre si sobre o *corpus* de conhecimento de uma determinada matéria. Os alunos trazem textos e os professores trazem notas e apresentações em *PowerPoint*. O que foi escrito e impresso antes da aula se torna algo vivo na discussão sincrônica. Os quadros-brancos atuam como uma memória auxiliar de curto prazo. Os alunos tomam notas para aumentar sua memória, e o conhecimento retorna ao modo assincrônico quando os professores e os alunos recolhem seus textos ao final da aula. No ritmo do processo de sala de aula, quando todo um grupo de pessoas está pensando e conversando sobre a mesma coisa ao mesmo tempo, o conhecimento se torna plástico. É no debate espontâneo que o ensino se torna uma arte viva. É verdade que pode ser uma *performance* entediante, mas pode também produzir uma mudança duradoura na maneira que a pessoa pensa.

A INTERNET DISCADA E AS UNIVERSIDADES VIRTUAIS

É difícil emular por meio da internet discada a comunicação dinâmica que ocorre em uma sala de aula convencional. A fala permite uma interação rápida e intuitiva, e a comunicação que ocorre quando se está face a face com nosso interlocutor nos dá indicações sensoriais, como gestos, expressão, posicionamento e voz. Compare-se isso aos atrapalhados sistemas em que é preciso clicar para falar, ou aos sistemas audiográficos e de videoconferência disponíveis na internet discada, seus atrasos nas respostas e sua falibilidade.

Há também um problema na ambiência que a internet está formando. A web é a maior compilação de palavras que o mundo criou até hoje e continua a crescer, mas está rapidamente se tornando uma "Torre de Babel" virtual. O primeiro uso comercial da internet foi a mal-afamada fraude do Green Card no início na década de 1990 (Canter, 1994). Até aquele momento a internet se desenvolvia como um meio que prometia muito aos acadêmicos. Tratava-se de um local democrático e virtual em que as pessoas podiam encontrar-se e no qual se trocavam idéias e argumentações. As pessoas falavam sobre conhecimento e informações libertadoras e viam na World Wide Web uma nova Biblioteca de Alexandria, aberta ao mundo. Depois, ela foi comercializada e tornou-se um Shinjuku virtual para grandes *sites* empresariais e para anúncios comerciais piscantes, um vasto supermercado moralmente degradado que funcionava como um ambiente para investimentos fraudulentos. O ciberespaço correspondia às imagens insípidas retratadas em romances *ciberpunks*, como *Neuromancer* (Gibson, 1984) e *Snow crash* (Stephenson, 1992), cada vez mais sendo visto como um lugar para pornografia, onde pedófilos estavam à espreita e *hackers* criavam vírus. As pessoas agora buscam informação na internet correndo riscos, pois não sabem o que as acompanham nem quais operadores compram acesso aos seus hábitos de busca de informação. Howard Rheingold (1993) chamou-a de fronteira da sociedade, um local onde a lei e a ordem ainda não existiam. As universidades criam mecanismos de observação para restringir/monitorar o uso da internet, garantir que os alunos não a usem para cola e que os acadêmicos não visitem *sites* duvidosos. A internet como a conhecemos está se tornando uma espécie de gueto poluído por pichações, onde também se encontram informações. Seu futuro como meio acadêmico é uma incógnita não pelo motivo de sua capacidade, mas por causa do que a ela se associa e de suas reputações.

Algo similar ocorreu com a televisão. Em muitos países, especialmente nas nações em desenvolvimento, seu uso era voltado à educação e à informação. Onde não havia outra forma de escolarização e os índices de alfabetização estivessem baixos, ela poderia ser surpreendentemente eficaz. Contudo, a televisão se tornou um meio comercial, buscando atrair audiências para seus anúncios, favorecendo o gosto popular pela violência, pelo sensacionalismo e pela exploração da vida pessoal. Ela adquiriu, assim, uma reputação dúbia como fonte de conhecimento e meio de educação. O vídeo é utilizado nas universidades, mas se dermos uma olhada nos números referentes ao uso do acervo de vídeos da universidade, veremos que tal uso é marginal. A televisão desempenhou um papel gigantesco no desenvolvimento das universidades abertas na Tailândia, Coréia do Sul e Grã-Bretanha, mas com a possível exceção do sistema universitário de TV da China, o papel vislumbrado para ela não se desenvolveu (Daniel, 1996).

A INTERNET DE BANDA LARGA PARA AS UNIVERSIDADES VIRTUAIS

A internet2 é um consórcio que envolve 190 universidades norte-americanas, um grande número de empresas e algumas universidades internacionais preocupadas em estabelecer a próxima geração de internet para fins educacionais. Sua pesquisa e desenvolvimento estão voltados à determinação das funções necessárias para a organização do que se chama de serviços colaborativos. Dá-se alta prioridade ao

> *desenvolvimento de caminhos de passagem entre tecnologias de videoconferência, ao desenvolvimento de mecanismos de agendamento automático e a serviços de suporte à videoconferência, como o monitoramento de capacidade. Espera-se que os resultados da pesquisa e do desenvolvimento incluam a criação de* livros brancos *e de documentos que visem a uma ratificação dos padrões utilizados.*
>
> (www.internet2.edu)

A internet2 parece preocupada em resolver os problemas do passado pela realização de videoconferências que funcionem na internet.

A videoconferência sempre foi uma tecnologia em busca de um papel na educação. Acrescenta pouco ao que se pode fazer por meio das conferências audiográficas além do que imagens de pessoas falando, algo que pode ser até fonte de distração. Para se obter o tipo de interação que parece natural, são necessários uma direção habilidosa, um trabalho profissional de câmera e o talento para falar em frente às câmeras. A videoconferência pode funcionar entre dois *sites* pela interação dinâmica entre um pequeno grupo de pessoas ou para mostrar alguém proferindo uma palestra. Porém, a interação entre muitas pessoas em muitos lugares é difícil de coordenar. Quanto mais *sites* estiverem envolvidos, mais difícil será ver a participação e as mudanças de expressão e de linguagem corporal, que são justamente o motivo principal para que estejamos conectados. Contudo, embora o esforço por fazer com que a videoconferência funcione possa vir a ser uma cura para um problema que não existe, ela pode ter efeitos colaterais benéficos. Onde quer que haja câmeras, a realidade virtual se torna possível.

As limitações tecnológicas da internet de hoje serão resolvidas. A Lei de Moore continua a valer, e o poder de processamento dos computadores continua a dobrar a cada 18 meses. As telecomunicações, com ou sem fio, tornam-se cada vez mais ubíquas. A banda disponível será ampliada. Os computadores serão usados da cabeça aos pés, e teremos internet em todos os lugares.

Para perceber o potencial que isso implica, precisamos de um novo modo de interagir com a tecnologia da informação, diferente dos modos híbridos de uma máquina de escrever e de uma televisão, a que chamamos de PC. Por cerca de um quarto de século, o computador pessoal deu forma à idéia da TI como uma mistura de computação e comunicação. Porém, isso pressupõe a alfabetização (o "letramento") e saber usar o teclado, e é difícil que tenhamos o desenvolvimento da internet como meio de massa, especialmente enquanto ela estiver baseada no *software* de hoje e no teclado de ontem. Agora que a tecnologia passa o nível do Pentium 4 e da banda de 128 k, comandar um PC com um teclado *qwerty* e *software* Microsoft Windows é como dirigir uma Mercedes em uma estrada usando as rédeas de uma carruagem. Os PCs causam lesões de esforço repetitivo (LER), são difíceis de manusear quando se tem artrite, espantam as pessoas que não sabem digitar, não são confiáveis, quebram, infestam-se com vírus e se tornam mais difíceis de usar com o passar do tempo.

Uma olhada em qualquer sala de conferências demonstra o quanto aumentou o número de alunos que usam óculos e o número de pessoas mais velhas, mas ainda assim os computadores são projetados para quem enxerga normalmente. As pessoas compram óculos de grau para ler em monitores que custam tanto quanto os próprios óculos. Mas o que está no monitor poderia ser mostrado diretamente em um "capacete de visualização" (Head Mounted Display – HMD) em três ou em duas dimensões. Os computadores poderiam estar nos próprios óculos e, à medida que as interfaces da fala natural do usuário com o auxílio de sistemas de sintaxe de autocorreção se desenvolvessem, as pessoas poderiam ler e falar em vez de ler e escrever. As *datagloves* tornam possível, na realidade virtual, fazer gestos, apontar e tocar. A tecnologia fica cada vez mais diminuta. A computação vestível será desenvolvida para atender ao acesso móvel a telecomunicações de banda larga. Os sistemas de som para telefones celulares ainda têm de melhorar, pois a tecnologia de hoje está torrando nossos cérebros.

Um novo paradigma técnico precisa ser desenvolvido para a interface com uma tecnologia da informação, que seja direto, intuitivo e sensorial, da mesma forma que as pessoas interagem entre si no mundo real. Um componente fundamental desse paradigma seria o avatar.

AVATARES

Um dia, quando os computadores vestíveis ligados a transcodificadores se desenvolverem a ponto de serem parte do tecido da roupa que usamos, poderemos imaginar que nosso avatar na realidade virtual olhará, agirá e até sentirá como se fosse uma réplica de nossos próprios seres físicos. Poderíamos, na verdade, passar a nos sentir melhor na realidade virtual do que na física. Os "ciberternos" (*cybersuits*) serão inteligentes e autônomos, capazes de moldarem-se à forma de nosso corpo a fim de consertar problemas físicos que tenhamos em nossos movimentos, nossa visão e audição. Eles ajudarão, protegerão e ampliarão nossos movimentos (Drexler, 1990) ao mesmo tempo em que moldarão nossa presença virtual ao modo que quisermos nos apresentar aos outros. Hoje estamos em um estágio inicial nesse processo, com muitas limitações, inclusive no que diz respeito ao que fazemos com nosso corpo enquanto nos aventuramos na realidade virtual.

Em uma sala de aula, as pessoas estão em geral sentadas e a comunicação é feita principalmente pela parte frontal de nosso corpo, da cintura para cima. É perfeitamente possível com a tecnologia de hoje criar um avatar em uma situação no qual se permita a comunicação visual por meio das mãos e da face e da parte frontal de nosso corpo. Esse avatar poderia ser controlado sem que fosse preciso abandonar o conforto de uma cadeira.

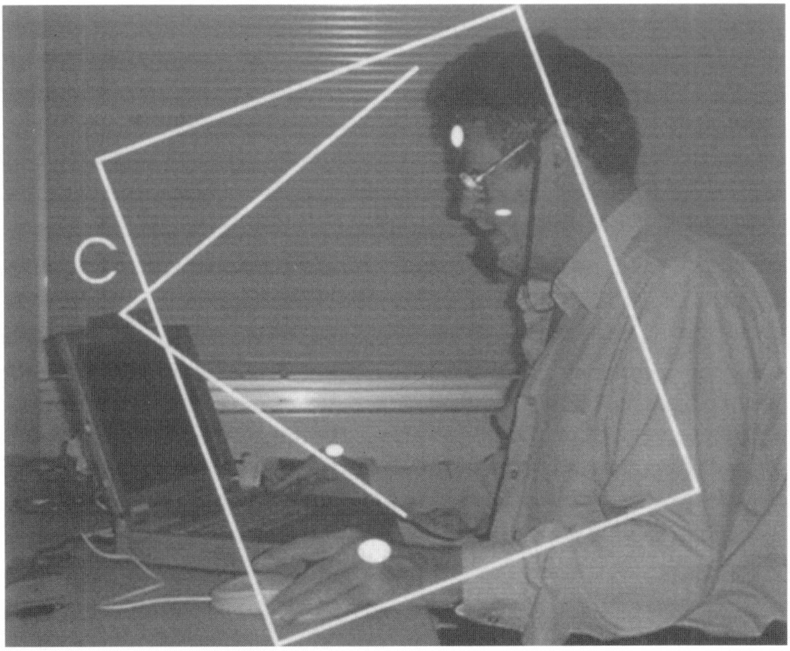

Figura 2.1 Situação básica para o avatar interagir com um PC. A câmera montada no computador deve focalizar a pessoa a uma distância média, da cintura para cima (o que se demonstra pelas duas linhas brancas na figura). Isso permite que o avatar seja formado pela parte da pessoa que está nos limites do retângulo. Não há necessidade de que haja uma interação face a face como na sala de aula tradicional, ou seja, não é necessário que se visualizem as costas ou a metade inferior da pessoa. *Patches* refletores nas mãos e na face são aqui demonstrados na cor branca. Eles transmitiriam os movimentos das mãos e as expressões faciais.

Os avatares podem ser selecionados a partir de um menu de modelos para avatares, colocando-se uma foto de uma pessoa sobre a cabeça de um avatar padronizado, mas uma imagem em 3D da face do usuário que fosse móvel e refletisse sua expressão poderia ser obtida usando-se óculos especiais (*shutter glasses*), *patches* refletores e uma câmera montada no topo do PC. Um sistema de *software* seria necessário para que a pessoa pudesse desenvolver um avatar de sua face, mãos e parte superior de seu corpo. Ao apresentar os perfis direito e esquerdo à câmera, seria possível criar uma imagem em três dimensões. Uma face neutra ou *default* seria estabelecida. Aquilo que de certa forma fugisse dessa imagem neutra, como um sorriso ou um simples movimento da cabeça, seria reconhecido pelas mudanças na posição dos *patches* refletores da face. Da mesma forma, os *patches* refletores dos braços e das mãos mostrariam como eles se movimentam. Seria também possível salvar sorrisos, um franzir do cenho ou os movimentos da cabeça, para que fossem usados como *emoticons*. Poderíamos vestir nosso avatar como se fosse um bufão da ópera de Leoncavallo, nele colocando roupas coloridas, de modo que pudéssemos rir quando chorássemos.

"Minha representação na Net não é algo que represente a inescapabilidade da biologia, do nascimento e das circunstâncias sociais, mas uma invenção intelectual completamente separada do meu corpo e altamente manipulável" (Mitchell, 1995, p.12). Os avatares não precisam ser réplicas das pessoas que os usam. Podem ser mudados para fazer com que uma pessoa pareça mais velha, mais jovem, do sexo masculino ou feminino, negra ou branca. É possível tomar emprestado o avatar de um amigo, alugar ou comprar um avatar e apresentar-se como um tigre, um rato, como Átila ou Cleópatra. Para muitos alunos, estar na universidade é uma oportunidade de brincar com sua *persona* e com sua aparência. As aulas podem tornar-se menos convencionais em sua aparência. Os alunos podem explorar a relação retórica entre o que é dito e quem o diz.

Não conhecemos nenhuma pesquisa significativa que demonstre que a interação entre alunos e professor faça diferença para o ensino, a não ser, logicamente, que o corpo esteja envolvido no ensino, como por exemplo, ao aprender a pronunciar palavras de língua estrangeira. Mas isso não quer dizer que não haja diferença. A verdade é que simplesmente não sabemos o que é essa diferença ou se ela é importante. A pesquisa do ensino tem se preocupado com os aspectos cognitivos do ensino e com a mensuração de resultados padronizados. Não possuímos metodologias de pesquisa que possam levar em conta os aspectos afetivos do ensino e o impacto dos sorrisos, de um franzir do cenho, da alegria e das explosões de raiva. Estamos apenas começando a reconhecer a inteligência emocional (Goleman, 1996) e o componente construtivista da aprendizagem. Suspeitamos que a questão da telepresença na sala de aula provar-se-á importante. Quando nossos telealunos contribuem às aulas como vozes, há um sentimento geral de que eles não participam de maneira completa. As pessoas gostam de olhar em volta e perceber quem está na aula. Não gostam de descobrir que há alguém espionando ou ouvindo sem manifestar sua presença, o que é considerado uma descortesia. Parte de uma boa aula seria ter a sensação de que ela é um lugar seguro onde é possível testar opiniões, idéias e novos conhecimentos sem uma espécie de auto-repressão ou sem temer ser ridicularizado. É possível que ser capaz de escolher qual será sua aparência ajude no processo.

AULA VIRTUAL E HIPERAULA

Desenvolvemos o conceito de aula virtual na metade da década de 1980, com a idéia de que os alunos e professores de diferentes lugares poderiam reunir-se sincronicamente, com a ajuda de computadores e das telecomunicações, como pessoas virtuais em um lugar virtual (Tiffin e Rajasingham, 1995). Inicialmente, experimentamos a conferência audiográfica, mas depois nos interessamos pelas possibilidades de realidade virtual. Porém, quanto mais buscávamos a idéia de uma aula virtual, mais percebíamos o quanto era importante para a maioria dos alunos encontrar-se de verdade. Parecia que os encontros virtuais faziam com que quisessem encontrar-se na realidade física. O paradoxo fez com que parássemos. Será que a realidade virtual de fato substituiria a sala de aula tradicional que já sobrevive há 4 mil anos?

A educação prepara as pessoas para um ambiente maior na sociedade. Embora as pessoas de uma sociedade de informação do futuro venham a fazer um uso muito maior da realidade virtual, elas ainda comerão, dormirão e terão filhos na realidade física. As pessoas ainda farão uso de salas; por isso, precisamos preparálas para viver nessas salas, que estarão presentes. Mas também precisamos preparar as pessoas para viver na realidade virtual. Precisamos saber como viver e trabalhar na realidade física e na realidade virtual.

O que parecia ser necessário era uma conjunção do mundo real e do virtual. Foi essa a visão de Nobuyoshi Terashima (1993), que, como presidente dos laboratórios de comunicação Advanced Telecommunications Research (ATR), do Japão, entre 1986 e 1996, conduziu uma equipe que desenvolveu uma forma de realidade virtual compartilhada para teleconferências chamada de Telesensation. A tecnologia permitiu que as pessoas que estavam fisicamente presentes em lugares diferentes se encontrassem em forma de telepresença para trabalharem juntas em uma tarefa comum. Algo similar foi desenvolvido mais tarde nos Estados Unidos sob a liderança de Jaron Lanier, que chama o processo de "teleimersão" (Lanier, 2001). Contudo, nessa época, Terashima (2001) já havia revisado seu conceito. Em 1996, ele começou a trabalhar a idéia de um campo espaço-temporal de comunicação que faz a conexão não só entre o real e o virtual, mas entre a inteligência artificial e a inteligência humana. Ele a chamou de HiperRealidade. É uma tentativa de resolver um problema fundamental de comunicação do futuro.

O conceito de HiperRealidade (HR), como os conceitos de nanotecnologia, clonagem e inteligência artificial, é em princípio muito simples. Não é nada mais do que a capacidade tecnológica de misturar Realidade Virtual (RV) com Realidade Física (RF) e Inteligência Artificial (IA) com Inteligência Humana (IH), de modo que pareça não haver "costuras" entre ela e haja interação.
A interação de IH e IA é uma função em desenvolvimento das comunicações e das telecomunicações. A interação de RF e RV em RH se torna possível pelo fato de que, ao usar os computadores e as telecomunicações, imagens de 2D de um local podem ser reproduzidas em realidade virtual de 3D, em outro. As imagens de 3D podem então ser parte de um ambiente fisicamente real de modo que coisas fisicamente reais possam interagir sincronicamente com coisas virtualmente reais. Isso permite que pessoas ausentes em uma atividade real, observem e se envolvam nela como se estivessem presentes. A tecnologia oferecerá a experiência de estar em um lugar sem ter de fisicamente ir lá. Objetos reais e irreais serão colocados no mesmo "espaço" para criar um ambiente chamado de HiperMundo (HM). Nele, formas de vida imaginária, real e artificial e objetos e ambientes imaginários, reais e artificiais pertencentes a locais diferentes poderão unir-se por meio de supervias de informação em um plano comum de atividade denominado Campo de Coação (CC), onde as formas de vida real e virtual podem funcionar e trabalhar em conjunto.
A comunicação em um CC (campo de coação) dar-se-á por meio de palavras e gestos e, com o tempo, por meio do toque e da ação corporal. O que mantém um campo de coação unido é o Conhecimento de Domínio (CD) disponível aos participantes para que executem uma tarefa comum no campo. A construção de sistemas de infra-estrutura baseados nesse novo conceito indica que as pessoas viverão em um novo tipo de ambiente e que experimentarão o mundo de uma nova maneira (Terashima, 2001, p.4-5).

Desde 1992, trabalhamos com Terashima na aplicação da RH à educação e no projeto de uma HiperAula e de uma HiperUniversidade (Tiffin e Rajasingham, 2001). A idéia de uma universidade global virtual neste livro é baseada na suposição de que a HiperRealidade ou algo similar tornar-se-á uma parte fundamental da infra-estrutura das sociedades desenvolvidas no primeiro quartel do século XXI (Tiffin e Terashima, 2001) (ver Figura 2.2).

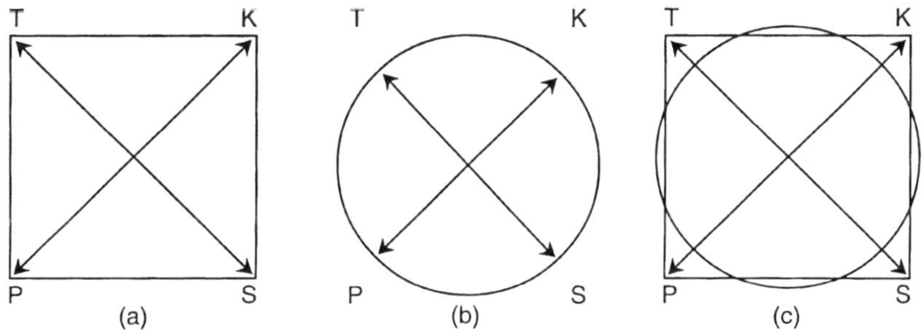

Figura 2.2 Os elementos básicos de interação de uma aula. (a) Usando uma sala de aula convencional. (b) Usando uma aula comum na internet. (c) Usando uma HiperAula que une uma aula convencional a uma aula virtual.

A HiperAula é um espaço onde uma aula convencional é mesclada a uma aula virtual de tal forma que os componentes virtuais podem interagir com os componentes fisicamente reais. Os componentes são as pessoas, os objetos e os ambientes e o modo de interação face a face. Os primeiros experimentos aconteceram entre as universidades Victoria, na Nova Zelândia, e a de Waseda, no Japão, em 1998 (Terashima, 2001). Para os japoneses, os neozelandeses eram virtuais e, para os neozelandeses, os japoneses o eram. Em outras palavras, o fato de os participantes serem virtuais ou reais dependia da relação que tinham entre si. Era uma forma de teleconferência em que os avatares, o ambiente e os objetos de estudo eram tridimensionais e os objetos virtuais podiam ser manuseados e passados entre as pessoas virtuais e reais. Em 2000, Nobuyoshi Terashima do Japão passou um disco a Lalita Rajasingham na Nova Zelândia e mostrou a ela como colocá-lo no computador. Rajasingham, por sua vez, passou o disco a Anne Gooley, na Austrália, e mostrou a ela onde colocá-lo. Depois, Gooley passou o disco de volta a Terashima para completar a primeira HiperAula do mundo, realizada entre três países. Não há limitações tecnológicas quanto ao número de centros e países que poderão participar de uma HiperAula no futuro.

A HiperRealidade ou algo similar estará disponível como uma tecnologia de infra-estrutura onde quer que haja redes de banda larga. Ela será amplamente usada no trabalho, no lazer e em situações sociais, e, por causa disso, será utilizada por alunos, professores e pesquisadores nas universidades, independentemente de as universidades acharem que isso seja uma boa idéia ou não. A HR oferece uma escolha de se freqüentar uma universidade em realidade virtual ou em realidade física, indicando que não há limites quanto ao número de alunos que podem matricular-se ou ao local em que estejam.

O conceito de HiperRealidade de Terashima, diferentemente do conceito de Lanier de teleimersão, tem uma dimensão a mais. É também um lugar onde a inteligência artificial pode interagir com a inteligência humana e que permite que a vida artificial desenvolvida na realidade virtual passe ao mundo físico.

INTELIGÊNCIA ARTIFICIAL (IA)

O fato de uma máquina poder estar ou não programada para pensar de maneira similar a que pensam os humanos, ou de pelo menos passar pelo famoso jogo de imitação de Alan Turing (1992), parecendo ser humana, mantém, meio século depois de Turing ter apresentado a idéia, uma questão aberta para debate filosófico (Casti, 1992). Mas que os computadores podem pensar de maneira autônoma já não é uma questão aberta. É isso que deveria ser do interesse das universidades no futuro.

Há uma sobreposição entre a inteligência animal e a inteligência humana, e podemos reconhecer algumas áreas nas quais os animais estão mais bem equipados intelectualmente. Por meio de cruzamentos seletivos, já conseguimos com que os cães façam algumas coisas melhor do que nós. Os cães têm uma inteligência olfativa mais desenvolvida, por isso os usamos para encontrar objetos. Em troca, os alimentamos e cuidamos deles. A partir dessa interação, desenvolvemos uma relação social com eles que pode transcender o contrato original. Nos tempos em que não havia computadores, admirávamo-nos com as pessoas que sabiam fazer o que pareciam ser prodigiosas façanhas de memória e computação de dados, e considerávamos a capacidade de jogar xadrez uma marca de inteligência. Nessa espécie de inteligência, os computadores nos ultrapassaram. Eles conseguem lembrar fatos e dados, realizar cálculos e jogar xadrez de um modo que nenhum humano consegue. Quanto mais inteligentes ficam, mais úteis se tornam para nós. Uma pesquisa hoje sem a presença de um computador é como um caçador sem um cachorro, e um aluno que sai da universidade sem a relação simbiótica com o computador tem poucas chances de sobreviver na selva da sociedade moderna. Já temos uma simbiose com os computadores, pela qual, em troca da memória e da computação que nos propiciam, nós os desenvolvemos. Será que as relações sociais serão o resultado disso? Que lugar melhor do que a universidade para descobrir?

Até hoje a IA (Inteligência Artificial) desenvolveu a inteligência lógico-numérica que pode ser aplicada em domínios claramente definidos. É por isso que ela é tão prontamente adaptável ao mecanismo do campo de coação da HR e à natureza paradigmática das disciplinas da universidade. Onde quer que a vida seja um jogo com regras e objetivos claros e definidos, devemos ser capazes de jogá-lo com a Inteligência Artificial.

Há pouco uso da IA nas universidades hoje além da pesquisa de ciência da computação, mas a idéia do Windows Microsoft *office administrator*, que tem como avatar a forma de um clipe de papel, mostra-nos o caminho que a IA poderia tomar, mesmo que no momento ela apenas simule a inteligência de um menino de 2 anos: tentando ser útil, mas de um modo irrelevante para a tarefa que se executa; fazendo perguntas redundantes no momento errado e sendo incapaz de ajudar quando é realmente necessário. Porém, é um começo e, a não ser que alguém impeça, poderá tornar-se realmente útil.

JITAITs

A abordagem vigotskiana supõe que o professor esteja presente quando o aluno precisa dele. Quando, por exemplo, alguém levanta a mão e diz: "Por favor, não entendi", o professor vem ajudar. Esse ideal é difícil de sustentar além da escola fundamental e de suas turmas pequenas. Na universidade, boa parte da aprendizagem é assincrônica. O aluno tem de esperar pela ajuda e a aprendizagem é mais lenta. Obter *feedback* sobre uma tarefa uma semana depois de fazê-lo implica perder todo o brilho das questões que o exercício produziu. A idéia de *Just In Time Artificially Intelligent Tutors* (JITAITs, na sigla em inglês), como o nome indica, é a de que eles podem estar disponíveis quando e onde o aluno necessita, o que tem um potencial muito grande para melhorar o ensino.

Os JITAITs têm como base o conceito de sistemas especializados e de ensino assistido e inteligente por computador (ICAI). Esses são eficientes onde o domínio do conhecimento a que se voltam é restrito, paradigmático e orientado à resolução de problemas. Um JITAIT poderia, portanto, ser um especialista em um assunto que formasse o domínio de conhecimento de um campo de coação na HiperRealidade. Ele sempre estaria pronto para ajudar qualquer aprendiz do campo de coação e melhoraria a cada encontro com o aluno, desde que recebesse *feedback* de um tutor humano. Tal JITAIT poderia passar a ser o responsável por muitas das interações repetitivas de baixo nível entre aluno e professor, e é algo possível hoje.

Os JITAITs poderiam também atuar como tutores pessoais para alunos individuais. Eles poderiam buscar informações, acompanhar onde determinado aluno se encontra em seu programa de estudos e organizar suas atividades de aprendizagem. Interconectar agentes inteligentes que gerenciam compromissos, encontros, *e-mails* e o fluxo de trabalho é algo que já se usa em escritórios, e a organização de programas de estudo com base na web que está ocorrendo nas universidades pelo mundo nos oferece um modelo para esse desenvolvimento. Ao longo do tempo poderíamos imaginar os JITAITs adquirindo forma e personalidade para agir como um guia e mentor da vida estudantil do aluno ao modo do pedagogo servo-professor da Grécia Antiga.

Algo similar poderia ser desenvolvido para ter uma função similar de apoio para professores universitários, gerenciando seus *e-mails*, horários de aula, tarefas a entregar, observações e notas, e conectando-se com administradores da universidade e do JITAIT dos alunos. Em essência, trata-se de acréscimo de inteligência, já que a administração se torna automatizada e as universidades beneficiam-se com as aplicações de tecnologia da informação que ocorrem no mundo dos negócios. Um avanço mais interessante para os professores ocorrerá quando eles dispuserem de secretárias artificialmente inteligentes, com reconhecimento de voz, que poderão ser conectadas ao *e-mail* do professor de modo que elas saibam o que, como e para quem o professor deve escrever e o que são apenas mensagens indesejadas. Como uma das principais fontes de comunicação para o acadêmico é a universidade onde trabalha, como as universidades gastam um enorme número de horas preparando paradigmas "oficiais" para as comunicações da própria universidade (quem deve escrever o que, quem e quando) e como todas as pessoas de uma dada universidade poderiam ter o mesmo modelo de secretária artificialmente inteligente, talvez seja possível que tenhamos universidades satisfeitas onde as secretárias IA escrevam sem parar uma para as outras em uma harmonia burocrática sobre coisas burocráticas, enquanto os professores simplesmente ensinam.

O que vimos até agora são os tipos de agente de IA que podem colaborar com as pessoas em tarefas específicas e ter a aparência de uma inteligência que se torna parte dos ambientes profissionais. Eles tornar-se-ão parte do ambiente de TI da universidade e poderão assumir a forma de um avatar personalizado. O assunto que veremos a seguir é mais problemático.

VIDA ARTIFICIAL NAS UNIVERSIDADES

A vida artificial (ALife) é um paradigma de pesquisa fundado por Chris Langton (Langton et al., 1992), que estuda a natureza da vida a partir de uma perspectiva da TI e faz experimentos com a evolução de formas de vida de Inteligência Artificial autônomas que podem variar do nível dos cérebros artificiais que podem auto-replicar-se até o nível de sociedades de cérebros artificiais conectados pela internet. Katsunori Shimohara (2001) considera a relação inicial dos seres humanos com a ALife como algo similar às relações dos seres humanos com os animais de estimação. Para o tipo de "comunicação rica" que ocorre entre os humanos e seus bichos, a ALife precisaria estar equipada com "mecanismos para emoções artificiais". Para sustentarem uma relação com um humano, os animais de estimação da ALife também precisariam de autonomia, criatividade e de uma personalidade atraente. As criaturas da ALife também precisariam estar cientes de si próprias e dos outros, sendo capazes de ajustar-se a pessoas e a situações diferentes (Ibid, p.83).

A ALife ainda tem um longo caminho a percorrer antes de se tornar algo mais do que experimentos do tipo tamagochi com animais de estimação de IA, mas está programada para desenvolver-se sobre os mesmos princípios de evolução de Darwin. Diferentemente de outras formas de vida, contudo, a inteligência da ALife se acumula de geração em geração e, na teoria, deveria desenvolver-se com mais rapidez. Chegaremos a um ponto em que será algo inteligente perguntarmos: "Não é hora de a ALife ir à universidade?" Que papel a ALife desempenhará em uma universidade? O de alunos que vão às aulas e que jogam tênis e que namoram (a ALife, na verdade, procria), ou a de servos que trabalham para os humanos juntamente com os JITAITs, ou, Deus nos livre, de professores que dão aulas e pesquisam e são profundos?

Shimohara considera a ALife como algo que está tomando a forma de personagens virtuais que evoluem no ciberespaço, mas que também são capazes de tomar a forma robótica na realidade física. Seriam criaturas da HiperRealidade, entes vivos que são virtuais e reais, que podem coexistir conosco em nossos avatares e permitir que coexistamos com eles como robôs. Pela primeira vez, seremos capazes de comunicarmo-nos com criaturas que podem ver nosso mundo como o vemos e cujo mundo vemos como elas mesmas. Em uma relação em que é possível intercambiar pontos de vista com uma criatura estranha, quem está no comando? Tais questões, e a própria idéia de ALife, são tão bizarras hoje como uma vez foram as idéias de que a Terra girava ao redor do Sol, de que as ondas Hertz poderiam fazer as mensagens atravessar paredes e de que a internet poderia ser usada para a educação. Mas é hora de as universidades voltarem-se à lógica do desenvolvimento da ALife e às implicações resultantes da perspectiva da episteme que está chegando, e não da que está partindo.

Se quisermos dispor de criaturas inteligentes e artificiais vivendo ao nosso lado e trabalhando conosco, então talvez elas deveriam estar estudando, ensinando e pesquisando conosco nas nossas universidades. Precisamos aprender a viver com a ALife antes que se chegue a um estado de muita complexidade, e a fim de que tenhamos uma chance melhor de desfrutarmos de uma situação de simbiose. Já conquistamos isso com outras formas de vida, como os gatos e os cachorros, e não queremos que as criaturas da ALife não se socializem. É melhor que estudem conosco em nossas universidades do que estudem por conta própria em suas próprias universidades.

QUEM VAI FAZER O PAPEL DE DEUS?

A televisão de fato não envelheceu muito até que a direção passou das mãos dos técnicos de estúdio que sabiam como fazer as câmeras funcionar para às dos artistas e escritores que sabiam que enquadramentos queriam. O filme tornou-se uma arte quando Charlie Chaplin tomou conta da direção. O navio mais sofisticado de sua época, o Varga, afundou na primeira lufada de vento porque as pessoas que o desenharam não eram marinheiros. Em algum momento, os acadêmicos da universidade precisarão reconquistar o envolvimento que tinham na projeção das aplicações de TI para universidades nos primeiros dias da internet, que, por um curto e agora esquecido período, parecia o paraíso dos educadores.

A TI é imposta em muitas universidades pelos administradores que compram *software* e exigem que os acadêmicos se adaptem a ele. A internet é usada pelas universidades virtuais com missão de fazer dinheiro. A direção tomada pela internet2 carece de visão acadêmica. A tecnologia da informação que vem até nós pode abrir a porta para avanços extraordinários na educação, mas igualmente pode tornar-se um instrumento de padronização e de automação para substituir a rica variedade da vida universitária. Todas as grandes novas idéias das universidades não vieram do Estado, da Igreja ou do mundo dos negócios, mas dos acadêmicos. É hora de os acadêmicos assumirem o desenvolvimento e dizer aos técnicos da informação o que é necessário, antes que novas infra-estruturas estejam postas, que as universidades de novo tenham de se ajustar a uma tecnologia já implementada.

São 5 milhões de pessoas e os números continuam a crescer rapidamente; eles disseram que seria a maior palestra já dada. Tínhamos um público pronto para ela e o palestrante era alguém muito especial. Shirley, uma estudante de pós-graduação recém-matriculada, ficou apavorada com a situação.

Diante dela estava o púlpito de onde o palestrante falaria. Atrás dele, uma vasta tela mostrava uma paisagem da lua transmitida ao vivo da Missão Lunar. Víamos a Terra brilhando no céu. E como ela brilhava, pois uma luz azulada nela se sobrepunha demonstrando quantas pessoas e quantos países estavam ligados à palestra. A América do Norte, que acabara de aparecer na tela, era uma luz muito intensa, assim como o centro da Europa e a borda do Pacífico, na Ásia. Mas havia pouca luz emanando de uma grande parte do globo, que se estendia da África até o Mar Vermelho e o Golfo Pérsico, chegando até a Mongólia e a Sibéria. É verdade que ali estavam também os grandes desertos do mundo, mas, pensou Shirley, eram essas as áreas em que a humanidade tinha suas raízes, onde a civilização tinha começado e as primeiras universidades haviam realizado suas aulas. Se isso tivesse ocorrido há 1.300 anos, tudo seria diferente. A Europa estaria na Idade Média e a América do Norte em estado selvagem.

Shirley olhou para trás de si e viu o vasto auditório do HyperTheatre. Ele foi projetado como um semianfiteatro sobre as linhas que Pitágoras, há 2.500 anos, havia idealizado para a sala de aula perfeita. Misturava-se às montanhas, e parecia que a vasta audiência se esticava por suas protuberâncias, sendo aquelas pessoas mais distantes não mais do que *pixels* de uma realidade virtual. Shirley sentiu-se só na multidão e se perguntou se havia alguém conhecido na audiência. Ainda pensando sobre os altos e baixos das universidades ao longo dos milênios, ela fez uma consulta para saber se o amigo iraniano era uma das luzes que emanava de Teerã. Para sua alegria, a resposta foi sim, e ambos clicaram em sorrisos e acenos enquanto o *zoom* os aproximava e ajustava seus avatares, sentando-os lado a lado. Shirley estava prestes a perguntar sobre a família dele quando chegou uma mensagem, informando que o seu novo professor queria contatá-la. Assim que ela aceitou a mensagem, o professor Sam apareceu a seu lado, e ela, então, viu-se cercada por avatares de pessoas que utilizavam as mesmas cores acadêmicas que ela usava. Todos começaram a se apresentar. Que maneira agradável de começar um programa de estudos, pensou Shirley, confortada pelas telepresenças ao seu redor e por uma sensação de camaradagem com a audiência.

Um doce ruído vinha da multidão, à medida que outros buscavam e encontravam seus amigos. Shirley havia lido que o som doce das palavras de boas-vindas havia sido digitalizado a partir do som de folhas tocadas pelo vento, que o som mais frio de conversas críticas vinha da agitação de ramos sem folha e que o aplauso era acompanhado do som de ondas.

No exato momento em que a luz baixou, o som também ficou mais baixo e lá estava ele, no púlpito. Como cada um dos milhões de pessoas presentes, Shirley podia vê-lo clara e diretamente diante de si e parecia que aquele maravilhoso sorriso se dirigia a ela. Mesmo apenas sendo um avatar, seu carisma a encantava.

"Meus amigos", disse ele, "Benjamin Franklin certa vez disse que freqüentar a escola é a melhor maneira de garantir a democracia. Por isso, vim até esta universidade, para falar sobre democracia, sobre uma democracia real, uma democracia final, global".

Um grande som de aplauso começou a se formar.

3
A instrução nas universidades

O ensino existe para ajudar as pessoas a aprender. Pode ser bem ou mal ministrado. Às vezes é difícil dizer qual dos dois caminhos foi o escolhido.

(Gagne, 1974, p.3)

A possibilidade do surgimento de um (...) novo paradigma de ensino levanta a questão sobre os paradigmas e de como eles mudam.

(Heinich, 1970, p.25)

INTRODUÇÃO

Vygotsky (1987) colocou a questão de que há dois planos de atividade na educação, o intrapsicológico do aprendiz e o interpsicológico das relações do aprendiz com os outros no papel de professores. Em um nível, há a comunicação entre os alunos e os professores sobre a aplicação do conhecimento aos problemas e, em outro, a comunicação interna do aprendiz e interna do professor sobre a aplicação do conhecimento aos problemas. Os papéis de professor e aprendiz são relativos, dependentes e entrelaçados. São comunicações entrelaçadas, advindas de pólos opostos do eixo aprendiz-aluno. Chamamos a interação combinada de ensino e aprendizagem de "instrução", e, pelo fato de ser um sistema de comunicação, o sistema de ensino no abstrato é um paradigma.

Este capítulo volta-se ao ensino universitário como um paradigma dentro do paradigma universitário. Como o ensino em uma universidade funciona como um sistema de comunicação, quais são as técnicas, as tecnologias e os meios que fizeram o ensino possível no passado, como eles estão mudando hoje e como serão no futuro com os tipos de tecnologia da informação antevistos no capítulo anterior? Tentamos descrever o paradigma instrucional da universidade moderna e da universidade virtual e global do futuro. Partes do paradigma futuro já estão aparentes no atual paradigma e partes do paradigma atual são vistas como algo que continuará no paradigma instrucional futuro.

Tabela 3.1 Características do ensino universitário na nova e na velha episteme

A velha episteme	A nova episteme
• Centrada no professor	• Centrada no aluno
• Baseada no conhecimento	• Baseada em problemas
• Aprendizagem cerrada	• Aprendizagem flexível
• Autoritária	• Democrática
• Estudo individual	• Estudo grupal
• Face a face e papel	• Internet
• Sala de aula	• HiperAula
• Administrada pelo professor	• Automatizada pelo computador

A EPISTEME NO ENSINO UNIVERSITÁRIO

Como processo de comunicação, o ensino tem de corresponder aos processos de comunicação da episteme em que ocorre. Não há por que ensinar os alunos a escrever com pena e pergaminho se o mundo está usando computadores. O modo como as pessoas ensinam e aprendem, assim como o conteúdo e a instrução, tem de estar de acordo com as expectativas da sociedade sobre como as coisas são feitas, e isso é mais do que ser capaz de usar os meios de comunicação atuais. Do ponto de vista de nossa episteme, Sócrates é uma figura heróica que morre com a dignidade de um grande professor, mas do ponto de vista de sua própria episteme ele era um impenitente corruptor da juventude. O projeto de ensino de uma universidade precisa refletir os costumes, os modos e estilos de comunicação da sociedade a que serve. Em épocas mais autoritárias, os professores não eram questionados. Passamos a uma episteme de usuários em que o cliente é tratado como um rei e em que os alunos querem serviço. Isso não quer dizer que o ensino será melhor ou pior se privilegiar os alunos em detrimento dos professores, e vice-versa.

Se fosse possível começar tudo de novo e projetar um sistema de ensino para as universidades de acordo com a nova episteme e que estivesse livre de quaisquer das regras, regulamentos e tradições existentes, haveria algum método melhor no presente, ou do passado, que deveríamos manter? O ensino universitário nesses últimos cinqüenta anos tem estado repleto de modismos, mas nada surgiu que seja manifestamente melhor do que qualquer outra coisa que tenhamos visto nos últimos 2.500 anos. O tempo da mudança se acelera nas universidades com a internet e com os computadores, mas isso também não quer dizer que o ensino esteja melhorando.

Há bons professores e maus professores, bons alunos e maus alunos, e as boas universidades são boas universidades não porque tenham algum sistema especial de ensino, mas porque têm os melhores professores e os melhores alunos, e a taxa de professores em relação à de alunos não excede o índice de 1:10, o que significa que é possível se ter mais ensino do que nas universidades com índices maiores do que este.

No começo do século XX, o mais rápido que conseguíamos viajar era à velocidade de um cavalo a galope. Hoje, podemos voar acima da velocidade do som. A saúde nos países desenvolvidos melhorou a ponto de as pessoas agora viverem quase o dobro do que há 100 anos. Durante esta época não houve uma melhoria evidente no ensino das universidades ou, de fato, em qualquer nível de ensino. Os universitários de hoje não aprendem duas vezes mais ou duas vezes mais rápido do que seus predecessores. O ensino está onde o transporte e a medicina estavam há 200 anos. Ele ainda tem de chegar a Stephenson, Pasteur e Lister. Os profissionais ainda dão aulas como os médicos do passado usavam sanguessugas, porque é isso que os professores fazem, não porque eles saibam mais profundamente o que estão fazendo.

O ensino na universidade moderna está de acordo com um paradigma bem-definido em que alunos e professores interagem na aplicação de conhecimento aos problemas por meio de palestras, seminários, tutoriais, textos, atividades, testes e exames. As disciplinas especiais podem ter também outros componentes, mas são esses os elementos básicos e sua aplicação sintagmática tem uma sintaxe seqüencial. Os exames vêm no final, as aulas ocorrem semanalmente e o ensino se dá semestralmente. O paradigma tem-se provado incrivelmente durável e, embora haja razões para preocupação sobre sua eficiência e eficácia, tem funcionado bem há mil anos, no sentido de que a maior parte das pessoas que buscam diplomas os obtém e está muito satisfeita com eles. Portanto, em vez de considerarmos o ensino universitário um modelo negligente, buscamos analisar o sistema que o faz funcionar na universidade moderna. Ao fazê-lo, percebemos o quanto a internet assume funções básicas de comunicação no ensino universitário. Ela abre uma janela de oportunidade para a mudança rumo ao paradigma de ensino descrito no final deste capítulo. Contudo, o que parece que estamos vendo é que o velho paradigma está sendo reiventado nas novas mídias com o perigo de que, em vez de melhorar o ensino nas universidades, poderia fazê-lo pior.

O PARADIGMA DE ENSINO DA UNIVERSIDADE MODERNA

A Figura 3.1 demonstra o paradigma de ensino da universidade moderna, cuja base é o *campus*, como um sistema de comunicação abstrato que capacita os professores (T) a ajudar os alunos (S) a aplicar um paradigma de conhecimento (K) a um domínio de problemas (P) a ele relacionado. Esses problemas, juntamente com o administrador (A) são os *inputs* fundamentais. O *output* consiste em alunos que praticam de maneira competente o paradigma de conhecimento (S+), alunos que não o fazem (S-) e iniciativas de pesquisa (R).

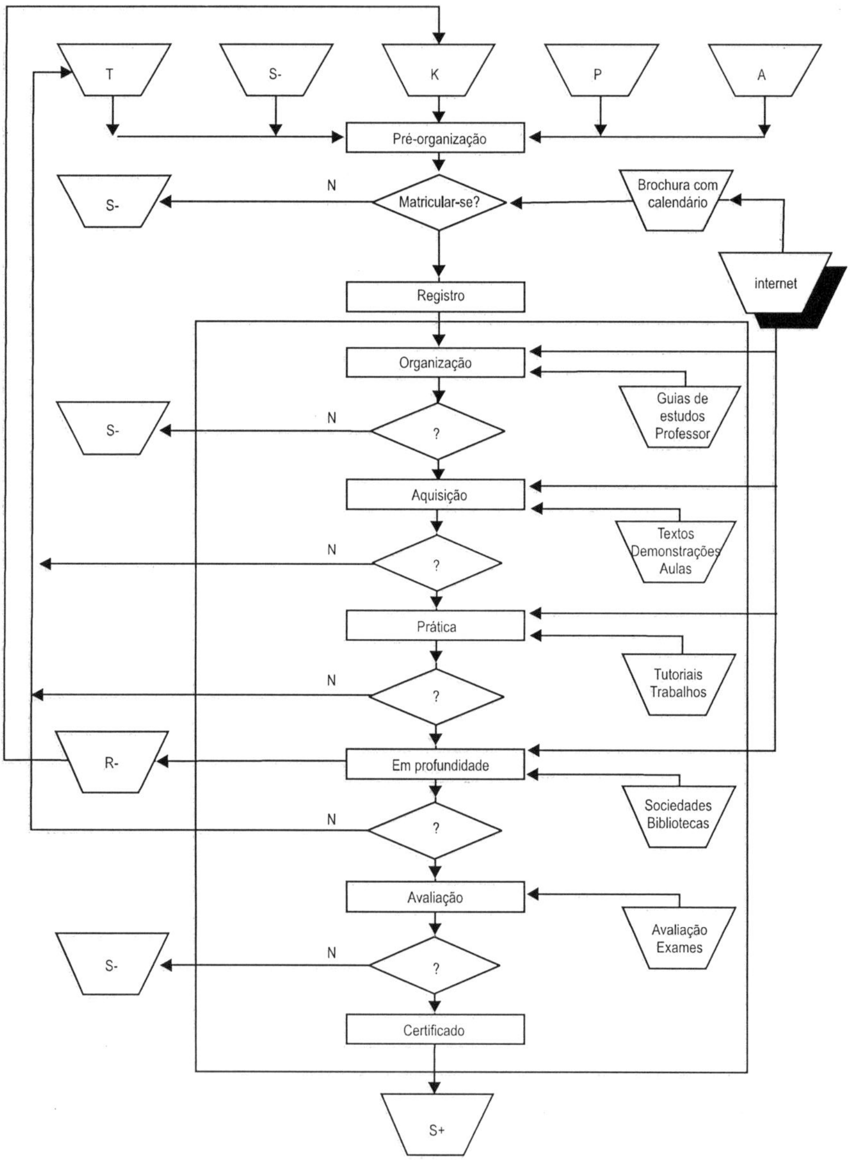

Figura 3.1 O paradigma de ensino da universidade moderna tradicional.

Os meios tradicionais de implementar o ensino em uma universidade moderna se dão ainda face a face e por meio do papel. Contudo, o crescimento da internet como um meio de ensino traz consigo uma dimensão virtual, a qual está representada por um *input* sombreado na figura.

Há cinco subsistemas nos sistemas de ensino para a organização, a aquisição de paradigma, a prática sintagmática, o ensino em profundidade e a avaliação e a certificação. Os meios que fazem isso possível são mostrados como *inputs* ao subsistema e caem em duas categorias: meios tradicionais e internet. Cada subsistema é seguido pelo que consideramos uma questão cibernética fundamental que deveria ser feita para que eles funcionassem eficazmente. As setas demonstram para onde uma resposta negativa a essas questões deveria ser dirigida. Isso não quer dizer que tais questões sejam de fato feitas ou que haja respostas a ela, mas, quando elas não existem, haverá problemas.

O sistema que se mostra está no nível de um curso de um semestre de estudos, que é a unidade básica de operação das universidades. Trata-se do que os professores são contratados para ensinar e do que os alunos pagam para estudar. Contudo, esses processos de ensino são fractais. Podem ser considerados no nível de eventos de ensino de uma turma que dura poucos segundos, no nível de uma tarefa, uma aula ou um curso total que conduz a um diploma.

ORGANIZANDO O ENSINO

Para que o ensino ocorra, tem de ser organizado e tem de haver uma organização. O desenvolvimento das universidades como instituições com milhares de alunos e centenas de professores tem implicado que o uso do tempo e do espaço para o ensino seja coordenado antes de que o ensino comece. Esse processo de organização externa envolve a elaboração de programas de estudo semestral que sigam a fórmula de aulas, textos, tarefas e exames, além de buscar o apoio de comitês de pares acadêmicos que garantam que essa elaboração esteja de acordo com o próprio paradigma do programa de estudos de uma universidade. Embora cada universidade tenha seu próprio modelo, todos parecem ser muito similares.

Uma vez creditado, o programa pode ser concretizado no calendário da universidade, o qual se torna o ponto de referência para manuais e propaganda que apresentem o projeto aos alunos com o intuito de ajudá-los a decidir onde querem matricular-se.

As universidades administram a atividade caseira como uma fábrica de pouca flexibilidade. São surpreendentemente eficazes nisso na medida em que produzem alunos qualificados e fazem tudo no tempo devido. Mas não fazem isso de maneira eficiente, como deve concordar qualquer pessoa que tenha passado pelo trauma do dia da matrícula. Muitas universidades estão agora se voltando a tornar-se empreendimentos, mas nos perguntamos como poderão sobreviver como tal se continuarem a tornar tão difícil para seus clientes o acesso ao serviço desejado. Será que as universidades que atendem bem aos seus alunos colocarão aquelas que não o fazem para fora do mundo dos negócios ou será que os alunos estarão preparados para continuar a aceitar a má organização se a qualidade do ensino for boa?

Uma das razões para a confusão que cerca o fato de matricular-se em uma universidade moderna é a de que as partes envolvidas têm objetivos conflitantes; os alunos querem estudar o que querem estudar, os acadêmicos querem os melhores alunos possíveis ou, pelo menos, alunos com competências adquiridas em pré-requisitos, e os administradores, como administradores de empresas aéreas, querem preencher todos os lugares disponíveis do avião. Se há uma grande demanda por um curso, os objetivos de seus professores e dos administradores podem ser atingidos, mas muitos alunos ficam insatisfeitos quando a cota de alunos para o curso não é atingida. Os alunos insatisfeitos então partem para sua segunda opção, que, se estiver cheia, exigirá uma terceira opção. Dessa forma, os alunos passam em cascata de um curso a outro até que todos os cursos estejam preenchidos e a administração fique feliz. Porém, isso faz com que tenhamos alunos insatisfeitos estudando matérias pelas quais têm pouco interesse e acadêmicos descontentes que tiveram de aceitar alunos desinteressados. O problema é bem-conhecido, mas as universidades não têm prestado muita atenção à resposta dos alunos. Elas não precisam fazê-lo; o número de alunos está crescendo mais rapidamente do que as vagas nas universidades. Foi isso que criou a oportunidade para uma primeira geração de universidades virtuais que oferecia aos alunos o que eles queriam.

As mudanças estão ocorrendo na universidade moderna. O novo modo de administração universitária busca modelos administrativos de eficiência, pressiona os professores a dar conta das exigências dos alunos e a melhorar a organização de seus programas. Os *sites* de acesso público são uma versão *on-line* do calendário universitário e das brochuras dos cursos, tornando-se cada vez mais possível matricular-se *on-line*. Os alunos selecionam, em vez de serem selecionados. Podem navegar pela rede em busca de sua universidade. Quando as universidades começaram a permitir que os alunos cursassem disciplinas eletivas de outras universidades, tornou-se possível comprar programas individuais de estudo *on-line*.

A organização interna de um programa de estudos não é tão melhor do que sua organização externa. Os alunos em geral ficam incertos quanto ao que se espera deles. O projeto interno detalhado de um programa de estudos precisa ser comunicado e sua interpretação, gerenciada. Sócrates não duraria um minuto em uma universidade moderna. Ele não tinha um plano de aulas ou um conteúdo estabelecido, suas aulas pareciam durar tanto quanto seus alunos conseguiam agüentar suas interrogações, e parece que não havia nenhuma preocupação com horários e com a organização formal das aulas. É claro que havia uma elaboração do ensino, mas não de maneira explícita (Platão, 1952). Tudo estava na cabeça do mestre e ele poderia usar isso ou aquilo a qualquer momento para reorganizar o ensino de acordo com a maneira que os alunos respondiam. Conhecemos isso como sendo o método socrático. Era uma maneira de organizar em nível micro.

Os bons professores, como Sócrates, elaboram e reelaboram o ensino para administrar sua interação com os alunos. É um processo em grande parte intuitivo, derivado da memória de como se aprendeu quando se era aluno, com o reforço de uma memória departamental incorporada em uma boa secretária administrativa. Ao contrário de Sócrates, contudo, os professores de hoje têm de acomodar o nível micro de ensino ao nível macro da organização universitária.

A organização do ensino parece estar pronta para passar por uma mudança radical com a adoção, por parte das universidades, de plataformas que tenham sua base na internet, como a Blackboard (www.blackboard.com). A Blackboard busca oferecer um ambiente de comunicação universitário total, o que inclui administração, atividades no *campus* e acadêmicas, bem como ensino. Os professores podem elaborar e administrar o ensino em grande parte como já fazem hoje, mas com mais organização e com uma maior variedade de funções e de ferramentas do que em geral usariam. Tornou-se possível construir bancos de questões, automatizar procedimentos para testes e revisar análises estatísticas de como os alunos estão progredindo. Você alguma vez já se perguntou se alguém já leu o que se pede nos cursos? É possível verificar quantas vezes os alunos acessam materiais individuais e correlacioná-los com suas notas nos testes. Os alunos, por sua vez, podem organizar seu ensino e verificar seu progresso e acessar diretamente uma grande variedade de materiais porque podem acessar *sites* fora do *campus*. Os professores são impelidos a dar conta da elaboração instrucional básica: eles definem objetivos, correlacionam tais objetivos com os resultados e observam como podem melhorar os recursos de aprendizagem. Os acadêmicos começam a pensar sistematicamente sobre o que estão fazendo, ajudados por livros do tipo faça-você-mesmo, que explicam como adaptar cursos à internet (Hanna et al., 2000; McCormack e Jones, 1998; Porter, 1997; Hall, 1997; Williams, 1995; Schweizer, 1999; Ryder e Hughes, 1998; White e Weight, 2000; Driscoll, 1998; Cahoon, 1998; Palloff e Pratt, 1999).

Esse desenvolvimento traz eficácia, remove a ambigüidade e padroniza o ensino. Tem a capacidade de melhorar aquela parcela do ensino universitário que é o treinamento. Mas o ensino universitário, embora envolva o treinamento, é um processo educativo que se volta ao indivíduo e permite que o paradigma do conhecimento seja questionado. Há o perigo de que um novo *software* fortifique um sistema já fossilizado. O ensino universitário deveria abrir espaço para o caos socrático. Talvez quando tais sistemas se tornarem capazes de realizar comunicações sincrônicas esse espaço se abra.

AQUISIÇÃO DO PARADIGMA

Se as disciplinas universitárias são paradigmas, então aprender uma disciplina significa adquirir um paradigma. As pessoas precisam conhecer o conhecimento antes de saber como aplicá-lo.

Uma maneira fundamental de obter o conhecimento é pela explanação. Ausubel (1967) argumentava que a aquisição de corpos de conhecimento organizados e estáveis era o fato mais significativo na aprendizagem de novas disciplinas e, conseqüentemente, defendia um ensino expositivo de boa qualidade. Robert Gagne (1977) tinha um ponto de vista similar, com sua preocupação com a análise clara de hierarquias de aprendizagem, pelas quais queria se referir a um conjunto organizado de habilidades intelectuais interconectadas que podem ser mais bem aprendidas em uma seqüência otimizada. Explanações claras de um paradigma de conhecimento, sincronicamente em aulas e assincronicamente em textos, foram e ainda são um processo de ensino que define as universidades.

Os professores de hoje colocam suas explanações na web. Os sistemas de *software* que se pede que os acadêmicos utilizem para elaborar e administrar seus cursos podem também ser usados para abrigar textos, livros de exercícios, notas de leitura e materiais em *PowerPoint*. Professores pioneiros já transmitem suas aulas na internet desde o meio da década de 1990. As aulas em *videostream* não permitem que haja interação, mas os alunos podem fazer o *download* de uma aula e assisti-la tantas vezes quanto forem necessárias, interagindo assincronicamente com o professor por *e-mail*.

Uma busca na internet de uma palavra que tenha conotação acadêmica provavelmente conduzirá a programas universitários de estudo sobre a matéria pesquisada. Os alunos buscam na rede cursos similares aos que estão fazendo, ou querem fazer, para efeitos comparativos. À medida que as universidades se tornam mais comerciais e competitivas, os materiais de ensino se tornam parte de seu *marketing*. Se aulas bem-apresentadas atraem alunos dispostos a pagar mensalidades, então se torna útil investir na elaboração de matérias que podem ser acessadas nas páginas da rede.

Figura 3.2 Uma aula medieval sobre astronomia em Oxford (Compotus Maualis ad Usum Oxoniensium, impresso por Charles Kyrforth, 1519, cortesia de Anders Plitz e Blackwell Publishing, Oxford). Um relógio, uma ampulheta e uma vela garantem que a aula comece e termine na hora. O tamanho do palestrante e dos dois alunos reflete sua importância relativa. Os alunos estão tomando notas, que se chamavam de *reportatio* (levar para casa) e eram consideradas como um auxiliar eficaz à memória, mas corriam o risco de destruir um sentido de completude do conhecimento. Na base da figura, os alunos estão debatendo o conteúdo da palestra (*disputatum*) de uma maneira semelhante ao seminário (Plitz, 1981). A única diferença paradigmática entre o que ocorria naquela época e hoje é o que parece ser uma vara nas mãos do palestrante.

Figura 3.3 "The Gross Clinic", de Eakins Thomas, 1875 (cortesia de Fred Ross, presidente do Art Renewal Center). Aula do professor Gross, enquanto seus assistentes operam a perna de um paciente. Ele explica e demonstra como fazer. A figura destaca sua cabeça, que é o local paradigmático do conhecimento no assunto, e a operação, que é um sintagma desse conhecimento. Atrás do professor, um aluno toma notas e se pode ver que as cadeiras estão dispostas como no teatro. Mesmo assim, é óbvio que não é fácil ver o que está acontecendo ao paciente.

Desde Sócrates, os professores vêm estimulando os alunos a descobrirem por conta própria o conhecimento de que precisam. Um aspecto especial da aquisição do conhecimento em uma universidade é que se espera que os alunos complementem o que aprenderam nas aulas e nos textos lidos com a exploração de literatura relevante. Essa literatura cresce assim como o número de alunos que a buscam. Hoje, a internet traz algum conforto à pressão por espaço nas bibliotecas. O conhecimento na forma de filme, vídeo, áudio e figuras tridimensionais está cada vez mais disponível na web.

Além de fazer com que seja mais fácil acessar textos, a rede permite que os alunos rompam com a tradicional seqüência longitudinal de aulas e de textos, passando a usarem o hipertexto. Isso faz com que os alunos naveguem pelo conhecimento de uma maneira que melhor se encaixe em suas estruturas cognitivas individuais. Torna-se possível remapear o conhecimento e alternar entre explanações textuais e audiovisuais, apagando a distinção entre aula e texto. Essa é uma área em que no futuro os alunos poderão receber o auxílio da inteligência artificial.

Ensinar alguém a como fazer alguma coisa mostrando a ele como fazer é outro método de ensino antigo. Até as galinhas usam isso para ensinar os pintinhos. A demonstração é um sintagma desenvolvido por um professor para ilustrar como aplicar um paradigma de conhecimento. Quando uma disciplina é abstrata por natureza, como a matemática e a filosofia, a demonstração em geral implica o uso de um quadro-negro e está intimamente ligada à explanação. Contudo, quando uma disciplina se manifesta sintagmaticamente na realidade física, talvez não esteja tão prontamente relacionada à explanação teórica. Os residentes do curso de medicina acompanham os médicos em suas jornadas, geólogos e geógrafos levam os alunos a saídas de campo, os cientistas fazem com que laboratórios e departamentos de educação vinculem seus alunos a escolas. As demonstrações diretas, face a face, em tempo real têm sua própria tensão e empolgação. É inspirador assistir a um patologista realizar uma autópsia e progressivamente revelar a história do corpo de uma pessoa, mas há limites e, às vezes, perigos nessas demonstrações diretas. Em uma autópsia, apenas uma pequena parcela de pessoas pode de fato ver o que o patologista está fazendo e, se ficar provado que o diagnóstico da morte foi o vírus ébola, por exemplo, mesmo aqueles que tinham uma visão privilegiada da demonstração talvez não percebam.

Um fator fundamental de uma aula desse tipo é ser capaz de ver e ouvir claramente enquanto o professor conduz a atenção do aluno e relaciona paradigma e sintagma. Quando a demonstração envolve o detalhe, ela fica clara apenas para um pequeno grupo que consegue colocar-se ao redor de quem a conduz. Os filmes e vídeos superaram esse problema em alguma extensão, com a possibilidade de colocar a câmera no melhor lugar possível, por exemplo, na testa do demonstrador ou sobre sua cabeça. É possível então usar o *zoom* para aproximar ou afastar e para tornar o objeto acessível a um número ilimitado de pessoas, quantas vezes for necessário. Quando a televisão e o vídeo se tornaram digitais e a definição melhorou, tornou-se possível integrá-los em páginas da internet e dar aos alunos algum controle sobre como eles assistem à demonstração.

A questão crítica para esse processo é se os alunos já adquiriram o paradigma de conhecimento e se os professores na verdade observam esse fato, que lhes chega seja por meio de sinais positivos feitos com a cabeça durante a aula seja pelos resultados de testes, tarefas e exames. Que um aluno tenha adquirido conceitos, fatos e teorias que constituem um paradigma do conhecimento pode ser algo a ser verificado antes de que se passe à prática, mas ambos estão intimamente relacionados e é em geral na prática que se torna claro que o aluno adquiriu o paradigma do conhecimento em uma profundidade que lhe permita aplicá-lo, em vez de apenas memorizá-lo.

PRÁTICA SINTAGMÁTICA

Os acadêmicos são freqüentemente acusados de viver em torres de marfim, sem contato com a realidade do mundo, de terem o conhecimento, mas de serem incapazes de aplicá-lo. É de fato possível simplesmente ensinar e aprender o paradigma do conhecimento sem dar o passo seguinte, que é o de aprender a usá-lo. As universidades às vezes têm culpa de examinar os alunos para verificar se eles adquiriram o paradigma, mas não se eles sabem aplicá-lo, o que corresponde, por exemplo, a aprender o que é o tênis, mas sem jamais jogá-lo.

A diferença entre conhecer um paradigma e aplicá-lo fica clara nas distinções entre disciplinas que têm seus referentes na realidade, tais como a medicina, a engenharia e a educação, em que a prática do sintagma ocorre em laboratórios, aulas práticas e na vida real. A questão fundamental "será que os alunos aplicam o paradigma de conhecimento?" fica clara, e os professores e seus assistentes podem ver a resposta por conta própria e fazer algo a respeito.

Quando uma matéria está inteiramente contida em palavras, a distinção entre saber o conhecimento e saber o que fazer com ele não fica bem clara. É fácil verificar que um aluno sabe história, filosofia ou literatura, mas não é fácil medir se sabe aplicá-las. Mal podemos esperar por que todos os alunos façam história, filosofem ou escrevam um livro. Na verdade, os alunos aplicam o que aprenderam nessas disciplinas, mas de um modo sutil, individual e difícil de medir. Uma conseqüência disso é que os trabalhos por eles escritos são freqüentemente definidos em termos ambíguos, com uma ênfase na extensão, sugerindo que é a quantidade que conta e que o número de palavras sinaliza a importância do problema. Isso ignora a resposta que os empregadores e o mundo em geral dão de que é a qualidade e a brevidade que importam. A web poderia ser uma alternativa à maneira de fazer trabalhos escritos, ambientando-os em um contexto em que haja um propósito. O diretor de cinema Peter Watkins em um filme para a BBC chamado *Culloden* (1964) apresentou um estilo "docudrama", que mostrava a batalha como se fosse uma cobertura ao vivo dos fatos. Ele queria que o público se sentisse presente lá e fosse desafiado por questões históricas e filosóficas levantadas pelo filme. A web é um excelente meio para essa espécie de exercício situacional.

A mudança que ocorre na prática do sintagma está no uso de computadores e da web para realizar tarefas escritas. As tarefas dos alunos não precisam mais estar cheias de erros ortográficos, gramaticais, nem trazer uma caligrafia indecifrável. Os verificadores ortográficos e gramaticais, a autocorreção e a análise estilística podem melhorar a escrita do aluno e eliminar muitas das tarefas de correção dos professores. A instrução pode ter como foco o fato de o aluno saber ou não aplicar o conhecimento, e não o fato de saber escrever muito.

Hoje, há um interesse crescente pela aprendizagem baseada em problemas e pelas práticas colaborativas e cooperativas que reflitam como a prática profissional cada vez mais envolve o trabalho de equipe. Isso talvez inclua pessoas localizadas em diferentes lugares e que tenham de trabalhar como uma equipe virtual. A internet estimula o desenvolvimento de comunidades *on-line* que preparam os alunos para isso (Hanna, 2000).

ENSINO EM PROFUNDIDADE

As universidades têm um ideal em que o estudo é como uma experiência profunda que está em desacordo com aquela perspectiva do tipo "o que eu tenho de fazer para ganhar meu diploma" de muitos alunos. Pesquisas realizadas na Universidade de Gothenberg (Svensson, 1976) e outras realizadas por Marton e Saljo (Marton, 1976) demonstram uma diferença no modo pelo qual os alunos estudavam os textos acadêmicos. Alguns buscavam memorizar e outros buscavam o significado. Fez-se uma distinção entre abordagens profundas e superficiais em relação ao estudo – distinção que tem sido pesquisada mais profundamente desde então, em parte porque as abordagens profundas são consideradas desejáveis nas universidades e em parte porque há uma forte correlação entre o estudo raso e as taxas de abandono e de reprovação. Isso levanta a questão relativa à possibilidade de haver intervenções que poderiam fazer os alunos passarem de abordagens superficiais de estudo a abordagens profundas (Kember e Harper, 1987).

Quando se faziam perguntas profundas aos alunos que utilizam abordagens rasas, a tendência era de continuarem a usar a abordagem superficial, mas quando se faziam perguntas superficiais aos alunos que utilizam abordagens profundas, eles tendiam a adotar abordagens superficiais. Além disso, quando os alunos que usam abordagens profundas tinham de enfrentar fortes cargas de trabalho, ou tinham pouca liberdade para explorar sua aprendizagem, ou pouco interesse na matéria que estudavam, ou não percebiam sua relevância para suas necessidades, tendiam a adotar abordagens superficiais de estudo (Kember e Harper, 1987). Esses fatores estão sob o controle de professores e sugerem que poderíamos pensar sobre o estudo superficial e o estudo profundo como relacionados a práticas de ensino superficiais e profundas. Defenderíamos a idéia de que um atributo especial do ensino universitário é o de promover o estudo profundo em conjunção com o ensino profundo. Denominamos esse ensino de ensino em profundidade e o consideramos como algo que começa quando os alunos se tornam proficientes na aplicação de um paradigma e começam a contextualizá-lo, socializá-lo e criticá-lo. É o caminho para tornar-se parte da comunidade de praticantes de um paradigma e para estar envolvido nos valores éticos e nas questões referentes à prática profissional.

O ensino em profundidade tem similaridades para com a expressão "aprendizagem profunda", conforme é usada por Fred Litto (1999), como algo que se refere à abordagem total sobre o fato de ser aluno. Litto chega a sugerir que capacitar a aprendizagem profunda é algo que tem de ser construído na própria elaboração da instituição educacional e do etos em que ela se funda. A universidade precisa de uma vida forte no *campus*, com uma boa biblioteca, associações e professores que estejam prontos para engajarem-se naquilo que na universidade medieval era conhecido como *quodlibetum* (uma disputa sobre uma questão acerca de qualquer assunto). Isso chama nossa atenção para a perspectiva de aprendizagem fortemente situada de Marlena Scardamalia (Hewitt et al., 1997), segundo a qual o aluno não pode deixar de ser afetado pelo ambiente em que aprende. Se isso for verdade, tem profundas implicações para a elaboração da universidade virtual e global.

Os alunos que usam abordagens profundas, à medida que se tornam proficientes em um paradigma, buscam tornar-se parte da comunidade de praticantes relacionados a ele. Querem testar novas aplicações, ingressar em associações, participar de conferências, escrever artigos e conseguir empregos e estima. O que nós identificaríamos como uma característica de um professor que utiliza uma abordagem profunda é que ele não considera que seu papel começa e termina na sala de aula. O papel dos bons professores é apresentar seus alunos ao paradigma de conhecimento de sua comunidade. A internet está tornando isso mais fácil, na medida em que se transforma em um veículo para a promoção do ensino, na comunidade, do paradigma de determinada disciplina. Os alunos exploram os *sites* de sociedades e associações internacionais por conta própria, enviam *e-mails* para alunos de outros países sobre conferências que estão por acontecer e, quando encontram uma citação interessante em um texto, buscam seu autor na web e entram em contato com ele por *e-mail*.

O contexto cultural e social do paradigma de uma disciplina é de difícil compreensão. Sua existência se evidencia por sua ausência. Uma das primeiras universidades virtuais, a Universidade Aberta da Catalunha, projetou um sistema de ensino que de início era estritamente instrucional. Os alunos estavam espalhados e estudavam em casa na internet, não havendo salas de aula. Contudo, a resposta dos alunos demonstrava que, embora estivessem satisfeitos com o ensino, queriam também uma vida social. Queriam encontrar pessoas e falar com elas, socializando o que estavam aprendendo. De alguma forma, parece que, quando conversam sobre o curso que fazem na hora do café e quando falam sobre o que estão estudando e sobre as pessoas envolvidas no processo, determinada disciplina adquire significado e valor social. Os alunos vêem o que estudam pelos olhos de seus colegas e a partir de sua própria episteme. A Universidade Aberta da Catalunha criou um café virtual. Os alunos que moravam perto de seus colegas formavam pequenos grupos e, como tal, conectavam-se via internet a outros grupos similares.

Há muitas questões cibernéticas sobre o ensino em profundidade, mas uma questão fundamental seria: "o aluno pode criticar o paradigma de conhecimento e sua aplicação?" O *feedback* negativo é algo que o professor deve perceber, mas também é uma questão para a própria universidade porque, apesar de um professor poder estabelecer de maneira imediata um programa de estudo, é a universidade que estabelece o contexto mais amplo da cultura do *campus*.

Quando os alunos e professores questionam o paradigma de conhecimento, abrem a porta para iniciativas de pesquisa, as quais podem conduzir a publicações passíveis de modificar o paradigma de conhecimento. Essa renovação que surge com a crítica é a dinâmica que está no núcleo do paradigma da universidade. Hoje, as administrações das universidades, ao buscar eficiência, querem desvincular o ensino e a pesquisa, tentando economizar por não precisar de uma infra-estrutura para o ensino em profundidade. O ensino então se torna treinamento e a instituição, uma universidade no nome apenas.

Em nossa busca por eficiência, esquecemos o que se pode estar perdendo quando não dispomos de tempo para nós mesmos em uma universidade. Precisamos de tempo para o que Foucault (1990, p.43-6) chamava de "cultivo do eu". Ele observou que na Antiguidade isso se chamava de "cultivo da alma". Os aprendizes precisam estar aptos a refletir sobre o que estão aprendendo. A pressão para que se passe pela universidade tão rapidamente quanto possível se dá às custas da maturidade que permite ao aluno encontrar seu próprio lugar em um paradigma de conhecimento.

AVALIAÇÃO E CERTIFICAÇÃO

O processo de ensino é intensamente cibernético. Todos os processos interativos descritos acima deveriam contar com um sistema de *feedback* que buscasse melhorar a maneira pela qual ele se realiza. O *feedback* é necessário desde o nível das perguntas e respostas da sala de aula até o estabelecimento, a marcação e a correção de tarefas e exames. A avaliação formativa fornece um *feedback* para os professores e alunos melhorarem seu desempenho. A avaliação cumulativa é a avaliação final de um aluno, quando, tendo como base os exames finais ou o acompanhamento feito pela internet, o professor recomenda à administração da universidade que um aluno receba os créditos por determinada disciplina. É a universidade que confere os créditos e, ao final, um diploma, mas é o professor que tradicionalmente avalia se um aluno pode em última análise aplicar um paradigma de conhecimento e criticá-lo.

Retornaremos a alguns dos problemas inerentes a um sistema em que a avaliação está inteiramente nas mãos do professor nas seções relativas aos créditos e à avaliação, no Capítulo 9. Neste momento, porém, gostaríamos de observar que o *feedback* em uma situação interativa de um sistema de comunicação se dá em duas vias. Os professores e alunos buscam aquele sinal ou sorriso de que estão indo na direção certa e, da mesma maneira que os professores apresentam um *feedback* final, com notas, os alunos de maneira rotineira avaliam o desempenho do professor quando completam determinado programa de estudos.

Os bons professores nos programas tradicionais de ensino tendem a ser bons no nível tático de reação ao *feedback* relativo a situações individuais de ensino. Mas não são tão bons no nível estratégico de reação ao *feedback* em nível macro. São as administrações das universidades em sua busca por eficiência que dão conta de questões relativas à proporção de alunos que passam com determinada nota e com que grau de satisfação, e sobre quantos desistem ou decidem não fazer o programa de estudos. Os sistemas de administração contam agora com sistemas de gerenciamento de informações que permitem percorrer os bancos de dados para definir tendências em longo prazo, e as universidades começam a avaliar a utilidade dos programas depois de os alunos entrarem no mercado de trabalho. Tais informações podem ser usadas para melhorar os programas de estudo. Podem também fornecer a base para decisões comerciais referentes ao investimento em certos programas de estudo e para o cancelamento de outros.

A internet estimula o *feedback* e a avaliação de parte dos alunos a ponto de muitos professores ficarem sobrecarregados pelo volume de informações que recebem. Responder aos *e-mails* dos alunos torna-se parte significativa do trabalho do professor. Essa espécie de *feedback* é qualitativo em sua natureza, e os alunos se comunicam direta e individualmente, às vezes emotivamente, com o professor. Essa comunicação pode dar ao professor um profundo *insight* sobre as necessidades de seus alunos e de seu próprio desempenho; porém, se o comentário dos alunos for excessivamente negativo, o que às vezes pode ocorrer de forma deliberada, causará um estresse considerável. Um fenômeno desagradável da internet conhecido como *flaming* ocorre quando as pessoas enviam uma corrente de *e-mails* excessivamente críticos. As universidades agora monitoram os *e-mails* e salas de bate-papo para impedir que os alunos adotem essa postura contra seus colegas e professores. Essas batalhas podem surgir no *campus*, envolvendo departamentos e professores, mas, como forma de se obter *feedback*, serão piores do que os distúrbios que ocasionalmente acontecem nas universidades?

O PARADIGMA DE ENSINO PARA UMA UNIVERSIDADE VIRTUAL E GLOBAL DO FUTURO

Voltamo-nos agora ao tipo de paradigma instrucional que poderia existir em uma universidade virtual e global de um futuro nem tão distante assim. Estaria encaixado na tecnologia descrita no Capítulo 2 e manteria os universais do ensino universitário já descrito, ao mesmo tempo em que buscaria atender aos problemas do paradigma de ensino atual. Passa a tornar-se possível à medida que o paradigma de ensino convencional se desloca para a internet e amadurecerá em um ambiente de banda larga. A forma básica do que está descrito aqui já seria, porém, possível hoje.

Mais uma vez o paradigma instrucional é mostrado como um sistema de comunicação abstrato que capacita os professores (T) a ajudar os alunos (S-) a aplicarem um paradigma de conhecimento (K) a um domínio relacionado de problemas (P) com a ajuda de um administrador (A). Todos esses itens serão *inputs* fundamentais para o futuro. T agora engloba professores responsáveis pelo conteúdo dos programas, professores assistentes e JITAITS e há um novo *input* fundamental na forma de projetistas de sistemas (D). Enquanto o paradigma de ensino anterior se aplicava à realidade física do *campus*, este aqui ocorre na HiperRealidade, especificamente no tipo de HiperAula descrito no Capítulo 2, em que a elaboração e o gerenciamento do ensino envolverão a preparação e o desenvolvimento de campos de coação para os paradigmas das disciplinas. A Figura 3.4 demonstra todos os elementos do paradigma instrucional como algo que está inserido em uma HiperAula, exceto a caixa sombreada, que mostra uma opção por uma aula tradicional.

Há seis subsistemas neste paradigma de ensino: o *self-study*, a interação com JITAITs, a interação com tutores (ou assistentes), a interação com professores, a tentativa de realização de tarefas e certificação. Esses subsistemas alcançam as funções tradicionais de organização, aquisição de paradigma, prática de sintagma, instrução em profundidade, avaliação e certificação, mas de uma maneira diferente.

Um sintagma de instrução ocorre no campo espaço-temporal. O paradigma instrucional da universidade moderna que descrevemos tem como base os programas de estudo que duram um semestre e ocorrem no *campus*. O paradigma que descrevemos aqui para uma universidade virtual e global do futuro tem como base unidades semanais em uma HiperAula.

Esse paradigma, ao contrário do tradicional, é controlado pelo aluno. Em vez de os alunos serem selecionados para um programa de estudos, selecionam os programas. Eles o fazem pela interação com os *sites* da universidade. Tais páginas são o portal para a instrução e seriam projetadas para atrair a atenção de qualquer pessoa que estivesse navegando na web para descobrir como aplicar o conhecimento *x* ao problema *y*. As palavras-chave em *x* e *y* seriam usadas como algo que atraísse, e o conhecimento e seus problemas tornar-se-iam parte do *marketing*. Tendo atraído a atenção de um aluno em potencial, os *sites* demonstrariam o que a unidade de ensino tem a oferecer, quem é o professor, o que já publicou sobre o assunto, que pré-requisitos são necessários e qual é o nível de estudo. Se o aluno potencial decidir que aquela HiperAula da semana poderá ajudá-lo a aplicar *x* a *y* e que ele consegue acompanhar o nível de estudo, então poderá inscrever-se, pagar uma taxa e receber uma senha que lhe dará acesso. A matrícula demoraria 5 minutos, e não 5 horas.

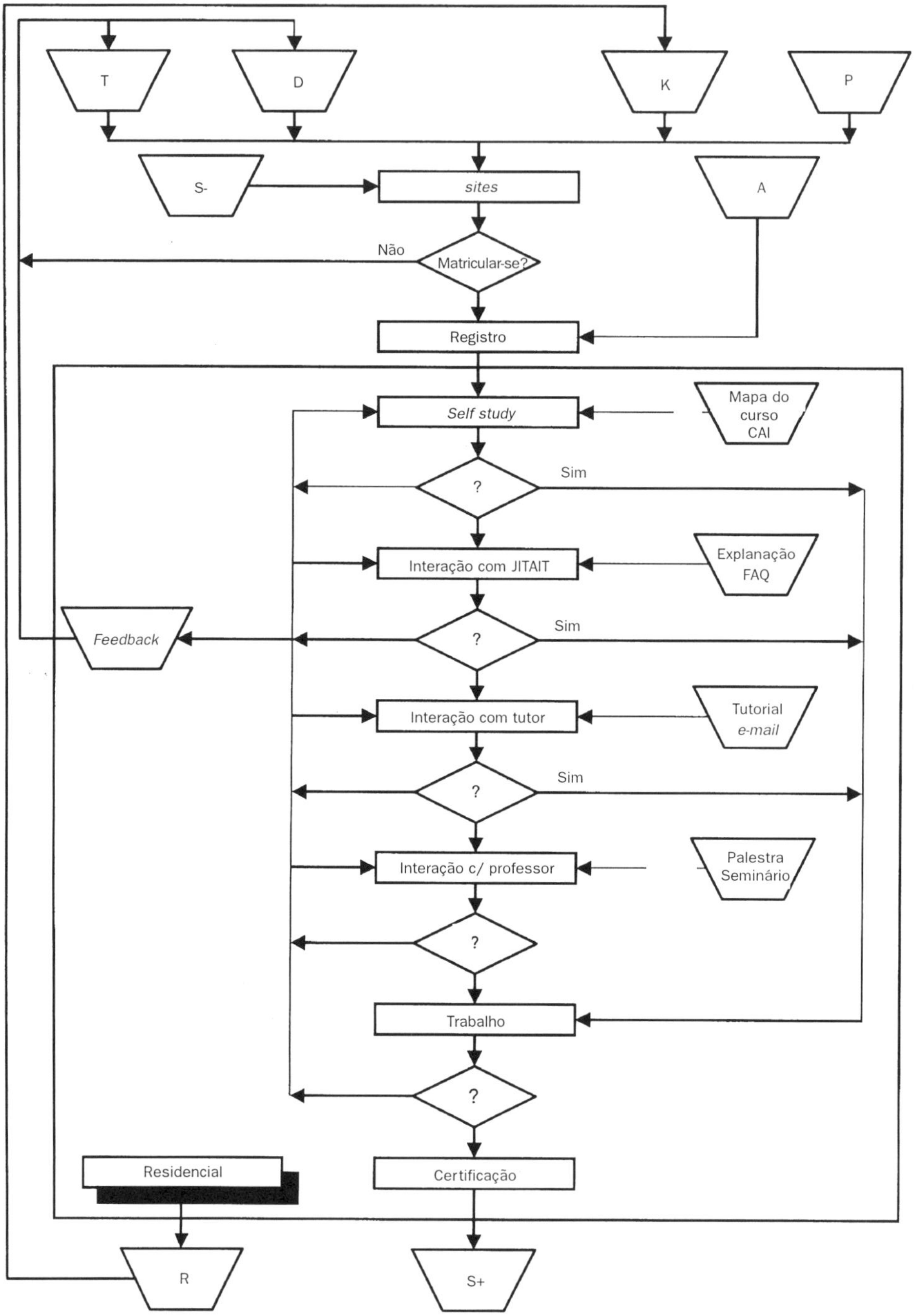

Figura 3.4 Paradigma de ensino para uma universidade virtual e global.

O primeiro processo interativo se chama *self-study*. Poderíamos pensar nele como sendo o *HyperCarrel* (seu local virtual de estudos) na HiperAula, um lugar em que o aluno, e não o professor, pode organizar seu ensino, lugar onde ele dispõe de um mapa do ponto exato em que está em seus estudos e do que virá a seguir, onde e sob a responsabilidade de quem, onde pode fazer uso de textos e leituras ou navegar em bibliotecas *on-line*, onde pode seguir um guia de trabalho, tentar fazer exercícios com ou sem o auxílio do computador (CAI), verificar suas notas e seu progresso, enviar *e-mails*, ver se outros alunos querem conversar *on-line*, usar JITAITs ou tutores, rever uma cópia de uma aula ou seminário ou trabalhar em uma tarefa. Com exceção do JITAIT, a maior parte desses itens já está disponível em ambientes como os da Blackboard, que estão sendo adotados pelas universidades.

O próximo processo interativo se dá com um JITAIT, que é um sistema especializado em uma questão básica: Como se aplica o conhecimento *x* ao problema *y*?. Os JITAITs foram descritos no Capítulo 2 e, como seu nome indica, estão disponíveis a qualquer hora. Podem estar incorporados em um avatar. Em sua forma mais básica, um JITAIT seria um sistema que responderia a perguntas feitas com freqüência (FAQs) com um repertório de respostas que se expandiria com o uso. Quando ele não puder responder a uma pergunta, dirigir-se-á a um tutor humano e, assim, aumenta consistentemente sua capacidade de responder. Os JITAITs progressivamente dariam conta daquilo que é mais recorrente na interação instrucional, realizando trabalho antes feito por seres humanos.

Os tutores, similares aos professores assistentes no sistema universitário norte-americano, poderiam ser recrutados nas turmas de pós-graduação. À medida que se matriculam, os alunos seriam colocados em pequenos grupos de 10 a 12 pessoas por tutor, que se reuniria com eles eletronicamente em sessões previamente agendadas. As questões elementares que os alunos tivessem sobre suas tarefas seriam tratadas primeiramente no nível do JITAIT, deixando que os tutores humanos se concentrassem no ensino em profundidade, ajudando os alunos a articular dificuldades complexas, adquirir hábitos de estudar profundamente, interagir com seus pares nos grupos tutoriais e contextualizar o conhecimento e os problemas. Já que não há competição entre os alunos, eles estariam livres para trabalhar em conjunto com os colegas. As questões que o tutor humano não pudesse responder seriam passadas ao professor.

O professor responsável pelo conteúdo acadêmico daria uma aula sobre a matéria e, mais tarde, conduziria um seminário. A aula poderia ser um evento sincrônico como aquele descrito no Capítulo 2, ou uma gravação em HiperRealidade. A interação com um grande número de alunos seria via *e-mail*. O professor também poderia dar um seminário sincrônico mais ao final da semana, o que permitiria a interação direta com grupos de alunos de tamanho moderado. O seminário seria usado para retornar tanto à questão básica levantada nas tarefas dos alunos a partir de suas perspectivas quanto às perguntas que eles tivessem levantado em tutoriais nos trabalhos.

Esse paradigma de ensino é orientado aos problemas, e cada estágio faz com que os alunos se voltem a apenas uma questão: é possível aplicar o conhecimento *x* ao problema *y*? Se acharem que sim (Sim na Figura 3.4), eles são incentivados a tentar uma tarefa que demonstrará isso e a continuar trabalhando na tarefa ao longo da semana, usando diferentes tipos de instrução disponível.

Os tutores corrigiriam as tarefas, passando quaisquer questões difíceis ao professor, que também teria a responsabilidade pelo monitoramento dos padrões de correção. A avaliação assistida por computador, ao longo do tempo, faria boa parte desse trabalho. Os alunos que completarem a tarefa e demonstrassem que sabem aplicar *x* a *y* sairiam da HiperAula com o certificado de proficiência e com um sentimento de que finalmente foram capazes de resolver o tipo de problema que, em primeiro lugar, os trouxe para a aula. O aluno que ainda não soubesse como aplicar o conhecimento *x* ao problema *y* poderia repetir a unidade. Contudo, em uma universidade operada comercialmente, uma repetição que envolvesse mais interações sincrônicas com professores e tutores poderia também envolver um custo adicional.

O sistema demonstra ter um componente residual na realidade física do velho paradigma, pois não vemos o formato tradicional baseado em meios tradicionais simplesmente desaparecer. A caixa sombreada na Figura 3.4 poderia ser uma seqüência de uma semana em um centro internacional residencial (isto é, em que os alunos poderiam hospedar-se) ou em um *campus* convencional de uma universidade, uma idéia que se discutirá no Capítulo 9. Tal semana extra de ensino convencional daria ao aluno um contexto convencional para o ensino em profundidade e para o desenvolvimento de idéias que levassem a uma pesquisa publicada.

O *feedback* positivo e negativo de cada processo é oferecido a todos para que melhorem seu desempenho. O JITAIT aprende a partir do *feedback* dos tutores. Os tutores recebem *feedback* dos alunos e dos professores. O professor recebe *feedback* dos alunos e do tutor. Os alunos recebem *feedback* dos JITAITs, tutores, colegas e professores, além do sistema de *self-study*. Os projetistas de sistemas receberiam *feedback* automatizado do sistema como um todo quanto à eficiência de cada processo. Isso seria comparado ao *feedback* do administrador sobre os números de alunos que se matricularam, desistiram, foram reprovados e passaram, assim como também detalhes de custos de *marketing*. A partir disso, o que se ensinou seria reprojetado e expandido ou reduzido, de acordo com a demanda.

O controle cibernético básico do sistema poderia tornar-se uma função do projeto de ensino assistido por computador (CAID), o qual usa *feedback* de cada interação para melhorar seu *design* (Tiffin, 1996). Em princípio, o CAID é como um sistema de informação gerencial. O nível detalhado de *feedback* quantitativo sobre toda a interação possível no sistema deveria fazer a otimização interativa do ensino possível em um nível muito diferente de qualquer coisa que tenhamos nas universidades hoje.

Um sistema como esse é orgânico no sentido de que cresceria ou declinaria em resposta à demanda dos alunos e em relação ao modo pelo qual o sistema atendeu a tal demanda. Um sistema de HiperAula dessa natureza poderia começar com um pequeno número de alunos e com um professor atuando para selecionar problemas iniciais, e cresceria com o sucesso. O uso de JITAITs é um fator fundamental para que o número de alunos cresça, ao mesmo tempo em que a qualidade do ensino melhora e o custo seria reduzido.

HIPERDISCIPLINAS EM HIPERAULAS

A HiperAula é o invólucro para o ensino em um ambiente de HiperRealidade, da mesma forma que a sala de aula o é no ambiente físico de um *campus*. É o lugar em que os alunos podem encontrar-se com os professores e tutores para palestras, seminários e tutoriais e, como em uma aula convencional, terá quadros-negros e recursos audiovisuais. Pode ser um local para um HiperTutorial, um HiperSeminário, uma HiperPalestra ou mesmo uma palestra gigantesca como a que descrevemos ao final do Capítulo 2. Diferentemente de uma sala de aula convencional, não há limites para o número de pessoas que podem freqüentá-la.

A HiperAula teria mais funções do que uma sala de aula convencional. Pode ser uma biblioteca, uma sala de estudos pessoal, um local para encontrar com JITAITs, um ponto de partida como telepresença em direção a outros campos de coação ou um portal para outras aulas virtuais de outras universidades.

As salas de aula das universidades são ambientes genéricos onde diferentes disciplinas podem ser ensinadas. Terashima (2001, p.11) postula que campos de coação podem ser engastados em outros campos de coação sem limites, desde que seus atributos não sejam conflituosos e HiperDisciplinas podem ser engastadas em uma HiperAula. Onde seria difícil conduzir uma aula de anatomia em uma sala de aula convencional, não deveria haver problema para conduzir uma aula de HiperAnatomia dentro do modelo da HiperAula.

O Brasil tem uma fascinação pelo uso de imagens na educação. Samuel Pfromm Netto (1998) estudou a maneira pela qual diferentes mídias enquadravam o conteúdo da educação de diferentes maneiras. O documentarista brasileiro Benedito Duarte buscava objetividade no que retratava. Seu filme sobre a necrópsia ganhou muitos prêmios pela clareza e precisão com que abordou o objeto. Assim como Netto observou o quanto a escolha do meio afeta o conteúdo, Duarte descobriu, pelo uso do filme, que toda a tomada envolvia muitas opções de lentes, ângulos, movimento e iluminação. Com isso, ele passou a perceber o quanto é acidental e subjetiva a captação de um fenômeno. Como no quadro de Eakins Thomas (Figura 3.3), temos apenas uma perspectiva, em determinado momento, a partir de modelo de referência.

É possível na HiperRealidade ter-se uma telepresença em qualquer lugar em que haja uma câmera conectada a um sistema de telecomunicação. Quanto mais câmeras houver cobrindo diferentes facetas de uma cena, mais detalhada e passível de imersão será a realidade virtual que pode ser criada. Torna-se possível para todos os alunos de uma HiperAula seguir seus professor no quadro-negro, em uma realidade virtual de uma realidade física. Eles podem ser telepresenças em uma autópsia de um caso suspeito, por exemplo, de ébola em qualquer lugar do mundo e, em segurança, ver o que está acontecendo a partir de qualquer perspectiva, aproximando-se de detalhes, olhando por sobre os ombros dos profissionais enquanto estes trabalham, e ter acesso a relatórios laboratoriais e a raios X. Se o patologista estiver usando uma câmera em sua testa, todo aluno poderá ter o ponto de vista de que precisarão quando praticarem.

A primeira HiperAula entre as universidade de Waseda, no Japão, e a Victoria, em Wellington, Nova Zelândia, teve como objeto a cerâmica antiga japonesa. Isso implicou fazer simulacros reais de uma coleção de cerâmica. Desta forma, cada artefato teve de ser movido cuidadosamente para um pedestal onde pudesse ser fotografado enquanto girava. Quando seguramente arquivados na realidade virtual, eles poderiam ser usados na HiperAula e serem passados do Japão à Nova Zelândia, e vice-versa (Tiffin e Terashima, 2001).

4
Uma nova academia

Todo professor é sempre um aluno e todo aluno um professor.

(Gramsci, 1971, p.350)

Elas [as ruas de Sialkot em 180 a.C.] ressoam com os gritos de boas-vindas aos professores de todos os credos.

(Livros Sagrados do Oriente, vol. XXV, p.2-3; in Edwardes, 1961, p.64)

O quanto as coisas terão de piorar para que esses sabichões mudem?

(Hills, 2001, p.17)

... os professores devem começar a projetar o ensino, e não só ministrá-lo.

(Olcott, 2000, p.274)

Os processos pelos quais os professores são apontados guardam alguma relação com as eleições papais.

(Tight, 2002, p.30)

INTRODUÇÃO

Os professores são um universal do paradigma da universidade. Da mesma forma que as universidades mudam para se adaptarem à nova episteme, os professores também devem fazê-lo, não apenas no modo que ensinam, mas no papel mais amplo que desempenham como acadêmicos.

No Capítulo 2, definimos o ensino como um processo de comunicação que ocorre tanto com o professor quanto com os alunos. Vimos que os atos de dar aulas, questionar e avaliar estão sendo modificados pelos novos meios e métodos de ensino. O modo pelo qual um professor pensa não muda tão prontamente. Para muitos, ser um acadêmico é mais um estilo de vida do que um trabalho que se pode deixar como quando se sai de um estacionamento. Hoje as administrações das universidades buscam definir o paradigma do professor. As descrições dos empregos nos contratos dos professores requerem que eles não só ensinem, mas se comportem de uma maneira que se encaixe na missão da universidade, sem dar muito espaço para o componente afetivo do compromisso pessoal e o sentido de vocação que muitos professores têm.

Este capítulo delineia um futuro paradigma de ensino, um novo tipo de professor e de hierarquia acadêmica. Em nosso ponto de vista, os professores que mais publicam estariam no ápice com um nível de apoio de tutores ou professores assistentes, mas nós também conceitualizamos a introdução dos JITAITs. Eles serão os "novos" acadêmicos.

NOVOS PROFESSORES NO LUGAR DOS VELHOS

John Tiffin estava proferindo uma palestra em Viena. Um de seus alunos de doutorado, recém-formado, estava na audiência. Também na audiência estava seu próprio supervisor de doutorado, Robert Morgan, a quem ele não via há muitos anos. John apresentou seu velho professor ao seu ex-aluno, dizendo: "Este é o homem que é seu verdadeiro professor". Ele então prosseguiu com sua palestra um pouco malfeita e recebeu uma avaliação cáustica de seu velho professor, para a surpresa de seu aluno.

Robert Morgan foi um dos fundadores do movimento pelo projeto de ensino que tanto influenciou a educação nos últimos 40 anos. Muitos de seus alunos de doutorado começaram a lecionar e, ao fazê-lo, passam não só um paradigma da disciplina que lecionam, mas também o modo de lecionar de Morgan, mesmo que o que ele tenha feito tenha sido apenas sentar, conversar e fazer perguntas. O método é tão antigo quanto a idéia de universidade. Era o modo de Sócrates, que era professor de Platão, que foi professor de Aristóteles, sendo passado de uma pessoa à outra há pelo menos 2.400 anos.

Julia Kristeva (1969) apresentou a idéia da intertextualidade, pela qual ela queria dizer que o significado de um texto se faz a partir do significado de outros textos. Há intertextualidade no modo que um professor ensina, o qual é composto pelo modo que seus professores ensinaram. A maioria das pessoas consegue lembrar-se dos professores considerados ruins, e também dos bons professores, e os professores tentam emular os bons e evitar ser como os maus. De maneira simplista, isso pode indicar um processo darwinista e que o ensino deveria evoluir progressivamente. Contudo, o que é um bom professor para um aluno pode ser um monstro para o outro, e o que constitui um bom ensino em uma episteme e em determinado país, talvez não seja em outro. Há poucos sinais de que o ensino melhore com o tempo. Ainda buscamos nossos bons exemplos nos gregos.

Seja como for, alguns elementos do paradigma do ensino na universidade parecem quase arquetípicos. As sociedades sempre quiseram que seus professores fossem versados em sua matéria, altruístas e preocupados com o bem público. A idéia crucial de um professor na universidade medieval era a de que eles tinham uma autoridade baseada na dignidade de seu conhecimento (Verger, 1992). Isso não se encaixa facilmente na nova visão transacional de ensino como serviço de informação, mas é uma expectativa que as pessoas continuam a ter quanto aos professores universitários e que se evidencia toda a vez que eles cometem algum deslize. Precisaremos cuidar da reputação dos professores da universidade do futuro.

Mas o que é que os professores universitários de fato fazem? A resposta imediata é "ensinam" e é com isso que nos preocupamos em primeiro lugar, mas precisamos reconhecer que, na verdade, a maioria dos professores provavelmente apenas passe um terço de seu tempo ensinando. Os outros dois terços são gastos em pesquisas e em administração, especialmente em administração. Eles também se envolvem na vida pública.

ENSINAR

Há alguma coisa na maneira pela qual os acadêmicos ensinam que se possa dizer que transcende a nação, a cultura e o tempo e que por isso precisa ser incorporado em uma universidade do futuro? O modelo neovigotskiano de comunicação define o papel de um professor como o de alguém que ajuda os alunos a aplicar o conhecimento a problemas. O que diferencia o professor universitário é que ele também ajuda os alunos a criticar a relação entre conhecimento e problema, pois ele está envolvido em pesquisa.

O Capítulo 3 examinou os processos fundamentais de comunicação envolvidos no ensino universitário. Esses processos são interativos, e os alunos de hoje têm uma parte maior neles, mas é ainda o professor que tem a responsabilidade principal por iniciar o ensino. Isso quer dizer que um professor universitário deve ser capaz de: projetar e administrar o ensino, explicar e demonstrar como o conhecimento se aplica aos problemas, estabelecer tarefas, testes e exames que permitam aos alunos a prática do sintagma, avaliar o desempenho do aluno, dar uma resposta a esse desempenho visando melhorá-lo, motivar os alunos, envolvê-los em uma interação dinâmica, de maneira que eles possam criticar com propriedade a relação conhecimento-problema, apresentar os alunos à comunidade de conhecimento no paradigma da disciplina e ajudá-los a pesquisar, contextualizar e refletir sobre a maneira que aprendem. Juntamente com essas características, encontram-se as habilidades comunicativas de saber quando, por quanto tempo, em que teor, em que seqüência, com quais alunos e em que ambiente, explanar, demonstrar, questionar e julgar. O trabalho também exige uma administração sensível da imensa variedade de contingências que ocorrem no eixo de comunicação professor-aluno.

Ensinar em uma universidade é algo complexo e que exige muito, e nem sempre fica óbvio quando o trabalho está sendo bem-feito. A Universidade de Griffith, na Austrália, fez um metaestudo sobre o que constitui o bom ensino em uma universidade (http://www.autc.gov.au/caut/rrgt/chapter2.html). Com base em documentos do Reino Unido, dos Estados Unidos e do Canadá, o relatório defende a tese de que pelo fato de haver tantos aspectos diferentes no ensino, é difícil definir o bom ensino, e nenhum sistema de avaliação é capaz de medi-lo. Não há uma maneira "correta" de ser um bom professor.

Os estudos sobre professores e o ato de ensinar são em geral baseados na suposição de que o ato de ensinar é a variável independente e a aprendizagem, a variável dependente, e que o ato de ensinar é responsável pela aprendizagem. Ainda assim, o eixo de comunicação professor-aluno é um eixo de interação que só pode funcionar com o que em cibernética conhecemos como "causalidade circular". O professor inicia uma comunicação que faz com que o aluno se comunique com o professor e que faz com que o professor se comunique de novo com o aluno. A troca ou aula pode terminar, mas a ondulação proveniente da causalidade circular talvez não termine. Ela se estende à próxima aula ou a uma tarefa ou avaliação. Uma professora de Cambridge conta como recebeu uma avaliação negativa de um aluno no item "auxílio à escrita de ensaio". Isso fez com que ela avaliasse as notas desse aluno nos ensaios, descobrindo que ele não havia apresentado nenhum ensaio. Quando perguntou ao aluno como havia chegado a tal avaliação, ele explicou que o julgamento que fizera dizia respeito ao auxílio que ele teria recebido da professora se tivesse escrito o ensaio (Beard, 1995, p.7). O ensino é um processo de duas mãos, no qual o professor e o aluno são interdependentes. Se podemos aceitar que os recém-nascidos conseguem transformar as pessoas à sua volta em professores (Gopnik et al., 2001), com certeza podemos supor que os universitários têm alguma responsabilidade por sua própria aprendizagem e pelo modo como os professores os ensinam.

Quando os estados pagavam para que os alunos fossem à universidade e as bolsas dependiam da avaliação de um professor, a premissa era a de que os alunos só podiam culpar-se a si mesmos quando eram reprovados. Os professores universitários eram considerados mais como provedores de conteúdo do que professores, e a aprendizagem, uma função da inteligência e da aplicação do aluno, mais do que resultado do ensino. Havia pouco *feedback* que propiciasse aos professores melhorar seu modo de ensinar. Hoje, o pêndulo está na outra extremidade. Como clientes que pagam, os alunos culpam os professores quando são reprovados. Eles querem saber por que não têm boas notas se pagam um bom dinheiro e fazem as coisas requisitadas. Se o professor não reconsidera as notas dos alunos, estes vão logo ver o "supervisor" desse professor, dão ao professor uma má avaliação ou, se encontram outras pessoas insatisfeitas, agem em grupo.

Uma onda de litígios está varrendo as universidades quando os alunos argumentam que foram enganados, que lhes venderam um programa de estudos de má qualidade, que eles não conseguem empregos com seu diploma e que os professores eram ineficazes. Às vezes, os alunos dispõem de determinado caso e, ao contrário de suas universidades, estão prontos para torná-lo público. Muitas dessas ações ocorrem fora dos tribunais.

A resposta das universidades a essa situação não tem sido a de aumentar os salários dos professores e melhorar a proporção de alunos por professor, mas a de aplicar a noção de controle de qualidade, o que configura uma garantia sem garantia. Os clientes das universidades recebem a garantia de que podem ter confiança no que aprendem por causa dos controles exercidos pelas universidades.

Os professores universitários passam por um escrutínio cada vez maior, que é responsável pela garantia de que eles de fato façam o que se espera de um professor. O problema, naturalmente, é que não sabemos o que os bons professores fazem que é considerado bom e, seja o que for, não pode estar dissociado do que os alunos fazem. Contudo, a nova administração universitária, que tem suas raízes na cultura dos negócios, tem pouca simpatia por qualquer coisa que tenha caráter de mistificação e está pronta para padronizar os processos de ensino que podem ser observados e entendidos pelo aluno-cliente. Ao fazê-lo, criam um ambiente para um neotaylorismo nas universidades.

A administração científica, invenção de Frederick Taylor (1856-1915), sustentava que a manufatura de um produto poderia ser dividida em uma seqüência de tarefas que permitiria às pessoas realizar o trabalho em que eram melhores, em vez de tentar fazer todo o serviço (Kanigel, 2000). Podemos observar algo semelhante acontecer nas universidades na intenção de separar o ensino, a pesquisa e as funções administrativas. Logicamente, o ensino poderia ser subdividido em processos, de maneira que pessoas diferentes pudessem realizar trabalhos diferentes. Em termos tayloristas, as pessoas que são boas em dar aulas dariam aulas, as pessoas que atuam bem como orientadores, orientariam, as pessoas que gostam de corrigir provas (e talvez existam pessoas desse tipo) corrigiriam provas, e assim sucessivamente.

O taylorismo conduziu ao fordismo e à linha de montagem. Tornar a manufatura uma seqüência de atos distintos e definíveis quer dizer que as fábricas puderam ser automatizadas, primeiro pelo trabalho por peça e depois por robotização. Isso colocou os trabalhadores em segundo plano e transformou a função de projetar de um conhecimento artesanal adquirido pelos trabalhadores via aprendizagem em uma função especializada controlada pela administração. Esse fato levanta a questão de que o ensino pode ser subdividido em tarefas menores, claramente definíveis, que podem ser realizadas pelos computadores e de que o conhecimento dos professores se torne propriedade da universidade que os emprega.

Os acadêmicos não empregam todo o seu tempo na interação de alto nível com os alunos. Boa parte de seu tempo é gasta em atividades comuns e repetitivas de baixo nível de interação, como a de corrigir testes de respostas fixas e de responder ao que se conhece na internet como Perguntas Freqüentemente Feitas (FAQs). No Capítulo 3, explicamos como os JITAITs poderiam ser usados no futuro para essas tarefas de ensino repetitivas e como isso poderia liberar os professores para tarefas de maior exigência. Contudo, também observamos que os JITAITs se tornam cada vez mais inteligentes. Podemos imaginar que, em um primeiro momento, os JITAITs assumirão as tarefas mais automáticas, de baixo-nível, passando, com o tempo, a realizar tarefas mais complexas. Isso cria preocupações sobre a substituição de seres humanos por computadores conforme o processo de padronização e de automação no ensino se expande. A comercialização das universidades criará pressões para que o ensino seja computadorizado, porque o maior custo de uma universidade é a sua equipe acadêmica, e é a necessidade de aumentar a equipe proporcionalmente ao número de alunos que inibe a expansão lucrativa.

As universidades não são calibradores de pneus que enchem as pessoas de conhecimento. São uma expressão das mais altas aspirações de uma civilização. Algumas partes do ensino podem ser automatizadas, outras não. Aplicar o taylorismo para verificar quais podem ser talvez não seja algo mau. É ingenuidade pensar que o ensino nas universidades em duas décadas ainda será totalmente ministrado por seres humanos, assim como é ingenuidade pensar que será totalmente ministrado por computadores. Sugerimos uma possível futura hierarquia que diferencia os papéis da inteligência humana e da inteligência artificial no ensino.

UMA HIERARQUIA ACADÊMICA PARA O FUTURO

A base da hierarquia do ensino será computadorizada. De uma perspectiva do professor, o nível mais baixo das atividades de ensino inclui a correção de provas, exames e tarefas com respostas predeterminadas, cotejar notas e preencher dados sobre as atividades realizadas, número de faltas e resultados finais. Essas atividades podem ser feitas pelos computadores, e a maioria dos professores ficaria feliz se isso acontecesse.

O segundo nível seria o de tutoria. É nele que os professores interagem com os alunos para orientar sua aprendizagem, o que envolve ouvir os alunos, compreender suas dificuldades em dominar uma disciplina e sua aplicação, fazer com que participem, ser capaz de explicar e demonstrar, monitorar a prática dos alunos, corrigir tarefas, testes e exames em que as respostas sejam abertas, oferecer *feedback* detalhado e responder a questões. Uma comunicação direta ou em pequenos grupos é necessária, e é também a razão para que o bom ensino esteja atrelado a um baixo número de alunos por professor. Esse nível tem uma alta carga de trabalho, e, à medida que se tornam comerciais, as universidades buscarão maneiras de reduzir custos pela automatização do serviço.

Figura 4.1 Hierarquia de ensino do futuro.

"Sou a tutora do grupo", disse Shirley. "Há nove pessoas neste grupo no momento. Todos estão estudando para serem professores e estão interessados em como se ensina o seu teorema e em você mesmo."

Pitágoras sorriu e inclinou um pouco a cabeça. "Posso responder questões sobre minha vida e ensinar como aplicar ou provar meu teorema, mas meu *design* instrucional é de acesso restrito. Contudo, posso explicar por que ensino como ensino."

"Parece-me razoável", disse Shirley. "Gostaria que você conhecesse as outras pessoas." Ela olhou para a barra de ferramentas, localizada sempre no ponto superior de sua visão quando estava no modo de HiperRealidade, e viu que ele acabava de acessar sua biografia básica. Ele se apresentaria a cada um deles, como fizera no protocolo de introdução. O avatar Pitágoras era um modelo de demonstração de uma nova espécie de JITAIT da HyperTutonix Inc., baseado em filósofos famosos. Sam, o professor de EDU 505 (Novas Técnicas de Ensino), vinha ensinando a aplicação deste JITAIT, tendo estabelecido como tarefa observar o quanto era possível usar um JITAIT para ensinar o Teorema de Pitágoras para uma turma de alunos de 15 anos. Para começar, os alunos estavam se familiarizando com o JITAIT em uma sessão de HiperTutorial conduzida por Shirley, que acabara de obter o emprego de tutor em meio-turno.

Shirley considerou admiráveis os detalhes visuais do avatar, e os *emoticons* eram tão naturais que pareciam ter personalidade própria. De acordo com a brochura, ele poderia acessar até quatro campos de coação sobrepostos.

– Você é do Afeganistão? – perguntou Ahmed, um aluno do Egito.

– Não – disse Pitágoras. – Sou grego.

– Então por que está usando um turbante? – disse Ahmed.

– Passei parte de minha vida no Egito e na Babilônia e sou freqüentemente retratado com um turbante, em reconhecimento à maneira como misturo o pensamento asiático e europeu.

Outra pessoa perguntou a Pitágoras onde ele havia ensinado, e ele apontou para a cena que estava atrás de si. O avatar de Pitágoras era parte de um pacote que incluía exercícios e ambientes, sendo o tutorial localizado em uma versão ficcional da escola de Pitágoras em Crotona, na Calábria. O grupo de alunos parecia estar sentado sob o abrigo de colunas em curva em um promontório rochoso no Golfo de Taranto. Pitágoras explicou que havia um círculo interno de pessoas chamadas de *mathematicoi*, que viviam na escola e que se dedicavam ao estudo. Esse grupo podia conversar e debater. Havia também um círculo externo chamado de *akousmaticoi*, que vivia de maneira independente fora da escola e que freqüentava suas aulas, mas não podia participar das discussões.

Os termos gregos parecem indicar a diferença entre fazer um curso e apenas atuar como aluno ouvinte, pensou Shirley. Por que as universidades faziam distinções entre as pessoas e criavam hierarquias? Qual, perguntava-se ela, era a diferença entre ela e esse avatar, que muito facilmente poderia se tomar como verdadeiro. Shirley observou como o grupo falava com respeito com algo que era nada mais do que um programa inteligente – como se fosse a reencarnação de Pitágoras. Seria a realidade apenas aparência?

O grupo agora passara a fazer perguntas sobre como Pitágoras ensinava seu famoso teorema.

– Ninguém de fato sabe como eu ensinava, a não ser pelo fato de que eu explicava meu teorema com geometria. A álgebra, que oferece uma explicação, desenvolveu-se depois de mim.

– O teorema faz alguma diferença? – perguntou um estudante japonês.

– Olhe para o chão – disse Pitágoras. Todos olharam para o chão e viram figuras quadradas e triangulares nos ladrilhos que correspondiam ao teorema. – Você pode – disse Pitágoras – pegar os ladrilhos e verificar a correspondência espacial entre eles e a teoria, ao passo que, com a álgebra, o teorema se torna uma equação. – Atrás dele uma janela apareceu mostrando a fórmula do teorema.

Shirley começou a sentir-se desanimada. Será que havia alguma necessidade de tutores humanos como ela quando se podia obter um desempenho como esse de um JITAIT? Como ela poderia concorrer com as habilidades da HyperTutonix, uma empresa que pretendia comercializar a filosofia pitagórica e a matemática no mundo inteiro? Os avatares estavam começando a ter uma aparência mais sexy que os humanos e eles não comiam, não dormiam, não perdiam a calma e nem iam ao banheiro.

– Em quantas línguas você pode dar essa explicação? – perguntou o aluno norte-americano.

– Além das três línguas que esse grupo está usando no momento, posso comunicar-me em mais outras duas línguas sincronicamente de um total de 25 línguas disponíveis para minha disciplina, e será possível atualizar o conteúdo em novas línguas. Também verifico vocabulários individuais a partir dos *biodados* dos alunos e ajusto meu vocabulário a eles.

Um murmúrio perpassou o grupo, já que as implicações disso para eles, que seriam futuros professores, eram profundas.

– O banco de questões que pode ser acessado agora através de mim conecta questões abstratas a exercícios práticos – respondeu Pitágoras. – Os alunos selecionam uma questão, uma análise da resposta começa de onde eles apresentam problemas, e eu, em meu papel, como Pitágoras, aconselho-os sobre onde estão cometendo erros. Minha velocidade é tal que posso responder aos problemas do aluno enquanto eles aplicam o teorema. Se houver alguma anomalia nos modelos elaborados pelos alunos, eu posso chamar a atenção do tutor do grupo. – Ele então se virou para que todos vissem que sorria para Shirley.

Pitágoras apontou para uma das colunas dóricas do fundo da imagem.

– Vocês se importariam de usar meu teorema para medir a altura daquela coluna?

– Em pés ou em metros? – perguntou Ahmed.

– Como você quiser – disse Pitágoras. – A altura será a mesma.

Shirley não se conteve. – Tudo são números – disse ela.

Pitágoras sorriu para ela e uma mensagem surgiu para Shirley: "Incompreendido".

– Pensei que sua filosofia fosse baseada na idéia de que toda a realidade são números – disse Shirley.

– Meu campo de coação filosófico não está aberto – respondeu Pitágoras. Devo abri-lo para que possa responder a suas questões?

De repente Shirley sentiu-se muito melhor. Ela sorriu: – Não, mantenha-o fechado.

Houve uma onda de aplausos de seus alunos.

Pitágoras apenas sorria.

Como a história tenta ilustrar, os JITAITs melhorarão e aos poucos serão responsáveis por algumas das funções tradicionais do professor. Ainda passarão muitos anos até que cheguemos ao nível deste JITAIT de Pitágoras, mas não há nada inerentemente impossível no que se descreveu. Uma versão básica desse JITAIT já é possível hoje e estamos trabalhando em uma versão experimental.

O terceiro nível de hierarquia é aquele dos professores mestres. Nesse nível, encontraríamos professores no velho sentido de provedores de conteúdo. Eles seriam pessoas que tivessem atingido uma importância acadêmica por meio da pesquisa e das publicações e, portanto, de fato disporiam de um conteúdo a oferecer. Eles teriam responsabilidade pelo paradigma do conhecimento. Se Pitágoras estivesse vivo, estaria entre eles. O primeiro propósito deles seria o de comunicar uma síntese da disciplina estudada de um modo que a atualizasse, colocando-a em contexto, e estimulasse os alunos a questioná-la. Os professores fariam isso por meio de aulas e seminários.

Figura 4.2 Os componentes do HiperTutorial com Pitágoras (© Nobuyoshi Terashima). Este é um campo de coação desenvolvido por Nobuyoshi Terashima a partir de um projeto de John Tiffin. Servirá como base de um experimento entre Terashima (Universidade de Waseda, Japão), Lalita Rajasingham (Victoria Universidade, Wellington, Nova Zelândia), Fred Litto (Universidade de São Paulo, Brasil), Minako O'Hagan (Universidade de Dublin) e Anne Gooley (Queensland Open Learning Network), que buscarão implementar os elementos da história de Pitágoras aqui contada. A hipótese é de que seja possível ensinar a aplicação do teorema de Pitágoras em HiperRealidade com um JITAIT em mais de uma língua para alunos que estejam em países diferentes e se reúnam como avatares.

Em vez de serem empregados assalariados, esses professores poderiam relacionar-se com as universidades do mesmo modo que os autores se relacionam com seus editores. Richard Katz acredita que tal avanço tem o "potencial de mudar a educação dos Estados Unidos de maneira profunda" (Katz, 1999, p.48). De fato, poderia mudar a educação radicalmente em qualquer lugar. Uma universidade virtual e global seria um meio de fazer com que todo professor estivesse disponível para qualquer aluno em qualquer parte do mundo. Tais professores estabeleceriam uma relação contratual para manter sua propriedade intelectual e receber *royalties* por aluno que participasse de seus cursos. Isso implicaria que os alunos pagassem tarifas diferentes por cursos diferentes. Os professores de música talvez queiram dar aulas para um pequeno grupo de alunos e fazer o serviço de tutor. Nesse caso, as tarifas cobradas dos alunos e a proporção do que iria para o professor seriam muito diferentes daquelas em que a turma fosse composta por milhões de pessoas. Assim, o professor teria de deixar toda a interação por conta de uma rede de tutores em diferentes países para que pudesse concentrar-se no que acontecesse em suas aulas virtuais. Essas aulas poderiam ser abertas ao público, atraindo novos alunos e dando-lhes uma sensação do nível e da natureza do estudo. Por causa do tamanho, o custo de um curso seria mais baixo, e o professor, que estaria usando suas aulas para vender um livro, poderia negociar um *royalty* menor.

Há poucos incentivos aos professores universitários de hoje para que trabalhem duro a fim de tornarem-se bons professores. A promoção, o apreço e o prestígio vêm por meio de pesquisas publicadas, citações e pela capacidade de atrair fundos de pesquisa. Por isso, a idéia de um novo paradigma de ensino que separe as funções do professor como um especialista de uma matéria, que busca reconhecimento e sucesso por meio de suas publicações, das funções do professor como guia que busca o sucesso e a promoção no papel de tutor.

Em alguns países não é incomum que os professores universitários atuem como tutores em um programa e como coordenadores, em outro. O que é diferente nessa hierarquia é a relação que os professores de diferentes níveis teriam com a universidade. O trabalho de tutor é razoavelmente estável, em que os tutores recebem uma taxa fixa pelo número de alunos pelos quais fossem responsáveis, ou, no caso de tutores mais experientes, o número de tutores supervisionados. Quem buscasse oferecer programas de estudo no nível de mestrado, primeiro, os submeteria à aprovação, que seria na base de mérito acadêmico, e não de exeqüibilidade comercial. O risco seria do professor, que seria dependente dos *royalties* dos alunos matriculados. Se os números fossem baixos, os professores poderiam fazer seu próprio trabalho de tutor e talvez também atuar como tutores em outros programas. Poderiam ter o papel de professor e de tutor. Seria decisão do professor continuar com um curso em que os números fossem baixos em uma universidade virtual na qual não há custos em manter um curso baseado em livros.

Uma universidade virtual e global do futuro que tivesse de enfrentar a competição global pesquisaria o que o mercado desejasse e estaria preparada para investir no que fosse necessário para atrair professores que pudessem executar essa tarefa. Os professores encontrariam seu próprio lugar em uma ágora (praça grega) acadêmica, na qual poderiam ganhar mais dinheiro do que qualquer professor jamais sonhou em ganhar ou bem menos do que um tutor iniciante.

Os JITAITs podem realizar muitas das tarefas tradicionais de um professor, mas será que podem substituir tutores humanos ou ser usados em nível professoral? Dada a clareza dos componentes do Teorema de Pitágoras, a lógica de suas relações e a maneira que formam um domínio precisamente definido, os projetistas de programas de ensino poderiam elaborar um sistema abrangente de ensino que incluísse o trabalho de tutor e algo semelhante ao papel do professor. O Teorema de Pitágoras é ensinado todo o ano a muitos milhões de alunos no mundo, e um sistema de ensino multilíngüe como esse provavelmente teria um potencial comercial enorme. Imagine uma série de JITAITs chamada de "grandes paradigmas do passado" que tivesse Aristóteles ensinando dedução, Einstein, relatividade, e Darwin, evolução.

Contudo, a essência do ensino na universidade é incentivar o questionamento do paradigma e, embora um JITAIT possa responder a perguntas feitas com freqüência, ele o faz a partir da lógica do paradigma com exemplos de sintagmas e problemas que foram selecionados porque se encaixam no paradigma. Um JITAIT não seria capaz de lidar com contradições que surgissem de diferentes contextos e epistemes e com problemas que não se encaixassem no paradigma. É necessário um ser humano com conhecimento profundo de determinado paradigma do conhecimento e com uma mente aberta. Este é o tipo de pessoa que imaginamos ser um professor, para lidar com os paradoxos de um paradigma.

ADMINISTRAÇÃO

A lista do que se espera profissionalmente de um professor universitário não menciona o que as universidades de fato exigem. Isso em geral inclui a participação em comitês, escrever referências, brochuras e relatórios, preparar revisões, freqüentar encontros de final de semana, familiarizar-se com *softwares*, entrevistar futuros alunos. A lista não tem fim. No passado, boa parte da carga de trabalho acadêmico-administrativo era aliviada pela competência das secretárias. Elas atuavam como figuras lendárias que haviam passado sua vida na universidade, amavam a mística do lugar e sabiam onde todos os problemas estavam. Há muito elas se aposentaram, e a nova geração de administradores considera algo eficiente esperar que os próprios acadêmicos façam seu trabalho secretarial e administrativo. E isso tem aumentado com a demanda por mais relatórios, monitoramento e responsabilidade final. Os professores agora passam muito de seu tempo fazendo o trabalho de secretárias. Trata-se de uma forma invertida de taylorismo, na qual eles fazem o trabalho para o qual não são competentes por um salário bem mais alto do que de quem poderia fazer o trabalho adequadamente.

As tarefas do nível mais baixo da hierarquia de ensino são aquelas em que em geral o ensino se mistura com a administração, com o levantamento e o cotejo de correções e conceitos. Como já vimos, podemos esperar que esse serviço se automatize. O desenvolvimento de *websites* e de *softwares* já está tornando possível automatizar a maneira pela qual lidamos com as perguntas dos futuros alunos. Embora o exemplo da aplicação do taylorismo à manufatura seja causa de preocupação no que diz respeito ao modo como poderia ser aplicado ao ensino, uma maior separação entre ensino e administração só pode ser algo bom para os professores.

O que se está perdendo na universidade de hoje é a tradicional "colegialidade", o processo pelo qual os acadêmicos trabalhando por meio de comitês controlavam o que se ensinava e como se ensinava, e buscavam na teoria preservar a noção de liberdade acadêmica e pesquisa provocada pela curiosidade. Nesse espírito, os acadêmicos ficavam felizes ao se engajarem no gerenciamento e na administração das universidades, mas infelizmente eram ineficientes e resistentes à mudança. Buscaram parar o relógio em vez de enfrentar a necessidade de mudança que ocorria conforme as universidades ingressavam em uma nova episteme. Os acadêmicos que pensam para a frente trocaram seu sentido de colegialidade pelos colegas com que interagem na internet. A colegialidade já se globalizou e aguarda uma universidade que tenha visão semelhante.

QUEM SÃO OS PROFESSORES?

Em uma universidade virtual corporativa global qualquer um pode ser professor? Em termos de gênero, etnicidade, cultura ou credo, esperamos que sim. O único fator diferente, acreditamos, deve ser o de que os tutores tenham a capacidade de ensinar o paradigma de uma disciplina, e os professores, a erudição manifesta em suas publicações. Deveria ser possível para qualquer especialista de um campo sério de estudos ter a mesma liberdade responsável para ensinar aquilo em que se especializou da mesma forma que tem ao publicar sua pesquisa sob a forma de texto acadêmico. Não há liberdade equivalente nas universidades de hoje, em que o que se ensina é prescrito pela universidade, de acordo com a ética da universidade e cada vez mais com restrições comerciais impostas pela universidade.

Figura 4.3a Corpo docente completo da Victoria Universidade, Wellington, 1908 (© J. C. Beaglehole Room, biblioteca da universidade).

Figura 4.3b O corpo docente da Escola de Comunicação e Gerenciamento da Informação, Victoria Universidade, Wellington, 1999. O número total de professores em 2002 era de 611.

Os cidadãos de Crotona destruíram a escola de Pitágoras e tentaram matar seus professores, alunos e ex-alunos. A Biblioteca de Alexandria foi destruída pelos romanos, cristãos e muçulmanos. As universidades alemãs sob o domínio nazista fizeram com que os acadêmicos judeus tivessem de fugir. Em 1933, o Conselho para a Assistência de Acadêmicos Refugiados (CARA, em inglês) foi criado para ajudá-los. Raymond Hoffenberg, seu presidente, defende a idéia de que o clima de fanatismo hoje não é muito diferente do da época dos nazistas (Macleod, 2001). Ainda assim, como o CARA demonstra, o registro de acadêmicos forçados a fugir das universidades por causa de suas idéias é bastante extraordinário em termos do reconhecimento posterior a suas contribuições dado sob a forma de prêmios Nobel. É freqüentemente o dissidente solitário que luta pela verdade além das epistemes, que, ao longo do tempo, é visto como um grande erudito, e é um poder especial de uma universidade tolerar a diferença, e uma vergonha negá-la. É a razão que está por trás da substituição da tradição da estabilidade do emprego pelos contratos de prazo fixo que fará com que as universidades percam professores que ensinam com paixão, lealdade e compromisso.

Há um universal no ensino de uma universidade que está bastante em desacordo com a idéia de um professor que oferece um serviço comercial. É obrigação de ofício de um professor lutar por uma relação verdadeira e cuidadosa com seus alunos e agir como a consciência da sociedade, manifestando-se sobre questões críticas e, se necessário, desafiando o *status quo*, independentemente de quanto isso seja difícil ou impopular. Os professores universitários têm lutado por isso à luz do país e da cultura que compartilham com seus alunos. Os registros da Human Rights Watch, da Anistia Internacional, da Unesco e da Network for Education and Academic Rights demonstram que do Egito à Etiópia, da Palestina a Israel e da China ao Afeganistão, os professores têm sido atormentados, aprisionados e torturados, perdendo seus empregos e até suas vidas por manter as altas tradições de sua profissão. Em uma universidade virtual e global, eles precisarão manter tais padrões em nível global. Esta talvez seja a maior questão com que a universidade do futuro vai se deparar.

5
Um novo perfil do aluno

...o acesso aos estudos superiores deve estar aberto a todos em plena igualdade, em função do seu mérito.

(Artigo 26 da Declaração Universal dos Direitos Humanos, adotada e proclamada pela Assembléia-Geral das Nações Unidas em 10 de dezembro de 1948, Nova York, Nações Unidas, 1950)

Atualmente, uma universidade relativamente grande seria necessária toda a semana meramente para sustentar o índice de participação atual na educação superior. Novas instituições não estão sendo criadas com essa freqüência. Uma crise no acesso nos espera.

(Daniel, 1996, p.4)

... as universidades deveriam permitir melhor acesso às pessoas das classes trabalhadoras, de pessoas de cor, de mulheres que exerçam atividades não-tradicionais e de membros de comunidades marginalizadas, especialmente as pessoas que vivem em regiões subalternas.

(Torres, 1998, p.244)

Admitimos hoje que a educação começa com o nascimento e cessa apenas com a morte.

(Trindade, 1993, p.16)

Quanto mais você aprende, mais você ganha.

(Tony Blair, citado em Spring 1998, p.6)

INTRODUÇÃO

O artigo 26 da Declaração Universal dos Direitos Humanos é um ideal nobre, mas é realmente alcançável? Não, de acordo com John Daniel (1996), se tiver de ser atingido pela expansão das universidades convencionais. Mas é possível abordar esse novo e gigantesco mercado com universidades virtuais e globais que sejam comerciais e que tenham o mundo, e não o Estado, como seu mercado.

É o crescimento extraordinário da demanda pela educação de ensino superior que fornece a força-motriz que está por trás do surgimento de um comércio global de ensino em nível universitário. Acrescente-se a isso a questão do modo pelo qual aqueles que querem ir à universidade podem pagar. Uma resposta parcial está na redução de custos, que se torna possível com a universidade virtual e global.

Este capítulo examina a natureza do espírito que a ONU invocou há meio século quando declarou que a educação superior deveria ser "aberta a todos em plena igualdade". Quem são esses "todos", qual é o paradigma de aluno do qual querem ser um sintagma e como isso é possível?

O CRESCIMENTO DO NÚMERO DE ALUNOS

O primeiro-ministro britânico, Tony Blair, estabeleceu um parâmetro quando disse: "Estamos comprometidos com a idéia de que 50% de nossos jovens obtenham um diploma universitário" (*The guardian,* 22 de julho de 2002). Se pensarmos que há 100 anos menos do que 3% das pessoas do Reino Unido haviam feito algum curso superior, propor tal aumento é como propor a extensão dos direitos de uma nação sobre o mar, passando de um limite de três milhas para um limite de 50 milhas, o que muda profundamente o perfil e os recursos de um país. Outras nações vêem isso como um exemplo a ser seguido, e surge a questão: por que parar em 50%?

A Grã-Bretanha é um país rico que reconhece que o conhecimento e as habilidades de seu povo estão para a revolução da informação assim como suas minas de carvão estavam para a Revolução Industrial. Todos os países desenvolvidos têm intenções similares de ver a educação de ensino superior se expandir como forma de fazer crescer suas economias. O mundo está no começo de uma explosão do ensino superior. A coisa mais importante sobre os alunos universitários do futuro é que serão muitos.

Em 1950, havia 6,5 milhões de matrículas no ensino superior no mundo todo. Em 1997, esse número era de 88,2 milhões. Não seria uma surpresa supor que em algum momento da primeira década do terceiro milênio haverá mais do que 100 milhões e que aproximadamente três quartos dessas matrículas serão em universidades ou em instituições similares (Unesco, 2000, p.71). Boa parte da expansão dos números de universitários tem ocorrido nos países desenvolvidos, onde aproximadamente um terço da população de uma mesma faixa etária está matriculado na universidade (Unesco, 2000.). Existe, internacionalmente, um acordo bastante amplo de que a missão fundamental da educação superior é a expansão (Unesco 2000). O crescimento das matrículas no nível superior na China, Índia, Indonésia, Filipinas, Paquistão e Bangladesh mal começou. A população mundial, que hoje é de 6,1 bilhões de pessoas, dobrou desde 1960 e está projetada em 9,3 bilhões para o ano de 2050 (ONU, 2002). Além disso, há uma tendência a uma aprendizagem que se estenda pela vida inteira, o que significa que mais pessoas passarão mais tempo nas universidades.

Tabela 5.1 Matrículas no ensino superior (milhões) por continente, 1950-1997 (Unesco, 2000, p.67)

	1950	*1960*	*1970*	*1980*	*1990*	*1997*
Total mundial	6,5	12,1	28,1	51,0	68,6	88,2
África	0,1	0,2	0,5	1,5	2,9	4,8
Ásia/Oceania	1,2	3,2	7,4	14,6	23,9	36,1
Europa	2,5	4,5	9,0	16,4	18,9	21,8
América Latina / Caribe	0,3	0,6	1,6	4,9	7,3	9,4
América do Norte	2,4	3,7	9,5	13,5	15,6	16,0

Nas democracias, ainda há a tendência a uma expectativa de crescimento na demanda pela educação universitária ser atendida por uma expansão dos sistemas estaduais de educação subsidiados por impostos. Em princípio, essa é uma maneira eqüitativa que permite o acesso às universidades pelo mérito, mas mesmo os Estados ricos têm dificuldade em sustentar o crescimento das universidades a fim de atender à demanda. Há um custo muito grande na construção de prédios e no desenvolvimento de infra-estruturas de transporte. Existem também os altos custos de manutenção, sistemas de suporte, empregados assalariados e custos administrativos para garantir que os alunos sejam selecionados de acordo com o mérito e que honrem tal seleção.

As universidades virtuais e globais não recebem apoio governamental e devem, portanto, ser comerciais. Não têm a pretensão de serem iguais às universidades convencionais, mas são mais econômicas do que elas. Não há um grande custo de capital na implementação do *software* e do *hardware* utilizados em uma universidade virtual. Se os alunos pagam por conta própria e não há procedimentos de seleção e necessidade de um *campus*, pode haver uma grande redução de custos administrativos. Os capítulos anteriores demonstraram como os custos de ensino podem ser reduzidos e como se pode usar a tecnologia da informação para reduzir os custos de expansão. O aumento da demanda, que é visto como um problema para a velha geração de universidades estatais, transforma-se um uma oportunidade para uma nova geração de universidades virtuais e globais que vêem a ampliação da demanda por educação universitária como uma oportunidade de negócios em um mercado de vendas.

A MUDANÇA DEMOGRÁFICA

O crescimento exponencial do número de alunos provoca uma mudança na composição do corpo discente. Durante a maior parte dos 2.500 anos de história das universidades, os alunos têm sido uma elite pequena e privilegiada composta principalmente por jovens do sexo masculino. Isso começou a mudar. Até que ponto uma universidade virtual e global facilita as mudanças?

Uma das características principais da universidade moderna é o modo pelo qual ela tem gradualmente aberto suas portas para estudantes e professores do sexo feminino, de modo que agora a proporção de alunos e alunas no mundo inteiro tem se equiparado. Na Europa e na América do Norte, onde as mulheres têm freqüentado a universidade há mais de 100 anos, existe uma ampla maioria de mulheres. Em outras partes do mundo, um processo de aproximação entre o número de alunos de ambos os sexos vem ocorrendo desde a década de 1950. A conveniência e a facilidade de acesso que a universidade virtual e global oferece às mulheres aumentarão essa tendência.

Tabela 5.2 Percentual de mulheres nas matrículas universitárias, por continente, 1950-1997 (Unesco, 2000, p.68)

	1950	*1960*	*1970*	*1980*	*1990*	*1997*
Total mundial	32	33	38	44	46	47
África	21	20	23	27	33	38
Ásia / Oceania	17	24	30	34	38	40
Europa	40	37	42	49	50	53
América Latina / Caribe	24	32	35	43	49	48
América do Norte	32	37	41	51	54	55

Será que essa tendência vai continuar a ponto de a universidade do futuro ser primordialmente feminina? A hipótese é que a hegemonia masculina que dominou as universidades há meio século esteja dando espaço à hipótese de uma carência de alunos do sexo masculino (Jones, 2000). A espiral de silêncio (Noelle-Neumann, 1984) que via as mulheres como uma minoria que guardava para si seus pensamentos pode estar agora vendo os homens tornarem-se o que Ardener (1973) chama de "grupo silenciado". O número crescente de estudantes do sexo feminino indica um número crescente de mulheres assumindo profissões e administrações. Ainda há uma predominância de homens nas posições de comando, mas eles são oriundos de uma época em que os homens eram ainda uma ampla maioria nas universidades. Pode estar ocorrendo uma mudança no sistema. Parece possível que o controle das universidades e, em última análise, da sociedade passe em algum momento deste século do homem à mulher (Tiffin, 2001).

Além de um equilíbrio dos gêneros, as universidades buscam um equilíbrio cultural. Não existia uma tradição de discriminação nas universidades antigas. Havia eruditos chineses na Índia e eruditos islâmicos na Europa. O desenvolvimento de universidades teológicas trouxe consigo a discriminação conforme a crença. O estabelecimento da universidade européia nas colônias nos séculos XVI e XVII trouxe consigo a discriminação racial. Contudo, ao caminharmos hoje pelos *campi* das universidades européias, norte-americanas e australianas, vemos alunos de muitos países, crenças e culturas interagindo livremente. Podemos então dizer que o objetivo do artigo 26 da Declaração Universal dos Direitos Humanos já foi alcançado?

O fanatismo religioso, o preconceito racial, o antagonismo cultural e o fanatismo político ainda estão entre nós e, na virada do milênio, são a causa de conflitos globais. Isso inevitavelmente se reflete nas atitudes discriminatórias das universidades. Com que facilidade uma protestante norte-americana loira estudaria em uma universidade paquistanesa e externaria opiniões de uma mulher ocidental, ou como um paquistanês barbudo poderia estudar em uma universidade norte-americana e expressar suas opiniões sobre as mulheres? Quantos universitários sofrem em campos de refugiados por causa de sua raça, crença ou cultura? As nações apóiam as universidades para que eduquem as pessoas de acordo com a cultura nacional. As universidades não se constrangem em aceitar o dinheiro de estudantes estrangeiros, mas estão territorialmente comprometidas com o Estado que lhes confere o *status* de universidade. Elas exigem que todos os alunos obedeçam às leis e às normas sociais de uma nação e que falem a língua universitária, que tende a ser o inglês, porque o intercâmbio no nível superior de ensino se dá primordialmente em inglês (Crystal, 1997).

Em 1950, mais da metade dos países contava com menos do que mil alunos matriculados em universidades, e um quarto dos países não tinha universidades ou instituições de ensino superior. Hoje há poucos países que não tenham pelo menos uma instituição de nível superior, e há mais de 20 países com mais de um milhão de matrículas no ensino superior (Unesco, 2000, p.68). Há um progresso, mas quem dá conta das necessidades das minorias, das diásporas e das culturas sem linguagem escrita? Uma das primeiras universidades virtuais da internet foi a Universidade Aberta da Catalunha, a qual se dirigia exclusivamente à minoria catalã da Espanha. Há propostas para a criação de uma universidade voltada à cultura celta. Os tâmeis estão desenvolvendo uma universidade virtual, assim como os maoris da Nova Zelândia e a comunidade nativa dos Estados Unidos. Para uma cultura sem uma nação e que se constitua em uma minoria, as universidades virtuais parecem ser uma maneira ideal de conservar sua língua, suas tradições, suas artes e sua história.

Uma universidade virtual e global não pertence à determinada nação, e é possível que alunos de diferentes raças, crenças e culturas se misturem livre e igualmente. Ela oferece algo mais: os alunos não são tipificados por sua aparência. Eles podem escolher seu gênero, a crença, a cultura e ser quem bem entenderem.

Será que alguém gostaria de ser velho? Até pouco tempo, ser velho era ser diferente como aluno. As pessoas saíam da escola direto para a universidade. Essas pessoas, hoje, mal constituem a metade da população universitária dos Estados Unidos (Dirr, 1999). As universidades estão se transformando em comunidades de adultos de qualquer idade, e não são mais extensões do sistema escolar. Como na Idade Média, elas se tornaram um modo de vida ao qual os ex-alunos retornam cada vez mais. Uma universidade virtual e global do futuro, sem obrigações para com os pagadores de impostos, para que o dinheiro seja usado eficientemente, em vez de buscar apressar as pessoas a terminarem a universidade, poderia estimulá-las a estudar no tempo que lhes fosse conveniente. Em vez de três anos, o normal poderia ser seis ou mais. Da mesma forma que não haveria limites ao tempo que um aluno dedicasse a um programa de estudos, também não haveria limites quanto à rapidez com que terminasse determinado curso na universidade virtual e global, respeitando apenas a unidade básica da semana. A participação na vida da universidade não precisaria ser algo que é feito apenas enquanto se está lá, mas ser algo como ser sócio de um clube que permitisse à pessoa participar continuamente de sua vida intelectual, social e cultural.

Os estudantes estão ficando mais velhos. No último século, vimos a expectativa de vida dobrar nos países desenvolvidos, tendência que deve continuar (http://www.oced.org). Nos países desenvolvidos, a proporção da população que está acima da idade pós-aposentadoria aumenta. O sucesso da Universidade da Terceira Idade, que desde sua fundação em Toulouse, em 1973, expandiu-se para todos os continentes, com exceção da África, sugere que as pessoas idosas podem tornar-se um componente importante da população estudantil. Nos Estados Unidos, a Universidade de Indiana foi a primeira a construir, em 1983, uma comunidade de aposentados próxima ao *campus*. A Universidade do Estado da Pensilvânia (Penn State) e a Universidade da Flórida agora fazem o mesmo. Contudo, apesar de os idosos serem mais saudáveis do que no passado, movimentar-se por uma universidade convencional cujos *campi* são enormes é uma tarefa e tanto. Em um universidade virtual, os idosos podem facilmente movimentar-se e socializar com as pessoas que tenham interesses similares. Em uma universidade virtual ninguém poderá saber sua idade, a não ser que você permita.

Não são apenas os velhos que querem estudar e têm problemas para fazê-lo. Prisioneiros, deficientes, pessoas hospitalizadas e as que trabalham em casa estão entre os que têm problemas de tempo ou de acesso. Há também pessoas que são tímidas ou que se inclinam ao isolamento e que não gostam da agitação social do *campus*. Para elas, uma universidade virtual é uma maneira simples, tranqüila e conveniente de se freqüentar a universidade. Podem estar presentes como telepresenças e participar das aulas como avatares, mantendo sua privacidade e anonimato. Algumas pessoas preferem o virtual ao real.

OS ALUNOS ESTÃO NO LADO DIREITO DA CURVA DO SINO

O fato de uma universidade estar aberta a todos não reduzirá o nível médio de inteligência dos alunos e isso não levará à redução dos padrões das universidades e dos diplomas que conferem? Nós propomos uma universidade em que fica a cargo do aluno decidir se tem as competências necessárias para realizar um programa de estudos. O custo de um módulo de ensino de uma semana não seria muito diferente do custo de se comprar um livro e, como acontece com um livro, pode-se esperar que o cliente saiba descobrir por si mesmo se entende ou não o conteúdo. Isso não quer dizer que o nível do conteúdo tenha de ser rebaixado para torná-lo acessível a todos. Os padrões a serem atingidos são bastante claros, e qualquer pessoa que deseja lutar por alcançá-los pode demorar o tempo que for necessário e passar por quantas aulas quiser, sem estar competindo com ninguém, exceto consigo mesma. Não há a necessidade de que uma universidade comercial global fique presa ao modo como os sistemas de educação estatais escolhem a curva normal.

"Um estatístico usa uma curva em forma de sino da mesma forma que um especialista em doenças internas usa um estetoscópio" (Gleick, 1987, p.84). Ambos são mecanismos para medir a variação em relação à norma. Se os fatores medidos por um estetoscópio forem delineados de acordo com a população, eles tenderão a assumir a forma de um sino. A maior parte das medições fica próxima da linha média. Quanto mais longe dela, menores as ocorrências, até que se formam as extremidades da curva. Quanto mais os médicos descobrem que os índices respiratórios e cardiovasculares de um paciente se distanciam da norma, mais eles se preocupam em remediar a situação. A idéia de uma curva normal também foi estabelecida na educação, e os desvios da norma são vistos como algo que necessita de intervenção.

Os sistemas educacionais como um todo e as universidades, em particular, estão interessados em pessoas com boas habilidades alfanuméricas. Desde a escola fundamental até o doutorado, um processo contínuo de seleção ocorre de acordo com o conceito da curva normal de distribuição aplicada aos resultados dos testes, exames e tarefas que favorecem as pessoas que tenham maior destreza na linguagem escrita e na matemática. São os alunos com melhores notas no mestrado que se tornam doutorandos, os melhores bacharéis que se tornam mestres e os melhores alunos do ensino médio que passam à universidade.

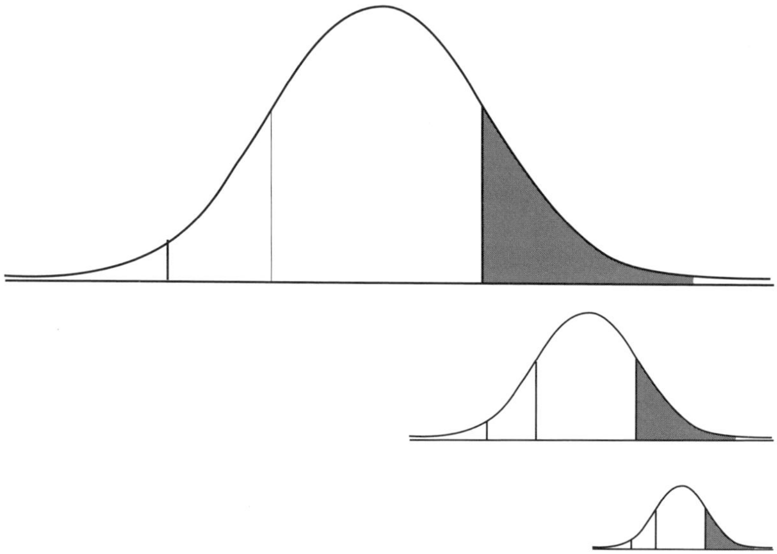

Figura 5.1 A distribuição normal de uma curva em forma de sino. As linhas verticais demonstram desvios da linha média em direções positivas e negativas. As três distribuições demonstram como os alunos com notas acima do primeiro desvio padrão são progressivamente selecionados para avançar.

Não há uma forma oficial de progressão para as pessoas que estão habitualmente na parte inferior da curva normal, mas os que ficam nessa categoria na escola são considerados em situação "de risco" (Herrnstein e Murray, 1996), pois provavelmente formarão um elemento substancial da população carcerária. Para eles, o equivalente a entrar em um programa de doutorado é a prisão perpétua.

Há um perigo que a aplicação da curva normal na educação possa polarizar a sociedade. Há argumentos que defendem que isso já está acontecendo nos Estados Unidos, conforme se torna uma meritocracia, e que estamos vendo o surgimento, de um lado, de uma elite cognitiva e, de outro, de marginais incultos. Embora a maioria das pessoas (no centro da curva do sino) não esteja em nenhum dos grupos, a estrutura da sociedade é pressionada pelos extremos (Herrnstein e Murray, 1996; Lebedoff, 1981).

As universidades usam sistemas de *ranking* para obter a nata, isto é, aqueles estudantes que são habilidosos o bastante com palavras e números, e é com palavras e números que o mundo vai em frente. Sempre houve algum ressentimento em relação a isso. A divisão entre a universidade e a população em geral é tão velha quanto as próprias universidades. Ainda está presente na maneira que os populistas em países como o Reino Unido, Canadá, Estados Unidos, Austrália e Nova Zelândia se referem aos produtos das universidades como "classes pensantes", "clube do Chardonnay" ou "intelectuais *nerds*". Mas o que acontece quando o número de pessoas que estuda nas universidades é igual ao número de pessoas que não estuda? Vemos o surgimento de uma sociedade de duas castas: universitários e antiuniversitários? Imagine uma curva normal que sintetizasse todas as curvas normais que medem a posse de todos os fatores desejáveis da vida superpostos: renda, saúde, casa, segurança, aposentadoria, etc., onde os aspectos positivos estivessem à direita, e os negativos à esquerda. De que lado estariam as pessoas que eram boas na escola e que foram para a universidade? De qual lado sairiam as pessoas que ocupariam os cargos do governo e dos negócios? O relatório da Unesco sobre Educação Mundial aponta para o surgimento nos países industrializados de uma "'subclasse' e minoritária de jovens em uma situação precária de emprego fora do sistema de educação formal, sem as habilidades e competências necessárias para participarem integralmente da economia moderna" (2000, p.71). O artigo 26 incentiva a educação superior *com base no mérito*. Promove meritocracias que podem dividir as sociedades.

Uma universidade virtual e global do futuro, ao remover os critérios acadêmicos de entrada, poderia deixar de lado a seleção feita pela curva normal da educação convencional. Não seria necessário haver nenhuma redução nos padrões se se abrissem as portas para maior participação na vida estudantil que desse crédito às pessoas por qualquer progresso que venham a fazer. Ao contrário da referência normativa do desempenho do aluno, a universidade poderia deixar claros seus critérios de avaliação como algo a ser atingido de acordo com um padrão estabelecido externamente, e que seria a fonte de um escrutínio independente. O exemplo disso é um teste de direção. Dirigir um carro exige a aquisição de um paradigma de conhecimento que é pelo menos tão intelectualmente desafiador quanto os programas semestrais de estudo da maioria das universidades, e a maioria das pessoas passa no teste e pratica em um ambiente onde os erros podem ser fatais. Isso quer dizer que as pessoas são creditadas pela referência a critérios fixos, ao contrário de creditá-las por referências a uma curva normativa que inerentemente assume que alguns terão desempenho melhor do que os outros. Não há um *ranking* das pessoas que fazem um teste de direção, mas há no sistema educacional. A certificação é algo que não se deixa afetar pelo número de pessoas que passa ou é reprovada.

Um paradigma de conhecimento ainda mais complexo do que o de saber dirigir é felizmente adquirido pela maior parte das crianças que estão na escola fundamental. Os professores desse nível buscam garantir que todos os seus alunos saibam ler e escrever. É na escola de nível médio que o processo de seleção começa, visando ao nível superior. Precisamos tornar possível de alguma maneira a abertura das portas das universidades de forma que todos tenham a oportunidade de, em algum momento, participar dela e fazer com que o progresso que lá obtenham seja reconhecido, independentemente de ser grande ou pequeno. Os Estados nacionais ofereceram acesso igual ao ensino fundamental e depois buscaram fazer o mesmo com o ensino médio. Talvez seja globalmente que precisemos agora pensar em fazer o mesmo no nível superior. As universidades virtuais e globais parecem oferecer os meios para uma educação universitária universal, mas elas não recebem apoio do governo. Precisam cobrar pela educação oferecida.

QUEM PODE PAGAR PARA FREQÜENTAR A UNIVERSIDADE?

Será então que a única exigência para que uma pessoa se torne um estudante universitário é a de que possa pagar? O acadêmico pobre é tão parte da tradição escolar quanto o estudante-príncipe. No passado, eles sobreviviam em situação de penúria, atuando como servos de alunos mais ricos, realizando trabalho de meio turno, encontrando um padrinho, obtendo uma bolsa de estudos, assumindo compromissos religiosos a fim de que a Igreja pagasse suas contas ou mesmo pedindo esmolas. A expansão do número de alunos na segunda metade do século passado foi em grande parte alcançada pelo uso do dinheiro dos impostos como subsídio para que os alunos que tivessem mérito fossem para a universidade. Hoje, o crescimento se torna possível para as universidades se estas se tornarem negócios e se os alunos pagarem uma porção crescente dos custos por meio de empréstimos estudantis e programas de recuperação de custos. Há sinais em alguns países de que o problema da dívida dos alunos vem aumentando (Unesco, 2000, p.70). Os alunos que se apaixonam hoje sabem que o casamento com uma colega é impossível porque o débito de ambos arruinaria o futuro de ambos. O estudante pobre retorna sob outro disfarce. Hoje eles são motoristas de táxi, garçons e trabalhadores do sexo em cidades universitárias.

O custo total de uma educação universitária poderá limitar a expansão dos números de alunos se as universidades continuarem atuando sob o modo convencional e os governos continuarem a cortar fundos. A possibilidade de que uma universidade virtual melhore a qualidade do que se ensina enquanto o número de alunos cresce e os custos se reduzem é uma esperança para tornar acessível a educação superior.

QUEM CONTROLARÁ AS UNIVERSIDADES?

A primeira universidade da Europa medieval foi a de Bologna, que teve seu começo em associações de alunos, que elegiam o reitor e o conselho executivo. Eles também decidiam quantas aulas deveriam ocorrer e em que se constituíam os períodos de estudo. Os alunos alugavam salas para as aulas e contratavam e despediam professores. Decidiam o que os palestrantes deveriam fazer e como deveriam portar-se, multando-os quando eram negligentes em suas obrigações (Patterson, 1997).

O modelo de Bologna foi copiado pela maioria das primeiras universidades medievais localizadas ao sul dos Alpes. Isso contrastava com as universidades do norte da Europa, baseadas no exemplo da universidade de Paris, onde os professores tinham o comando. Foi esse o modelo que prevaleceu no século XVI (Patterson, 1997).

Sempre houve tensão entre os alunos e os professores acerca do controle das universidades. Na universidade moderna subsidiada pelo Estado, em que os salários dos professores eram pagos pelo Estado e não pelos estudantes, os professores dominavam. Hoje, no mundo neoliberal, é a administração, e não os professores ou alunos, que detêm o controle. Contudo, como os alunos pagam uma proporção crescente dos custos, eles podem mais uma vez se tornarem as pessoas que dão regras do jogo.

O poder dos estudantes evoca imagens de rebeldes adolescentes invadindo os gabinetes da reitoria e declarando as universidades comunas, mas Patterson (1997, p.46) observa que "uma razão pela qual os estudantes foram capazes de se organizar tão bem talvez tenha sido a de que os alunos de direito de Bologna eram mais velhos do que a média dos alunos de graduação" e que uma razão pela qual os alunos perderam o controle das universidades medievais foi a de que não estavam lá permanentemente. Hoje a população estudantil está na verdade se tornando mais madura e adquirindo um compromisso e um investimento para com a universidade que se estendem por um bom período da vida. Se o modelo de publicações fosse introduzido, os altos escalões do ensino estariam menos envolvidos com a universidade como instituição. A batalha pelo controle dos corações e mentes da universidade ficaria então entre a administração gerencial e os alunos.

Recentemente, recebemos revistas de ex-alunos de nossas velhas universidades. Como eles nos encontraram depois de intervalos de até meio século é um feito memorável e se reflete bem nos bancos de dados que desenvolveram. Presumivelmente eles têm a opinião de que é hora de fazermos nossos testamentos. Eles vendem nostalgia. Perguntam-nos se gostaríamos de dispor de algumas velhas fotos do lugar, de alguma memorabilia ou de viajar em companhia acadêmica. À medida que as universidades se tornam negócios, os ex-alunos são buscados como fontes de dinheiro, que podem muito bem ser. Acordamos um gigante que dormia.

Os alunos se tornam ex-alunos e os ex-alunos de uma universidade estabelecida há muito tempo constituem-se em um grupo muito grande e em geral muito influente, e esses números crescem assim como a universidade. Hoje a internet é um fator de mobilização. De um interesse pequeno pela universidade de sua juventude e de uma representação simbólica entre muitos, os ex-alunos podem passar a ser milhões que têm interesse pelas atividades universitárias e em fazer novos cursos. Diferentemente da nova geração de administradores da universidade, os ex-alunos estão investidos de um interesse pela manutenção e o aprimoramento do grau que colaram. Os ex-alunos querem ver os padrões subirem, pois isso indica que o valor de suas qualificações se amplia. Quando pais e filhos e mesmo seus avós se encontram estudando na mesma universidade, há uma preocupação com a tradição. Talvez seja quando os alunos se tornam ex-alunos que passem a constituir o grupo que venha a controlar a universidade do futuro. Uma universidade virtual e global poderia estimular tal processo, envolvendo os alunos como acionistas. Eles poderiam adquirir ações por meio de seus diplomas (Sinclair, 1998).

NOVOS ESTILOS DE APRENDIZAGEM

Os processos intrapsicológicos e interpsicológicos da aprendizagem refletem os do ensino. Os papéis de professor e aluno apenas existem em relação mútua. A comunicação entre eles é como a que existe entre dançarinos. Ambos precisam conhecer a dança, e ajuda que os professores a tenham aprendido quando eram alunos. Contudo, quando a dança muda, como está acontecendo agora, ambos os dançarinos têm de aprender os novos passos. No passado, eram os professores que lideravam; agora é a vez dos alunos. É necessário que o aluno do futuro seja um aprendiz mais ativo do que o do passado. Precisará aceitar responsabilidades por sua aprendizagem e pela projeção de seu ensino. Serão os alunos que ampliarão ao máximo a situação de aprendizagem para seu próprio benefício.

No eixo aluno-professor, o pêndulo está a favor do aluno, e no eixo conhecimento-problemas, a favor dos problemas. A aprendizagem baseada em problemas está em sua infância hoje e é algo que está especialmente associado com a Austrália, o Canadá e o Reino Unido na área da medicina e do direito. O uso cada vez maior dessa abordagem pode trazer à tona uma atitude mais crítica em relação ao conhecimento. Poderemos ver os alunos como jogadores que questionam as regras do jogo mais do que veremos os professores atuando como árbitros que questionam se os jogadores conhecem as regras. À medida que envelhecem, amadurecem e retornam às universidades para melhorar suas habilidades, os alunos trazem consigo uma base de conhecimento prático de quem sabe resolver problemas, juntamente com perguntas sobre o paradigma de conhecimento e por que ele nem sempre parece funcionar. Estes estudantes maduros podem muito bem saber mais sobre o problema do que o professor. Muitos trazem consigo uma crítica do paradigma da disciplina e são uma fonte valiosa para estudos de caso. Isso quer dizer que eles representam um desafio ao dogma ortodoxo de um paradigma. O papel do aluno como um recipiente relativamente passivo da orientação do professor muda para um papel de alguém que questiona e desafia seu objeto de estudo.

A resolução profissional de problemas ocorre cada vez mais em equipes. Os alunos maduros estão acostumados a trabalhar em grupo para resolver problemas e querem um ambiente de aprendizagem que reflita isso. Querem estar prontos para comparar sua resolução com a abordagem de outros colegas, que talvez sejam colegas no futuro. Em vez de competir com seus pares, eles precisam colaborar com eles, e cada vez mais em termos virtuais. Parte da aprendizagem de aplicar o conhecimento a problemas é ser capaz de fazê-lo em grupos heterogêneos, em diferentes países, faixas etárias, culturas e línguas.

JITAITS PEDAGÓGICOS

Em 1995, postulamos a idéia de um aluno ter seu JITAIT pessoal, que atenderia às suas necessidades de aprendizagem individual ao modo dos pedagogos da Grécia Antiga. Diferentemente de um JITAIT voltado à determinada disciplina, especializado em um paradigma de conhecimento determinado e que melhora pela prática, um JITAIT pedagógico seria especializado no modo que certo aluno aprende, e melhoraria pela prática por meio das interações do aluno com diferentes disciplinas. Da mesma forma que o JITAIT é voltado a uma disciplina, o JITAIT pedagógico poderia assumir a forma de um ícone ou de um avatar, ou de uma voz silenciosa, como aquela de um amigo que observasse uma mesma cena.

Ele estava com ela desde a infância. É claro que naquela época ele tinha a aparência de uma personagem de desenho animado, ficando no canto direito da realidade virtual dela e, a qualquer momento que ela levantasse a mão, ele piscaria para ela, pronto para ajudar. Ele sabia exatamente onde ela estava em seus estudos e que ela odiava que lhe dissessem como fazer as coisas, preferindo tentar descobri-las por conta própria. Ele era muito bom em sugerir coisas que ela poderia testar quando não encontrava soluções. Ela ganhou seu primeiro datasuit *quando estava no ensino médio, e então Woo ficou parecido com uma coruja de verdade. Quando ela precisava dele, tudo o que era necessário fazer era olhá-lo, que ele voaria até ela,*

> *pousando em seu ombro. Seu modo de falar com mansidão e seus incentivos ajudaram-na a superar o divórcio dos pais. Foi por meio de sua orientação que ela se tornou uma professora. Ele estava com ela todo o tempo no TransPacific Teleteaching Training College. Naquela época, ela sabia que ele estava em contato com outros professores virtuais. Com eles, Woo organizou as aulas virtuais, e foi por meio daqueles* links *que a aconselhou sobre como se relacionar com outros alunos de diferentes culturas...*
>
> *Agora que ela era uma professora, Woo ainda estava a seu lado. Ele a conhecia muito bem. Tudo o que ela precisava fazer era sussurrar seu nome que ele apareceria sobre o ombro de seu* datasuit, *pronto para ouvir os problemas contra os quais ela lutava e para buscar o conhecimento de que precisava. Chato era quando ela tinha de tirar seu HMD (Head Mounted Display – capacete de visualização) para lidar com o mundo real.*
>
> (Tiffin and Rajasingham, 1995, p.152-3)

Um JITAIT pessoal como esse é uma idéia mais complexa e problemática do que a de um JITAIT especializado em uma disciplina, tal como o exemplo do Pitágoras.

O ASPECTO FÍSICO DA VIDA DO ALUNO

Se há uma coisa que aprendemos ao longo dos anos com nossos alunos é que, apesar de se fascinarem com novos modos de aprendizagem, a maior parte deles ainda quer encontrar pessoas, mesmo que seja apenas ocasionalmente e ao modo da velha realidade, para que possam olhar nos olhos dos outros, almoçar juntos, jogar tênis ou ter uma relação amorosa. Eles querem jogar/brincar com o fato de ser um aluno à moda antiga na velha realidade física.

As agências de propaganda que hoje comercializam as universidades sabem disso e jogam não só com o fato de que um diploma trará um emprego e um salário melhor, mas também delicadamente indicam que se trata de um clube de alta classe para solteiros. As primeiras impressões da vida estudantil nas tradições grega e medieval sugerem que sempre havia um lado mais selvagem. O comportamento dos alunos no período clássico "se caracterizava por ações irresponsáveis, ociosidade, excessos etílicos e conquistas sexuais" (Eyben; citado em Kleijwegt, 1991, p.117). Há referências a "gangues de *hooligans* romanos, aterrorizando Atenas e Cartago" (Kleijwegt, 1991, p.121). A Universidade de Cambridge surgiu com acadêmicos que fugiam da violência existente entre a cidade e a academia em Oxford (Preston, 2002). O estereótipo de um estudante que leva uma vida de ideais e de casos de amor em bares e cafés turbulentos tem alguma base e ainda é algo atraente. Há muitos alunos que dizem que realmente querem um caminho mais curto até o diploma, sem frescuras, o que fez com que surgissem universidades virtuais do tipo "clique aqui para obter seu diploma sem enrolação". Mas ter um diploma de verdade é como ter um bebê. A maior parte das pessoas sabe que tem de passar pela dor e pelos problemas, e também pelos prazeres inerentes ao suplantá-los, mas ainda assim querem o sintagma completo. Muitas das pessoas que querem ingressar na universidade querem fazer o que os universitários fazem em todos os sentidos.

Os alunos podem socializar-se em *campi* virtuais, mas ainda demorará muito, se é que vai acontecer, para que estejam satisfeitos com *la vie bohème* da realidade virtual, mesmo que esta seja muito exótica. Algumas coisas simplesmente não podem ser feitas virtualmente. O Capítulo 9 se volta à idéia de centros estudantis espalhados pelo mundo, onde os alunos e os professores poderiam encontrar-se na realidade física para estudar profundamente e para renovar as tradições antigas de ser um estudante.

(a) (b)

Figura 5.2 (a) O anúncio de um programa de MBA na Universidade de Bradford (com a permissão da Bradford University and Brahm). (b) "Man in a doorway", de L. S. Lowry [fonte: Paintings of L. S. Lowry (1964), London: Book Club Associates: 85]. A velha imagem que Lowry pintou do norte industrial da Inglaterra como o mundo sombrio de um trabalhador que virava as costas a qualquer coisa diferente transforma-se na imagem de uma mulher jovem e vivaz buscando desempenhar um papel gerencial em uma sociedade de informação.

PLÁGIO

Há uma razão mais pragmática para que existam centros estudantis espalhados pelo mundo na realidade física. A internet tornou fácil encontrar respostas para tarefas, encontrar pessoas que escrevem trabalhos em troca de dinheiro e copiar o trabalho de outras pessoas.

O plágio é um vício antigo dos alunos, mas hoje, graças à tecnologia da informação, tornou-se um problema maior. Em última análise, portanto, a única maneira de se estar razoavelmente certo de que um aluno de fato sabe como aplicar seu conhecimento a um grupo de problemas é examiná-lo na velha realidade física, fazendo uso de um inspetor que verifique, a partir de documentos, que a pessoa virtual que fez o curso corresponde à pessoa real. Se quiserem seu diploma, os alunos terão de ser reais ao fazer seus exames.

Mas isso é mais policiar o problema do que enfrentá-lo. Boa parte do que as universidades fazem é transmitir conhecimento. Tradicionalmente, o propósito dos exames universitários era o de garantir que o conhecimento havia sido transmitido. Os estudantes ao longo do tempo aprendiam vastos conteúdos a fim de repeti-los tão exatamente quanto possível em testes e em exercícios, com freqüência crendo sinceramente que isso era o que se queria – e de fato era o que se queria. Quando se pede aos alunos que comprovem o teorema de Pitágoras em um exame, não se espera que apresentem uma nova comprovação. Os próprios professores reiteram o trabalho de seus predecessores, mesmo quando lhe acrescentam dados ou fazem mudanças. Eles jamais completariam suas aulas se tivessem de citar de maneira meticulosa todas as suas fontes.

O plágio é algo que os alunos copiam, deixando de criar. Os acadêmicos plagiam, vice-reitores na Austrália já tiveram de renunciar por terem plagiado, e mesmo as universidades plagiam. Necessitamos de uma solução melhor do que informar repetidamente aos alunos que o plágio é algo errado. O que poderia ajudar seria fazer com que algumas das pressões para realizar determinadas tarefas em prazo determinado fossem abolidas, seria fazer com que os alunos tivessem de realizar tarefas, testes e exames que exigissem um estudo profundo e respostas individualizadas, seria fazer com que estivessem em uma episteme que não considerasse o conhecimento como uma propriedade privada cujo destino seria sempre se manter privada.

6

Jogar o jogo
O conhecimento nas universidades

Fábulas mentirosas são necessárias para a educação dos cidadãos.

(Averróis, 1966, p.129)

Acredito que, juntamente com a ganância, a quase absoluta predominância e autoridade do reducionismo da visão científica da natureza e do conhecimento seja uma das razões de nossos problemas ambientais e de nossa dificuldade de compreender o que são a vida, a inteligência e a consciência.

(Brier, 1992, p.61)

As regras do universo que pensamos conhecer estão profundamente arraigadas em nossos processos de percepção.

(Bateson, 1979, p.35)

Defino um paradigma como um modelo que apresenta uma lógica fechada. Isso quer dizer que nossas tentativas de fugir de um padrão fechado de pensamento são constantemente derrotadas – pelo mergulho incondicional em nossa própria premissa.

(Beer, 1992, p.1)

Os paradigmas são também normativos, dizendo a quem o executa o que fazer sem a necessidade de longas considerações epistemológicas ou existenciais. Mas é esse aspecto do paradigma que constitui tanto sua força quanto sua fraqueza – sua força naquilo em que torna possível a ação; sua fraqueza naquilo em que a própria razão para a ação está escondida nas hipóteses não-questionadas do paradigma.

(Patton, 1978, p.203)

Com que perfeição nossa mente ao mundo exterior se ajusta – e com que perfeição, também, o mundo exterior se ajusta a ela.

(Wordsworth, 1895, p.755)

INTRODUÇÃO

O conhecimento é um universal do paradigma da universidade. Conforme e universidade muda com a nova episteme, também muda o conhecimento que ela ensina e pesquisa, e a questão fundamental a ser abordada é a da forma que o conhecimento assumirá em uma universidade virtual e global do futuro.

O conhecimento nas universidades forma um sistema de comunicação e, por isso, tem dimensões paradigmáticas e sintagmáticas. Nas universidades teosóficas, há apenas o paradigma do conhecimento, mas na universidade moderna o conhecimento assume forma paradigmática no nível das diferentes disciplinas que são ensinadas. Os diplomas universitários certificam que seus detentores são proficientes na aplicação de um paradigma do conhecimento. A comunidade a que a universidade serve propicia um campo de prática para os profissionais. Consideramos o conhecimento como a totalidade da interação entre sua literatura, seus artefatos, sua base de dados, as organizações que o utilizam e todos os envolvidos no processo: professores, aprendizes, praticantes desse conhecimento e as pessoas que são atendidas por eles. Nesse sentido, tem características de um sistema de comunicação auto-organizado.

Este capítulo tratará das mudanças que ocorrem no conhecimento que vem da internet, o qual está disponibilizando o conhecimento profissional para além das fronteiras da universidade e assumindo muitas das funções de uma biblioteca universitária. As mudanças futuras na natureza do conhecimento residem na compreensão da maneira pela qual o conhecimento é percebido. Duas tecnologias que permitem isso são os sistemas de conhecimento multilíngüe e os modelos de fenômenos tridimensionais e variáveis com o tempo nos campos de coação da HiperRealidade. Uma questão fundamental que as universidades precisarão abordar é a comercialização do conhecimento.

O QUE É O CONHECIMENTO EM UMA UNIVERSIDADE?

Se há alguma coisa que associamos com a universidade, é o conhecimento. Considera-se que a função de uma universidade seja a criação, o armazenamento e a disseminação do conhecimento. O aluno de hoje, como cliente, considera o conhecimento aquilo que a universidade tem a vender, e os administradores da universidade buscam maneiras de bancá-lo. Os consultores da área administrativa conceituam a universidade como "fornecedores de conhecimento". O vice-reitor da Universidade de Columbia, a qual ostenta que seus ba-charéis ganharam mais Nobéis do que qualquer outra universidade, afirma que "a universidade cria, transfere, agrega, integra e trabalha o conhecimento". Ele considera que a universidade assume uma "abordagem de conhecimento capitalista", que redunda em "juntar o capital de conhecimento de Columbia com o de outros empreendimentos criadores de conhecimento" (http://www.columbia.edu/cu/osi/DeansDay/DDknowledge_univ.htm).

Ainda assim, se alguém for à universidade procurando o conhecimento, talvez seja recebido com perplexidade. Será que o conhecimento é aquilo que está na biblioteca, em um departamento, em um curso ou na cabeça de um acadêmico? O conhecimento reside em todos esses lugares, mas na universidade moderna não estamos acostumados a pensar no conhecimento como uma entidade isolada, mas em termos de uma disciplina ou curso, como ciências, matemática ou antropologia. Quando a ciência derrubou o conhecimento teológico da universidade medieval, não houve tentativa de reagrupá-lo novamente na universidade moderna. Se alguém tentasse fazer isso hoje, perceberia que as peças não se encaixariam. Não existe mais um universo de conhecimento como o termo "universidade" pode fazer com que se infira. O conhecimento na universidade moderna encontra-se em diferentes paradigmas disciplinares, que coexistem na mesma universidade sem que conversem entre si.

O conhecimento não só foi subdividido em uma multiplicidade de disciplinas, mas também o modo pelo qual essas disciplinas são vistas varia de universidade para universidade, de país para país e de língua para língua. Enquanto as universidades medievais da Europa tinham no latim sua língua comum, as universidades modernas usam a língua escrita do país em que estão. Qualquer pessoa que tenha estudado em mais de uma língua, porém, intuitivamente reconhecerá que há alguma verdade na hipótese de Saphir Whorf (1956), também conhecida como a teoria da relatividade lingüística, segundo a qual o modo como pensamos depende da língua em que pensamos. Os paradigmas de conhecimento em antropologia, sociologia, filosofia e educação são os mesmos em línguas diferentes? As ciências serão as mesmas?

As línguas utilizadas pelas universidades continuam a multiplicar-se. Não só toda nação quer que a universidade funcione na língua local, mas toda cultura quer que sua universidade funcione na sua língua. Até na mesma universidade, com a mesma língua, entre pessoas que dividem a mesma sala, podemos encontrar algum tema que é abordado de perspectivas diferentes nos diferentes discursos de diferentes disciplinas. Se, por exemplo, os alunos estivessem buscando conhecimento sobre o impacto da tecnologia da informação sobre as comunicações – uma disciplina que é pelo menos tão fundamental para a sociedade da informação quanto a engenharia foi para a sociedade industrial –, então encontrariam cursos sobre o assunto em departamentos de estudos de comunicação, ciência da informação, tecnologia da informação, gerenciamento da informação, ciência da computação, ciência cognitiva, comunicação em administração, estudos de *mass media*, lingüística, sociologia, ou cursos com "e" como prefixo, tais como *e-commerce* ou *e-learning*, etc., e o que eles aprenderiam em cada um dos casos seria algo diferente e, possivelmente, bastante contraditório.

Figura 6.1 "Margarita Philosophica", de Gregorius Reisch, impresso por Sebastian Henricpetri, Basiléia, 1583 (cortesia de Anders Piltz e Blackwell Publishing, Oxford 1981, p.16). É uma mostra de como o conhecimento era visto na Europa ao final do século XVI. A figura da Gramática passa o alfabeto ao menino e, com a outra mão, segura a chave da casa do conhecimento. No térreo da casa, as pessoas aprendem gramática. Os andares acima são ocupados por uma hierarquia de disciplinas representadas por suas figuras fundadoras. Pitágoras está na torre, mas é associado à música, e é Euclides, na próxima janela, que é lembrado pela geometria. No topo, vemos Peter Lombard fazendo a ligação entre metafísica e teologia. Suas "Sententiae" (Sentenças), escritas no século XII, explicavam a relação entre fé e conhecimento, e foram, com a Bíblia, um texto básico de teologia até o século XVI (Piltz, 1981, p.16). Deve ter sido um fator importante para a manutenção do paradigma de conhecimento medieval. Será que podemos imaginar algum texto moderno que ainda estará em uso em 2400?

O espírito pós-moderno da virada do milênio considera virtuoso o conhecimento múltiplo sobre o mesmo tema (Lyotard, 1984). O construtivismo defende a idéia de que o conhecimento é individual (Burleson, 1989). De acordo com o que Boulding (1958, p.4) escreveu há meio século:

> *A comunicação entre as disciplinas se torna cada vez mais difícil e a república da aprendizagem está se subdividindo em subculturas isoladas separadas por tênues linhas de comunicação... perguntamo-nos se a ciência se reduzirá à produção de eremitas presos entre quatro paredes, cada um resmungando para si próprio palavras em uma língua que ninguém mais entende.*

A crescente fragmentação e falta de consenso no que diz respeito ao que constitui o conhecimento cria um contexto para o caos. Se uma língua significa todas as coisas para todas as pessoas, trata-se de fala incompreensível. Se o conhecimento é qualquer coisa que o indivíduo pense ser, então não há um paradigma, e de nenhuma forma as pessoas podem comunicar-se e cooperar para a sua aplicação. Se o conhecimento for um paradigma que varia de acordo com a disciplina estudada, então sua aplicação mais ampla na sociedade será tão confusa quanto deixar que pessoas que joguem futebol de acordo com regras diferentes participem de um mesmo jogo. Se o conhecimento for um paradigma que varia de acordo com o país ou a cultura, então as questões globais só podem ser abordadas a partir da perspectiva desse país ou dessa cultura.

"A verdade é a busca pela verdade" (Tehranian, 1999). A ciência ainda busca uma teoria para todas as coisas, e uma tarefa fundamental para a universidade virtual e global do futuro deve ser a de buscar fazer um novo conhecimento, muito embora a busca possa ser em vão ou, se bem-sucedida, destinada a tornar-se outro fracasso. O Capítulo 8 se volta à abordagem de um currículo unificado.

O CONHECIMENTO É PARADIGMÁTICO

Bert Shaw aprendeu, quando menino, em 1896, o ofício de misturar tintas. O conhecimento de como misturar as cores foram passadas a ele por artesãos mais velhos. Shaw trabalhou na mesma companhia durante 55 anos, viu-a crescer e seu emprego mudar. Quando se aposentou, a empresa havia comprado fórmulas químicas para um vasto número de cores e não precisava mais do serviço dele. Ou pelo menos foi o que ela pensou. A combinação de cores é virtualmente infinita, assim como as demandas dos clientes, e os estampadores encontravam de tempos em tempos um bom contrato, dependente do fato de produzirem uma cor que somente o velho Bert Shaw sabia como misturar. Ele tinha uma boa memória e sentia-se ressentido por estar aposentado. Shaw não contava a ninguém o que sabia sobre as cores, até que o diretor da empresa pediu pessoalmente a ele. Shaw nunca cobrava para mostrar como misturar uma cor, pois, dizia, ninguém havia cobrado dele pelo conhecimento. Não considerava uma coisa de que ele fosse dono. Era o conhecimento que havia vagarosamente se acumulado ao longo dos séculos a partir da experiência prática de artesãos que o passaram secretamente, demonstrando como fazer. Ficamos nos perguntando sobre o quanto os donos da empresa ganharam com o conhecimento que obtiveram de Shaw, mas ele sorria e dizia que tudo o que tinham conseguido era uma fórmula para uma cor. Nos termos que estamos usando, Shaw deu a eles um sintagma, não o paradigma. Quando Bert Shaw morreu, o paradigma de conhecimento da mistura de cores que ele conhecia se extinguiu.

O tipo de conhecimento de Bert Shaw não é exatamente o que temos em mente quando pensamos nos paradigmas de conhecimento das universidades. O conhecimento não-verbal tácito, o tipo de conhecimento que está engastado na domesticação de plantas e animais, nas plantações e nas práticas da horticultura, na cerâmica e no entalhe teve de ser traduzido à linguagem escrita ou matemática para tornar-se conhecimento no sentido universitário do termo. Mais tarde, neste capítulo, trataremos das mudanças que estão ocorrendo no conhecimento da universidade e na maneira pela qual os paradigmas de conhecimento não-verbal estão sendo digitados, mas, por enquanto, trataremos do conhecimento universitário como algo que está essencialmente em linguagem escrita e matemática.

Em sua aplicação sintagmática, o conhecimento na universidade normalmente se explicita na escrita, na notação matemática ou no discurso. Dessa forma, tal como a informação, pode ser armazenado, transmitido, processado e reconhecido como mercadoria. Na abstração paradigmática, conceitos, generalizações, teorias e crenças de conhecimento que são comuns a seus praticantes são também codificados em linguagem.

A lingüística reconhece uma hierarquia paradigmática na linguagem: as palavras escritas são uma expressão sintagmática de um paradigma do alfabeto e as frases são sintagmas do paradigma de uma língua. O conhecimento universitário é outra ordem de organização sintagmático-paradigmática acima da linguagem, em que os elementos do paradigma são sistemas de significado (Halliday, 1989). Estes, nós consideraríamos como algo que se referisse às estruturas teóricas do conhecimento universitário. Como a relação entre o alfabeto e a linguagem, há uma relação entre o paradigma formado por uma teoria individual e o paradigma de uma disciplina constituída por um número de teorias relacionadas. A aplicação sintagmática dos elementos do paradigma de conhecimento de uma disciplina, isto é, sua práxis, seria então governada pela seleção de teorias de acordo com a sintaxe de uma disciplina, aplicando as idéias internas das teorias de acordo com a sintaxe da teoria em linguagem adequada.

Stephen Littlejohn durante mais de um quarto de século buscou nas edições de *Theories of human communication* descrever a disciplina de estudos da comunicação a partir de uma compilação das teorias envolvidas. Trata-se de um extraordinário autor de paradigma. Seu livro é amplamente usado nas universidades, em cursos de estudos da comunicação. Para um grande número de alunos é a introdução ao paradigma. Há sete edições. Cada uma é uma tentativa iterativa de tornar o paradigma mais sistêmico, refletindo quais teorias estão de fato sendo ensinadas e quais não estão, quais estão na moda e quais não estão. Como ele afirma a cada edição, consulta extensivamente as pessoas que estão ensinando a disciplina nas universidades. Em uma disciplina que carece de qualquer teoria nuclear e que é pouco mais do que uma associação frouxa de muitas teorias, ele tem agido como um catalisador por resumir em uma estrutura coerente o que muitas pessoas pensam ser esse núcleo. Littlejohn (1992, p.11) escreveu que

> *de certa forma uma maneira de conhecer é como um jogo. É selecionada porque se acredita que seja a mais adequada à luz do problema que se aborda. Vem com um conjunto de regras que se deve obrigatoriamente adotar durante o desenrolar do jogo. Quando se joga o jogo do conhecimento, o erudito em geral não questiona as hipóteses ou regras, embora em outras ocasiões essas hipóteses e regras possam ser debatidas amplamente.*

O conhecimento torna-se sintagmático quando é aplicado e explicitado em palavras e em ações. Se isso implica a ação cooperativa entre as pessoas, como na cirurgia, então é preciso que haja um acordo quanto aos componentes desse conhecimento, sua sintaxe, seu propósito e sua estrutura teórica. Isso quer dizer que deve haver uma comunidade de pessoas que "conhecem" o paradigma e "sabem como" aplicá-lo sintagmaticamente. Esse grupo de profissionais de um paradigma de conhecimento constitui uma rede de comunicações quando usa o paradigma de maneira comum. Os corpos de conhecimento paradigmático ensinados nas universidades como disciplinas ou matérias são mantidos por essas redes. Em um nível, elas consistem em *links* organizacionais entre departamentos de uma universidade, associações e sociedades profissionais, bibliotecas, editoras, corporações, fundações e instituições de pesquisa que estejam engajadas no mesmo campo disciplinar, compartilhando de um interesse comum pela manutenção da disciplina e de seus padrões. Em outro nível, há os *links* universitários e de trabalho entre os indivíduos dessas organizações que pensam em si próprios como profissionais da mesma área. A rede também existe na literatura do paradigma de conhecimento no modo em que os autores se aproximam intertextualmente ao citarem-se mutuamente e nos processos de seleção de publicações, o que garante que novos textos estejam engastados na rede referencial da disciplina. É o resumo das interações internas de cada indivíduo, das interações dos indivíduos entre si, das organizações e da literatura derivada de um paradigma de conhecimento particular que constitui o conhecimento de nossa episteme. Quais são então essas interações?

O CONHECIMENTO DA DISCIPLINA COMO SISTEMA DE AUTO-ORGANIZAÇÃO

As disciplinas há muito estabelecidas no conhecimento da universidade, tais como direito, medicina e filosofia, excedem em muito as pessoas e as organizações que as professam. Essas disciplinas têm uma existência autônoma e independente das pessoas que com elas se envolvem, se renovam dinamicamente por conta própria e manifestam características de um sistema auto-organizado. A chave para essa existência parece residir no modo que a dimensão paradigmática é continuamente informada e mudada pelo *feedback* de suas expressões sintagmáticas.

Para explicar isso, imagine um paradigma de conhecimento universitário, como medicina, direito ou educação como um edifício de muitos andares como o da Figura 6.2. A torre do relógio representa as ocasiões especiais, como as conferências em que todos os profissionais e todas as organizações profissionais unem-se para se voltarem a um tom fundamental e para interagir intensamente sobre novas questões que confrontam o paradigma. Tais ocasiões motivam e fornecem o sentido de identidade, renovação, propósito e dedicação que mantêm o paradigma. A torre é considerada como algo sustentado, de um lado, por organizações preocupadas com a manutenção do paradigma do conhecimento (bibliotecas, editoras, instituições de pesquisa e associações profissionais) e, de outro, por organizações preocupadas com a aplicação sintagmática do conhecimento (na medicina, seriam os hospitais, as autoridades de saúde, as corporações de biotecnologia e as companhias de seguros de saúde). O departamento universitário ou corpo docente que trate do paradigma do conhecimento teria uma localização central no prédio. Os degraus que levam ao edifício são ocupados pelas pessoas que vão à universidade para aprender a se tornarem profissionais e, como tais, dali saírem com o intuito de lidar com os problemas da vida real a que o paradigma do conhecimento se volta. Outras ficam no edifício para ensinar, pesquisar e prestarem serviços de apoio.

O conhecimento em sua forma explícita existe nas bibliotecas, na literatura, na documentação de estudos de caso, nos relatórios, nos arquivos e nas bases de dados das organizações e dos indivíduos. O conhecimento implícito existe nos cérebros dos indivíduos que fazem a organização funcionar e praticar o conhecimento. O conhecimento como um sistema de comunicação organizador existe na interação cibernética que ocorre entre todos os componentes do edifício do conhecimento de uma disciplina da universidade.

Figura 6.2 O edifício do conhecimento. Para conceitualizar o conhecimento, retornamos à metáfora medieval de um prédio, embora este tenha, hoje, se tornado um edifício corporativo um tanto quanto grande, localizado no centro de uma metrópole moderna que abriga a comunidade onde se pratica o conhecimento. A cidade é vista como estando cercada pela realidade física dos problemas a que o conhecimento se volta.

Se admitirmos que todo individuo tem seu conhecimento próprio de uma disciplina devido à maneira que ele a aborda à luz da experiência e de sua constituição genética, então reconhecemos que embora aplique um paradigma a um sintagma de acordo com a semântica e a sintaxe do paradigma, ele o faz de seu jeito. Ao aplicarem o conhecimento a problemas da vida real, os profissionais recebem um *feedback* positivo ou negativo, o qual afeta a maneira com que lidarão com problemas similares no futuro. Se trabalham em uma equipe ou para uma organização, também recebem, e dão, *feedback* a essa equipe ou organização. O *feedback* em sistemas complexos é fractal e opera individual, grupal e organizacionalmente e no nível do edifício do conhecimento como um todo.

A cidade onde se ergue o edifício do conhecimento da Figura 6.2 representa a comunidade em que uma disciplina do conhecimento se localiza. Abriga as pessoas em quem o paradigma é praticado; elas são os pacientes, as audiências e os clientes. São consumidores do conhecimento da disciplina. Como a multidão em um jogo de futebol ou a audiência de uma peça, as pessoas da comunidade se tornam pseudo-especialistas nesse conhecimento, sendo, como se diz, para-paradigmáticos. Como tal, também oferecem *feedback* ao edifício do conhecimento. Os médicos da nação, os professores e advogados estão fazendo um trabalho satisfatório? Os indivíduos reclamam, a mídia expressa suas opiniões, questões são feitas aos governos, funcionários públicos fazem investigações, associações de profissionais e acadêmicos expressam suas visões por meio de conferências e, nas eleições, os políticos prometem mudanças. Toda vez que um profissional sintagmaticamente aplica o paradigma do conhecimento, por menor que ele seja na grande escala das coisas, o *feedback* é filtrado para o sistema de conhecimento e, mesmo que levemente, modifica o paradigma. Por outro lado, a teoria do caos veria um incidente qualquer no limite do paradigma (pense em um médico que ajuda um paciente a morrer em um país onde a eutanásia é ilegal) como algo que provoca uma reação maciça na imprensa com o potencial de trazer mudanças significativas nesse paradigma.

Finalmente passamos aos objetos naturais na linha de frente da Figura 6.2, a base sobre a qual a comunidade e todos os edifícios do conhecimento se erguem; a realidade física que nada sabe de linguagem ou de paradigmas. Dessa realidade vem o *feedback* que não tem viés cultural ou político nem conhecimento de procedimentos estatísticos. A terra fica mais quente ou mais fria. As espécies se extinguem ou sobrevivem. As guerras e a paz acontecem. Independentemente do quanto o *feedback* na comunidade de profissionais e na comunidade em quem esse conhecimento é praticado otimiza um paradigma do conhecimento (pense nos milhões de pessoas que rezam para deuses diferentes buscando respostas para seus problemas), é o *feedback* da realidade física que em última instância expõe os paradoxos de um paradigma.

Até agora estivemos preocupados com a interação cibernética de primeira ordem nos paradigmas do conhecimento. Agora nos voltaremos à cibernética de segunda ordem, também chamada de "cibernética da cibernética". Um dos fundadores desse paradigma do conhecimento em especial, Heinz von Foerster (1990, p.1), comparou-o a "olhar o próprio olhar". A partir da perspectiva deste capítulo ele poderia ser comparado ao conhecimento do próprio conhecimento. É a interação no conhecimento que ocorre a partir da observação da aplicação do conhecimento. A cibernética de primeira ordem ocorre quando um médico ou engenheiro ou jornalista aplica o conhecimento que aprendeu na universidade e usa o *feedback* para verificar a eficácia que teve na melhora de seu desempenho. A cibernética de segunda ordem é quando se questiona o próprio conhecimento. É a circularidade da interação pela qual estudar o que se conhece muda o que se conhece. O ato de simplesmente ler uma frase de um texto sobre determinado tema ou ouvir a argumentação de um profissional conhecido é, de alguma forma, modificar o tema. Isso quer dizer que, simplesmente por ser parte do edifício do conhecimento, uma pessoa muda o edifício do conhecimento. Mesmo que um profissional de uma área do conhecimento não mude seu pensamento sobre uma disciplina, o fato de que ele não tenha mudado afeta a relação com seus colegas profissionais. Heráclito disse: "o rio em que você coloca seus pés agora já não é o mesmo" (Haxton 2001, p.27). Poderíamos, da mesma forma, dizer que nunca participamos do mesmo paradigma do conhecimento duas vezes. É da natureza especial do paradigma de conhecimento de uma universidade induzir a habilidade de entrelaçar as cibernéticas de primeira e de segunda ordens no indivíduo. Jogar o jogo e pensar por que o jogamos.

AS BIBLIOTECAS UNIVERSITÁRIAS E O CONHECIMENTO EXPLÍCITO NA INTERNET

Já tratamos do paradigma do conhecimento de acordo com o modo por que ele é conhecido nas universidades, como um conjunto de interações cibernéticas amorfas entre as pessoas e as instituições envolvidas na profissão relativa à determinada matéria. Ele tem atributos de linguagem e de jogos e parece ter uma vida própria. Existe no abstrato e em suas aplicações, mas principalmente em livros. Esses têm sido tradicionalmente os tijolos dos edifícios do conhecimento universitário porque é, em última análise, conhecimento escrito. O acesso ao conhecimento de certa forma se tornou mais fácil hoje.

Os textos publicados guardam o conhecimento contra o fluxo do tempo e dão continuidade a esse conhecimento. Richard Dawkins (1976) sugeriu que as idéias (que ele chamava de "memes") têm qualidades como genes que as levam a ser reproduzidas repetidamente. Michael Pollan (2001) aponta que as macieiras, como os humanos, não reproduzem fielmente a semente. Toda a semente em toda a maçã de uma macieira produziria uma macieira diferente cujas maçãs também seriam diferentes. Há 4 mil anos, os chineses aprenderam a clonar as árvores, transplantando-as. Foi então possível produzir de maneira persistente maçãs saborosas. Quando copiamos um texto, nós o clonamos. A invenção da imprensa permitiu que o conhecimento fosse clonado como as macieiras. Hoje, os leitores e os editores decidem qual conhecimento merece passar pelo processo de clonagem.

Figura 6.3 Biblioteca da Universidade de Leiden há 400 anos (cortesia da Biblioteca da Universidade de Leiden, Collectie Bodel Nijenhuis). Uma contagem rápida indica que há menos do que mil livros. Hoje, a mesma biblioteca tem 2,7 milhões de livros. O conhecimento se dividia em sete disciplinas, sendo a teologia a mais ampla. Compare esse fato à diversidade de disciplinas encontradas na biblioteca de uma universidade moderna e o lugar relativo da teologia nela. Bibliotecas como essa eram comuns e refletiam o valor que os livros tinham, sugerindo que a captura do conhecimento não é algo novo. Para estudarem, os alunos tinham de ir até a biblioteca e ficar em pé, o que desestimulava que permanecessem ali por muito tempo. O acesso ao conhecimento tornou-se mais fácil.

Pollan, contudo, também argumenta que há um perigo em se clonar apenas as melhores macieiras. Perdemos a diversidade que permitiu que as maçãs se proliferassem e sobrevivessem em muitos ambientes diferentes. Da mesma forma, o conhecimento precisa de um equilíbrio entre a seleção e a padronização, possibilitando uma diversidade inovadora. As universidades tradicionalmente ofereciam esse equilíbrio na interação do conhecimento domesticado dos textos clonados com as idéias que podem surgir espontaneamente nas conversas nos *campi*. Hoje a internet apresenta uma nova espécie de diversidade.

O armazenamento do conhecimento em uma biblioteca de universidade se associa de maneira muito próxima ao papel tradicional da universidade como guardiã do conhecimento. Umberto Eco (1983), em *O nome da rosa*, descreve uma universidade medieval com uma biblioteca secreta dentro de uma biblioteca maior, guardada por monges fanáticos que são preparados para matar pelo conhecimento que ela continha. O Rei James I, da Inglaterra, ao visitar a Biblioteca Bodleian em Oxford chegou a dizer que "se eu fosse um prisioneiro, e tivesse direito a um desejo, gostaria de ficar aqui nesta biblioteca, junto com tantos bons autores" (Burton, 1913, p.105).

A grande Biblioteca de Alexandria buscava ter uma cópia de tudo o que foi escrito, ser um verdadeiro universo de conhecimento. As bibliotecas universitárias na Idade Média buscavam refletir um conhecimento abrangente. Contudo, durante os últimos 50 anos, tem havido uma expansão tão extraordinária do conhecimento que mesmo as bibliotecas dos países desenvolvidos não podem manter o ritmo. Nas universidades de países como Bolívia e Filipinas, ainda se formam filas para usar coleções limitadas de livros remendados com fita adesiva.

Agora temos a World Wide Web. A maior biblioteca que já se conheceu está disponível para qualquer pessoa que tenha acesso à internet. Nos primeiros dias da web, ela era considerada como algo que tinha o potencial de ser uma superbiblioteca, disponível a qualquer um, a qualquer momento e em qualquer lugar. Foi assumindo a tarefa de disseminar o conhecimento que as bibliotecas públicas começaram. Nesse espírito, alguns *sites* maravilhosos como o Principia Cybernetica se desenvolveram para buscar organizar e universalizar o conhecimento em uma maneira que lembra a do movimento dos enciclopedistas do Iluminismo. A web tem o potencial de resolver os problemas das bibliotecas das universidades nos países em desenvolvimento e também nos desenvolvidos. Contudo, como observamos no Capítulo 2, a web desenvolveu seus próprios problemas. Ela nunca foi especificamente projetada para ser uma biblioteca universitária e cresceu tanto e de maneira tão indiscriminada que fazer buscas e avaliar o que nela se encontra se tornou bem mais difícil. A web começou a refletir a fragmentação caótica do conhecimento contemporâneo. Tornou-se um grande depósito de texto que coloca o conhecimento e a sabedoria lado a lado com dados e informações, e responde a uma busca oferecendo a um aluno de quarta série exercícios juntamente com obras de Platão. E isso é apenas o começo. A internet acumula imagens e sons e, à medida que a banda larga se populariza, poderá tornar-se um local em que as imagens aparecerão e desaparecerão como se fossem "pichações" feitas com filmes e simulacros tridimensionais.

A abrangência do conhecimento depende de organização paradigmática. Einstein (1982, p.292) argumentava que ela implicava "a produção de alguma espécie de ordem entre as impressões dos sentidos, sendo essa ordem produzida pela criação de conceitos gerais, relações entre esses conceitos e por relações definidas de algum tipo entre os conceitos e a experiência sensorial", citando Immanuel Kant como responsável por perceber que a postulação do mundo real seria absurda sem essa abrangência. Como estruturamos a automanutenção da organização paradigmática na internet? Muitas universidades já permitiram que departamentos ou faculdades desenvolvessem bibliotecas ou que se especializassem em determinado paradigma de conhecimento. Isso tem como paralelo a Web, onde *sites* voltados a determinado paradigma do conhecimento estão surgindo. Eles oferecem uma cobertura abrangente de revistas científicas e de textos profissionais, possibilitando também espaços para *chats* e questões de interesse de alunos e professores da área. Cada vez mais, contudo, isso tem um custo e continua a estimular a separação dos paradigmas do conhecimento.

Na preparação de aulas, os professores buscam destilar a essência de uma área do conhecimento e adaptá-la para a apresentação que realizarão. Eles preparam notas, folhas avulsas para os alunos, recursos audiovisuais, guias de estudo e livros de exercícios. Esses itens explicam o conhecimento dos textos publicados à luz da experiência do próprio professor e são vistos, pelos alunos, como destaques dos aspectos nos quais eles serão testados e, pelos professores, como sua versão, livre de *copyright*, para o material estudado. O processo é pelo menos tão antigo quanto o da universidade medieval (Piltz, 1981). Porém, pode estar prestes a mudar. A equipe acadêmica está hoje sendo estimulada a incorporar seus materiais de ensino nas infra-estruturas integradas da web que suas universidades estão construindo ou comprando. Discute-se ainda se os materiais e conteúdos de ensino, quando estão no servidor de uma universidade, permanecem como propriedade dos professores.

O CONHECIMENTO MULTILÍNGÜE E A INTERNET

Nos primeiros tempos da internet, um programa de pesquisa de ação buscou usar o novo meio para aconselhar uma comunidade de produtores de gado leiteiro sobre melhores práticas de trabalho. Esse programa seguia o padrão tradicional de desenvolvimento de comunicação a partir da hipótese de que o conhecimento era algo que os especialistas treinados em universidade detinham e de que os produtores precisavam. Enquanto esses papéis se mantiveram, o projeto teve pouco sucesso. Em 1992, Noel Bridgeman reorganizou os projetos pelo desenvolvimento de uma comunidade *on-line* de pessoas que lidavam com a produção de leite, em que o conhecimento fluía em qualquer direção que se quisesse. Logo se tornou claro que os produtores de leite tinham um conhecimento especializado singular, oriundo da sua interação com a realidade física do lugar em que trabalhavam e do conhecimento popular adquirido ao longo do tempo. Os acadêmicos descobriram que eram também alunos, e não somente professores. Um novo tipo de dinâmica estava se desenvolvendo na interação dos profissionais do conhecimento e dos profissionais da prática. Porém, havia outro aspecto. Produtores de leite e acadêmicos de todo o mundo, a partir do momento em que navegavam na web, tomaram conhecimento do grupo e passaram a participar da interação. O conhecimento foi espalhado entre diferentes países e o *site* (www.grazel.taranaki.ac.nz) se tornou global (Bridgeman, 1997). Mas só para quem sabia ler em inglês.

Durante os últimos 50 anos, o inglês tornou-se a língua da globalização. É a língua dominante da mídia, das comunicações, do comércio, da educação e da pesquisa. De longe, a maior parte do conhecimento alfanumérico mundial está em inglês. David Crystal (1997) salienta que o fato não é que simplesmente um terço da população mundial use o inglês de alguma forma, mas que esta seja a língua do país mais poderoso. Há uma relação íntima entre conhecimento, poder e universidades. O grego era a língua de Alexandre, o Grande, e de Platão. O latim era a língua do Império Romano e também das universidades medievais. O árabe era a língua do Alcorão e, portanto, das universidades estabelecidas com a expansão islâmica.

Hoje, cursos sérios de pós-graduação em quase qualquer país precisam dominar o inglês escrito. O avanço das universidades no mundo inteiro depende das publicações, e elas são mais valorizadas se forem internacionais, o que implica que estejam em inglês. As universidades que ensinam em línguas que não têm tradição de pesquisa traduzem ou adaptam textos de língua inglesa. Ensinar o inglês como segunda língua se tornou um dos principais aspectos da nova realidade do ensino. Os alunos de países que não falam inglês, em massa, buscam estudar naqueles que falam.

O conhecimento pode ter uma aplicação e uma utilidade amplas por estar em inglês e, obviamente, os profissionais querem aprender como aplicar o conhecimento na língua hegemônica. Mas o conhecimento é intrinsecamente melhor somente por estar em inglês? O conhecimento depende da língua e é diferente quando expresso em diversas línguas? Há universais em um paradigma de conhecimento que são independentes da língua? Se há, poderiam ser expressos igualmente em línguas diferentes? Estas são questões de pesquisa fundamentais para uma universidade do futuro. Se quisermos pensar em termos de sociedades globais, de universidades virtuais e globais e de globalização do conhecimento, deveria ser possível para os produtores de leite e especialistas em agricultura de qualquer língua acessarem o *site* de Bridgeman.

De certa maneira, as universidades sempre foram poliglotas. As universidades medievais da Europa lutaram incessantemente por ser monolíngües e chegavam até a empregar espiões para apanhar alunos que estivessem falando em outra língua que não o latim (Patterson, 1997). Até a Segunda Guerra, muitas universidades européias ainda exigiam que os alunos tivessem uma qualificação em latim ou grego, e muitas sustentavam a idéia de que os alunos de pós-graduação devessem ter uma segunda língua de relevância para sua área de pesquisa. Um plano de estudos bem-acabado em muitos países tradicionalmente implicava a fluência em mais do que uma língua. O que estamos observando em abordagens multilíngües do conhecimento, contudo, é algo que se relaciona à maneira que os *sites* oportunizam que alguém selecione uma língua para interagir, ou respondam a quem lhes escreveu na língua de quem enviou a mensagem. Os *sites* corporativos e institucionais se apresentam como um conjunto de conhecimento paradigmático sobre o que são, o que fazem, como fazem, o que consideram ser a finalidade de seu trabalho e quais são suas regras e normas – e o fazem em diferentes línguas. Quando corporações, organizações e instituições globais se apresentarem em várias línguas na internet, será hora de termos uma universidade que possa apresentar o conhecimento em vários idiomas.

Nos laboratórios da Advanced Telecommunications Research (ATR), no Japão, um grupo de pesquisa trabalha para tornar possível a pessoas que falam diferentes línguas conversarem com uma agência de viagens sobre a reserva de um quarto de hotel. Os mesmos princípios básicos tornam possível aquele tipo de aula multilíngüe que foi descrito no Capítulo 4 para o ensino do teorema de Pitágoras.

O CONHECIMENTO NOS CAMPOS DE COAÇÃO

A HiperRealidade ocorre em campos de coação onde objetos e pessoas provenientes da realidade física, da realidade virtual, da inteligência humana e da artificial podem interagir na aplicação de um domínio específico de conhecimento. Como um campo de futebol, uma cirurgia realizada por um médico, ou uma sala de aula, é um espaço para as expressões sintagmáticas de um paradigma. Será possível com a HiperRealidade ter HiperJogos, HiperCirurgias e HiperAulas, em que as pessoas podem ser reais ou virtuais, derivadas da inteligência artificial ou da humana, sendo capazes de interagir falando diferentes línguas (Tiffin, 2001; Terashima, 2001).

Aprender a aplicar o conhecimento geográfico, o conhecimento médico, ou o conhecimento de como se deve dirigir um carro, aos problemas apresentados sob forma alfanumérica ou diagramática no quadro-negro da sala de aula é algo muito limitador. As histórias das conseqüências disso são lendárias: alunos que respondem a uma questão de múltipla escolha sobre o que é um vulcão, mas que não sabem que sua escola está localizada sobre um aclive de um vulcão; alunos de medicina que sabem escrever um ensaio sobre uma doença, mas que não sabem reconhecer seus sintomas nos pacientes; pessoas que logo depois de passar no teste de direção não observam uma regra para a qual acabaram de dar uma resposta certa no teste escrito. Esse é o problema da transferência da aprendizagem da sala de aula para as situações da vida real. É um problema raramente abordado por causa do modo pelo qual o conhecimento aprendido em sala de aula é testado na própria sala de aula. As soluções para os problemas são examinadas no modo em que foram aprendidas, alfanumericamente. Isso é muito diferente de testar a aplicação do conhecimento em situações da vida real.

A HiperAula apresenta uma nova dimensão para a educação, justapondo diretamente o conhecimento com os problemas que têm um referente na realidade física. Não é fácil levar alguém que vive na Grã-Bretanha a uma saída de campo até um vulcão e assegurar-lhe que se pode, com segurança, ver o vulcão entrar em erupção. É difícil apresentar pacientes delirantes com malária a alunos de medicina do Japão, onde a possibilidade de se encontrar pacientes com malária é remota. A maior parte das escolas de direção ensina de acordo com a realidade das ruas e estradas em que o aluno provavelmente será testado, mas o fazem em condições de segurança, tentando evitar as terríveis condições que um dia o aprendiz terá de enfrentar no trânsito. A HiperRealidade pode levar a turma até um vulcão ativo, ao leito de um paciente delirante ou a uma situação difícil no trânsito. Ao mesmo tempo, pode abrir uma janela para aquele conhecimento fundamental que os alunos devem ter em mente quando estudam um problema e tentam resolvê-lo.

Os meios para fazer isso tudo residem na aplicação da capacidade... de desenvolver uma realidade virtual tridimensional a partir de imagens obtidas por câmeras, que permitirão o desenvolvimento de simulacros virtuais de estudos de caso relativos a determinado problema. A erupção de um vulcão pode ser gravada por várias câmeras posicionadas em locais diferentes, que podem ser combinadas e convertidas em um simulacro de realidade virtual de um vulcão entrando em erupção. Os alunos de medicina na América do Norte poderiam acompanhar um médico na África em suas visitas à ala destinada aos pacientes que sofrem de malária. As observações desses pacientes poderiam ser relacionadas ao atlas humano de quatro dimensões que já encontramos na internet e que permite que vejamos o funcionamento dos órgãos em 3D. Colocar câmeras em regiões perigosas do tráfego é uma prática comum. Essas câmeras poderiam ser usadas para criar bibliotecas de realidade virtual relativas a estudos de caso problemáticos que incluam condições perigosas. Um aprendiz de direção poderia então dirigir um carro virtual em um determinado cruzamento perigoso no qual várias situações diferentes surgiriam.

> *Quando os alunos se deparam com problemas práticos na educação e nos sistemas de treinamento de hoje, sua compreensão do problema está limitada por suas perspectivas de tempo e espaço. Para um ser humano, o vulcão é algo muito grande cuja formação e existência se dão em milhões de anos. Ao contrário, o parasita da malária é pequeno demais para que um ser humano o veja, e seu ciclo de vida é curto. Os motoristas sentem o tamanho e a velocidade de seu carro em relação a outros usuários das vias públicas, mas não podem compreender o modo pelo qual dirigem a partir da perspectiva de outros motoristas e pedestres. Em uma aula de HiperRealidade seria possível ampliar a realidade, intercambiando pontos de vista com outros motoristas ou tendo a visão perspectiva de um helicóptero sobre o trecho que se apresenta como problema. Da mesma forma, seria possível dispor de uma visão aérea de um vulcão, ou de uma visão permanente de satélite para que se pudesse avaliar a extensão da erupção, comprimindo a escala de tempo da história do vulcão para que se pudesse ver como este muda sua forma conforme as erupções. Seria possível comprimir a história de um paciente com malária e comparar sua aparência em diferentes momentos, ou observar em microperspectiva o que ocorre em seu sangue durante o delírio* (Tiffin e Rajasingham, 2001, p.121-2)

A medicina, a geografia e os estudos sobre a área de transportes são temas em que o paradigma de conhecimento está fundado na realidade física. Buscamos explicar esses paradigmas em palavras, porque com palavras foi possível discuti-los de maneira abstrata. O uso de desenhos, fotografias, filmes e casos reais serve para ilustrar, mas não são mais do que exemplos sintagmáticos específicos. Eles podem suplementar a aquisição paradigmática, mas não podem expressar a natureza genérica do assunto abordado. Para isso, precisamos de palavras. O que estamos querendo dizer é que a tecnologia da informação está começando a tornar possível a geração de conhecimento paradigmático, matematicamente, pela agregação de instâncias sintagmáticas reais de um fenômeno.

A língua é o caso clássico de um paradigma e oferece-nos um exemplo de onde o processo está acontecendo. Os dicionários listam os elementos que compõem uma língua, mas desde que existem universidades têm havido professores e livros para explicar a sintaxe, a semântica e a pragmática da maneira pela qual os elementos podem ser combinados e usados. As pessoas buscam escrever e falar de acordo com o paradigma, mas isso não é um processo automático, e elas o mudam e, por conseqüência, mudam o paradigma da linguagem, fazendo com que os dicionários e os textos tenham de ser reescritos. Em uma época de recolher todas as informações possíveis, James Murray elaborou o *Oxford english dictionary* usando uma equipe de leitores dedicados, que incluía até um assassino preso, para registrar todas as palavras da língua inglesa, independentemente do quanto fosse esotérica ou obscura (Winchester, 1998). Em uma época de computadores, John Sinclair (1987) elaborou o *Cobuild english language dictionary* com base nos princípios da lingüística de *corpus*. A lingüística de *corpus* envolve o uso de computadores para registrar, medir e analisar o uso real de linguagem escrita ou transcrita. Na verdade, um paradigma de linguagem baseado diretamente no uso sintagmático pode ser armazenado em um computador. O *input* sintagmático e, portanto, o grande grupo de palavras no qual o paradigma se baseia, é limitado quantitativamente pela tecnologia atual de computadores, mas, na teoria, seria possível pensar em um paradigma de linguagem como ela é usada na internet, o qual estaria mudando infinitamente para refletir o uso real. Isso transforma o ensino da língua da lógica sintática do paradigma tradicional para os padrões de uso real que surgem da lingüística de *corpus*, da língua como deveria ser para a língua como de fato é.

Algo similar está ocorrendo na geografia. Em *The nature of geography*, Richard Hartshorne examinou a maneira pela qual a geografia como um paradigma de conhecimento se baseia nas referências cruzadas dos escritos de seus grandes pensadores europeus e norte-americanos (Hartshorne, 1939). Um exame dos textos a que se faz referência revela que eles também formam uma rede intricada de referências intertextuais. Referindo-se a essa literatura, Hartshorne (1960, p.8), mais tarde, escreveu: "A geografia é o que os geógrafos dela fizeram". Teríamos de observar, então, que a geografia era, portanto, o que os geógrafos norte-americanos, britânicos, franceses e alemães dela fizeram ao escrever sobre essa disciplina. Não era o que os chineses, árabes ou hindus escreveram, ou o que as pessoas que viviam nos lugares que eram objetos de estudo escreveram. Contudo, a geografia não é mais o que Hartshorne e outros geógrafos escreveram. Não é mais um paradigma literário. Está sendo computadorizada. Porém, enquanto as palavras são feitas pelos humanos e são discretas, os elementos estudados em geografia não são. Se uma colina pode ser chamada de montanha ou um rio, de córrego é uma distinção humana que faz deles componentes característicos do paradigma geográfico clássico, e a geografia se desenvolveu por caracterizá-los em termos de sua significação para os humanos. A geografia na universidade moderna tinha a preocupação com jazidas de carvão, poços de petróleo e rotas marítimas porque estes eram os fatores que importavam às nações que apoiavam seus departamentos de geografia.

Hoje, os Sistemas de Informação Geográfica (GIS, na sigla em inglês) expressam as interações espaciais dos fenômenos geográficos sob forma quantitativa como modelos quadridimensionais. Conectados a sistemas telemétricos que medem qualquer coisa, desde o fluxo de um córrego até o fluxo do tráfego, torna-se possível estudar mudanças na paisagem conforme elas ocorrem. Da mesma forma que aconteceu com o *Cobuild dictionary*, torna-se possível criar um modelo para a forma paradigmática dos fenômenos geográficos como algo plástico que muda com o *input* sintagmático. Uma paisagem poderá mostrar a erosão no momento em que ocorre, como aconteceu no passado e como poderia acontecer no futuro com diferentes níveis de precipitação. Enquanto no passado o que era significativo fornecia a base para o estudo de uma paisagem, agora o que é significativo surge do modelo que reflete uma paisagem real ou um componente dela. Pelo fato de o modelo gerado por computador não carregar consigo as conotações e a seletividade da língua, pode ser usado pelas pessoas de diferentes disciplinas e línguas. Um modelo gerado por computador de um ciclone ou de uma onda, baseado na agregação de exemplos sintagmáticos, pode situar geógrafos, meteorologistas, climatologistas, físicos, engenheiros, arquitetos e arquitetos navais nos mesmos fenômenos de uma maneira que os textos escritos não conseguem fazer.

O corpo humano é um mundo mais discreto e aparentemente acessível para os estudos do que a biosfera, e os anatomistas há muito buscam com ilustrações e exemplos expressar isso visualmente, mas o paradigma da anatomia primeiro existiu em palavras. As técnicas, tais como a dissecação de cadáveres e a ressonância magnética, têm sido usadas para desenvolver mapas do corpo humano ou de várias partes dele. O projeto *Visible Human,* da Biblioteca Nacional de Medicina (Estados Unidos), torna possível voar sobre imagens anatômicas tridimensionais, que estão disponíveis na internet (http://www.crd.ge.com/esl/cgsp/projects/vm). O projeto *Vesalius* da Universidade de Columbia usa os dados do projeto *Visible Human* para desenvolver modelos anatômicos que podem ser manipulados em tempo real (http://www.hoise.com/vmw/01/articles/vmw/LV-VM-05.01-5html). Técnicas cirúrgicas podem ser praticadas em pessoas virtuais, e se tornou possível estudar as estruturas subjacentes do corpo humano e suas inter-relações, bem como o modo como funcionam, por meio de diferentes imagens obtidas à medida que o corpo envelhece.

Atualmente os mapas do corpo humano têm como base a dissecação de cadáveres individuais. Isso colabora para a formação de um paradigma baseado em um sintagma só, mas será com o tempo possível gerar representações genéricas de humanos a partir de uma base mais ampla de corpos e fazê-las em estágios diferentes de suas vidas. Guardamos registros de raios X e eletrocardiogramas de pessoas que tiveram problemas de saúde, mas podemos imaginar no futuro, com o crescimento da preocupação com estilos de vida mais saudáveis, que se poderia tornar uma norma guardar também registros regulares de diferentes aspectos do corpo que oferecessem, resumidamente, um quadro geral da pessoa ao longo do tempo.

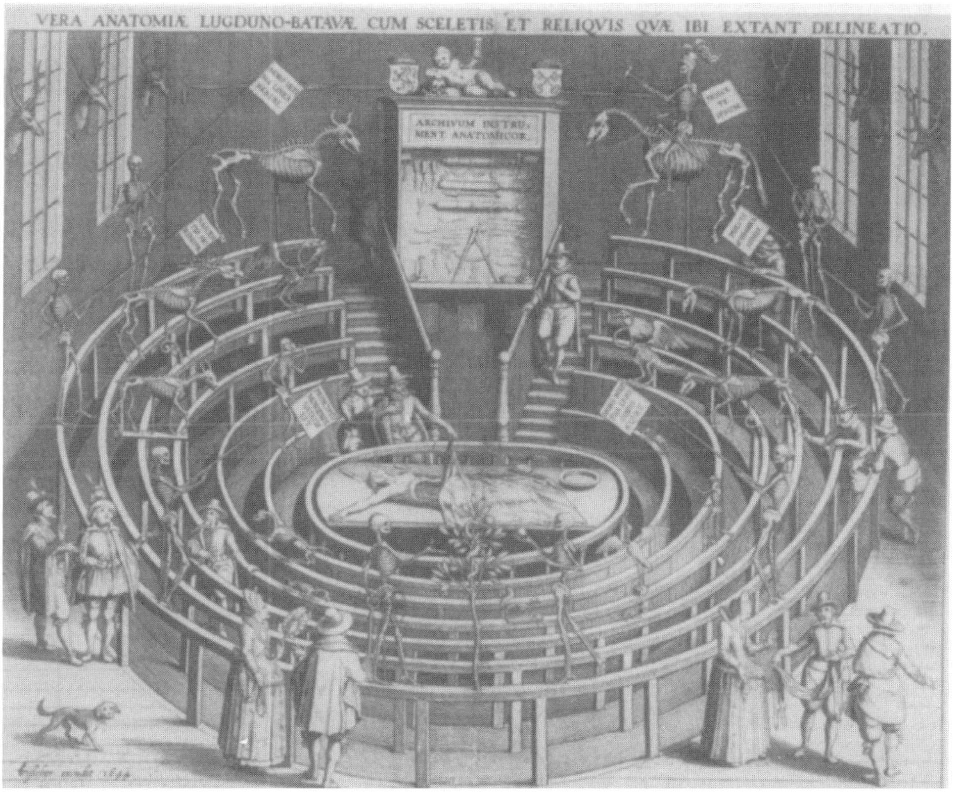

Figura 6.4 Local para o estudo da anatomia na Universidade de Leiden, 1610 (cortesia da Biblioteca da Universidade de Leiden, Collectie Bodel Nijenhuis). O diagnóstico da anatomia é ainda parte do paradigma geral da teologia. Os esqueletos trazem consigo mensagens que lembram a todos de sua mortalidade. Na frente, temos esqueletos representando Adão e Eva, inclusive com a presença da serpente e da árvore do conhecimento. Uma senhora muito bem-vestida observa a pele de um homem. A aparência é superficial. A dissecação de cadáveres ocorria durante vários dias e só era feita no inverno. Os esqueletos eram estudados no verão, caso singular em que o calendário de uma universidade tinha uma relação racional com o currículo. As dissecações eram abertas ao público como uma forma de teatro.

Imagine uma câmera de vídeo armada em um banheiro que pudesse tirar uma série de fotografias de corpo inteiro de uma pessoa quando esta ficasse em pé sobre algo similar a uma balança que girasse em torno de si. Isso proporcionaria uma relação entre peso e forma física e um registro diário de mudanças. As crianças poderiam observar seu crescimento e os adultos poderiam ver os efeitos de seus hábitos. Se adicionarmos informações sobre as normas relativas à idade de uma pessoa, de sua altura e mais a inteligência artificial com a capacidade de analisar tendências e um repertório de comentários cáusticos, teremos um sistema de apoio a decisões relacionadas à automanutenção. Isso é conhecimento da topografia de um indivíduo, mas a medição automática de um número de fatores internos poderia ser parte da tecnologia de um banheiro inteligente ou para um *datasuit* do futuro. A telemetria de coisas como a pressão sanguínea já é algo possível, e um dia poderemos ter acesso aos perfis genéticos individuais que indicam quais fatores sintomáticos precisam de monitoramento. Faria sentido tornar tal informação acessível aos planos de saúde individuais. Por meio deles, as informações poderiam ir para um sistema de saúde nacional. É possível agregar os dados para formar algo como um *Cobuild dictionary* para a anatomia humana. Teríamos um paradigma não em palavras, mas na forma de um humano virtual quadridimensional que poderia ser manipulado para demonstrar como ele seria de acordo com fatores como idade, gênero e localização regional – seria algo que mudaria infinitamente à medida que a população mudasse. De maneira similar, é possível construir um conhecimento paradigmático de animais e plantas, de seus órgãos, de suas células, de como eles se relacionam ao seu DNA e à sua estrutura atômica e variam de acordo com o tempo e o espaço. O processo pelo qual a ciência alcançou um conhecimento enciclopédico do mundo físico em palavras está começando a se repetir na realidade virtual quadridimensional.

Como a anatomia e a geografia, os estudos sobre transportes são um paradigma de conhecimento baseado na realidade física. O paradigma dos estudos de transporte tem de corresponder ao paradigma da anatomia. São os humanos que viajam, e os pesquisadores da área da saúde e dos transportes, conjuntamente, estudam o que acontece nos corpos humanos quando há colisões. Os estudos sobre transportes também têm de estar de acordo com o paradigma geográfico, porque as estradas e ferrovias são construídas de acordo com o relevo. O desenvolvimento de paradigmas em palavras tornou possível evitar qualquer falta de congruência entre diferentes paradigmas de conhecimento. O desenvolvimento de paradigmas como realidades virtuais quadridimensionais torna óbvias as discrepâncias entre eles. Força os pesquisadores de diferentes áreas do conhecimento a buscar a reconciliação entre as diferenças de seus paradigmas. Isso indica que, quando começarmos a construir uma versão virtual do mundo sob a maneira que a HiperRealidade permite, a fragmentação do conhecimento que vimos ocorrer na universidade moderna será revertida.

Enquanto a anatomia e a geografia se baseiam no que é apresentado pelos corpos humanos e pelo relevo, os estudos sobre transportes se baseiam na realidade artificial dos sistemas de transporte criados pelo homem. Assim como um corpo de conhecimento tem se orientado mais em direção ao que poderia ser, do que ao que é. Os estudos sobre transportes sempre foram um paradigma de conhecimento voltado ao futuro. Porém, o desenvolvimento, na

HiperRealidade, de paradigmas de conhecimento que espelham os fenômenos do mundo real nos levam a considerar como as coisas podem ser mudadas em áreas diferentes da dos transportes. Assim, vemos a geografia desenvolver modelos do tipo "o que aconteceria se" como suporte a decisões relativas ao impacto sobre a paisagem, ou sobre o relevo, de coisas como a mudança climática, assim como vemos a medicina se envolver no *design* genético de seu objeto de estudo.

Será que a aplicação da tecnologia da informação ao estudo dos fenômenos terá o mesmo efeito sobre o modo como formamos os paradigmas de conhecimento que a tecnologia de telescópios teve ao chegar às mãos de Galileu (e continua a ter com o telescópio Hubble)? O conhecimento poderia tornar-se mais íntima e diretamente alinhado a seus objetos de estudo. O conhecimento científico sempre foi baseado na matemática. Contudo, apesar de as "verdades da matemática não obedecerem aos nossos desejos e medos" (Dewdney, 1999, p.5), temos interpretado a matemática da ciência por meio da linguagem, com toda a ambigüidade cultural a ela associada.

O conhecimento da HiperRealidade assume apenas uma forma em resposta a uma busca matemática específica. É a mesma forma para quem quer que a estude, independentemente da língua, da política ou do poder de persuasão. O conhecimento sob essa forma permite abordagens internacionais, interdisciplinares e multilíngües e, como um telescópio, faz com que seja possível olhar para a frente sem adotar nenhuma postura tendenciosa. Uma HiperAula torna o conhecimento que se apresente sob essa forma acessível ao ensino. O campo de coação na HiperRealidade é projetado para permitir a interação sintagmática com o conhecimento nessa forma, mas implica que a exploração do conhecimento nessa forma na HiperRealidade seja conduzido em conjunção com a inteligência artificial.

A COMERCIALIZAÇÃO DO CONHECIMENTO UNIVERSITÁRIO

Em um discurso feito após um jantar em uma conferência de banqueiros há cerca de 20 anos, uma hipótese foi levantada pelo palestrante: eles emprestariam $ 1 milhão tendo como garantia um bem de $ 4 milhões? Os banqueiros entreolharam-se e deram de ombros. Não viam nenhum problema em tal negócio, até que um deles perguntou onde estava a propriedade. O palestrante apontou para a própria cabeça. Ele estava falando sobre propriedade intelectual. Há 20 anos, os banqueiros riam da idéia da propriedade intelectual ser dada como garantia. Hoje, não.

O conhecimento é capital em uma sociedade de conhecimento, mas até pouco tempo atrás não era visto assim na universidade. O termo "liberdade acadêmica" se refere à tradição segundo a qual os acadêmicos eram vistos como pessoas buscando o conhecimento por conta própria sem considerar intenções utilitaristas ou ganhos comerciais. Com a tradição havia uma liberdade para falar sobre questões públicas, e o direito de estabilidade no emprego implicava que os acadêmicos podiam fazer isso sem medo de perdê-lo. Na universidade de hoje, há restrições crescentes à liberdade acadêmica. As universidades tornaram-se negócios. A questão que surge então é a de quem detém a posse do conhecimento de uma universidade, quem tem a posse do conhecimento explícito que os acadêmicos produzem quando escrevem livros, artigos e anotações de ensino quando estão trabalhando para determinada empresa. Em algumas universidades, os acadêmicos ficaram surpresos quando seus materiais de ensino armazenados nos servidores da instituição e as páginas da internet que criaram com tanto carinho se tornaram todos propriedade da universidade. Há casos em que "as universidades entram em acordo, às vezes privados, com fontes privadas para comercializar e vender materiais de ensino com *copyright* a outras partes. Um certo número de universidades entrou em acordo confidencial, o que indica que não houve consulta aos docentes" (Tallman, 2000, p.196). Essas universidades, perguntamo-nos, ainda culpam seus alunos quando estes plagiam algum texto? O que elas estão fazendo não está de acordo com o tradicional direito do acadêmico de reter o *copyright* das palestras e aulas que ministram, bem como de livros e artigos que escrevem enquanto estão na instituições, mas está de acordo com a moderna prática corporativa. Quem detém o *copyright* dos materiais de ensino na universidade tornou-se uma questão de interesse crescente à medida que as instituições se tornaram empresas de conhecimento em uma sociedade de conhecimento e à medida que possíveis fontes de renda provenientes de mercados globais se tornam claras (Tallman, 2000).

No passado, o capital de uma empresa consistia de bens tangíveis. É claro que planos, fórmulas, plantas, constatações de pesquisa, patentes e *copyrights* que eram parte de uma empresa privada sempre tiveram valor. A diferença é que hoje há um processo agressivo de aquisição de conhecimento, não apenas do conhecimento explícito em sua forma concreta, mas também do conhecimento implícito do empregado ou mesmo do conhecimento que uma comunidade detém e, por assim dizer, estaria em domínio público. Os trabalhadores do conhecimento talvez tenham de assinar um documento que os impeça de usar em uma empresa o conhecimento adquirido enquanto trabalhavam para outra. Os museus e as galerias de arte reclamam seus direitos sobre as cópias que se fazem de tesouros nacionais que incorporam o conhecimento do passado e de pessoas há muito mortas. Pollan (2001) argumenta que as batatas patenteadas que a Monsanto vende aos agricultores descendem de batatas selvagens do altiplano andino, que foram primeiramente cultivadas pelos ancestrais dos incas há 7 mil anos. O conhecimento comum do cultivo de batatas que existia entre os ameríndios durante milhares de anos estava incorporado em uma colheita que foi uma bênção para a humanidade. O conhecimento que está incorporado em uma batata agora é visto como propriedade de uma multinacional, mas não se reconhece a contribuição das pessoas cujo conhecimento levou ao primeiro cultivo das batatas. A Monsanto não paga *royalties* aos pobres descendentes dos incas, que só terão acesso ao seu cultivo se pagarem pelas batatas geneticamente modificadas.

Nas primeiras universidades da Grécia e da Índia, as pessoas buscavam o conhecimento com a orientação de professores. Nas universidades teológicas, o conhecimento era divino e, em última análise, incognoscível, mas tentava-se entendê-lo com a ajuda de professores e livros. Na universidade moderna, o conhecimento se tornou algo que se pode descobrir, quantificar e repetir. Hoje o conhecimento é visto como algo que pode ser comprado ou capturado. A idéia de "captura do conhecimento" parece ter sua origem em "sistemas especializados", programas de computador que podem ser usados para responder a uma gama de problemas pela imitação de especialistas humanos. A idéia é "capturar" aquilo que reconhecidos peritos em determinado assunto têm de melhor e deduzir o paradigma de conhecimento comum que eles usam. De maneira simplista, isso se expressa como regras de causa e efeito: "Se o problema manifesta condições x, y e z, então aplique os procedimentos a, b e c com n por cento de confiança". A visão que está por trás desses sistemas especializados é que, à medida que mais e mais especialistas contribuem, mais ele se torna uma síntese de todo o conhecimento especializado de uma comunidade de conhecimento, e mais especializado do que qualquer especialista individual. Por ser um programa de computador e cibernético, um sistema especializado tem a capacidade latente de melhorar iterativamente seu conhecimento especializado a partir de cada estudo de caso e de toda contribuição.

O que constitui o conhecimento na cabeça de um especialista ou nas cabeças de muitos especialistas é algo que se provou mais vago e indefinível do que se poderia imaginar, e máquinas de conhecimento superespecializadas ainda estão por surgir. Contudo, o direcionamento que está por trás da idéia ainda é este: os computadores melhoram e a programação se torna mais sofisticada e capaz de lidar com conceitos de difícil compreensão. A natureza do novo conhecimento baseado na TI, tal como o que vimos na anatomia, na geografia e no genoma humano, facilita a quantificação de conhecimento e sua expressão como algoritmo de computador que é patenteável. No passado, as empresas falavam de sistemas de gerenciamento de dados e, depois, de sistemas de gerenciamento de informação. Hoje falam de sistemas de gerenciamento de conhecimento, os quais se referem a todo o processo de captura, controle, manutenção e uso do conhecimento gerado por seus empregados e armazenado para seus clientes. À medida que se tornam empresas comerciais, as universidades adotarão tais sistemas? Por mais de 2 mil anos, as universidades buscaram administrar o conhecimento dos alunos e professores. Tenhamos a esperança de que seu sucesso nessa tentativa seja, no futuro, tão pequeno quanto foi no passado.

A BUSCA DO CONHECIMENTO

Certas espécies de conhecimento podem ser postas em fórmulas e codificadas de uma maneira que as tornem compatíveis com a tecnologia da informação. No Capítulo 4, sugerimos que a atividade mortificante e repetitiva do ensino, que consiste em verificar as mesmas respostas às mesmas perguntas ou em controlar os aspectos administrativos do ensino, poderia ser feita por JITAITs, que operariam a partir do tipo de conhecimento de que os acadêmicos ficariam felizes em abdicar. Boa parte do conhecimento pode ser automatizada. O conhecimento paradigmático centrado em regras pode ser armazenado em sistemas especializados. É com a outra extremidade do espectro do conhecimento que devemos nos preocupar. Quando os acadêmicos estão voltados à busca e à disseminação de conhecimento novo, somente uma universidade caricata deixaria que sua administração acessasse sem autorização os dados de pesquisa de um conhecimento que poderá ser incorporado. Se a universidade quiser ser verdadeira ao ideal de busca do conhecimento, ela precisará privilegiar seus acadêmicos e encontrar um equilíbrio entre estes e as forças de comercialização e de automação. É possível que seja necessário um sistema como o que foi descrito no Capítulo 4, que aproxima o papel de acadêmicos que produzem o conhecimento de um autor, e que lhes paga *royalties* pelo conhecimento que tornam explícito.

O conhecimento está entre a informação e o saber. Para um asiático, está no caminho do saber, como parte da busca da verdade enquanto ideal abstrato. Para um ocidental, está na informação a que os homens conferiram estrutura e movimento, algo essencialmente utilitário que fornece o poder que está por trás do "saber como" fazer alguma coisa. Essa visão hierárquica do ocidental sobre o lugar do conhecimento aparece espelhada na maneira que o paradigma de conhecimento que se volta à tecnologia de computação surgiu ao longo dos últimos 50 anos. Nos primeiros tempos dos computadores, dizia-se que sua função era a de processar dados. Os departamentos de computação espalharam-se pelas universidades para ensinar o paradigma de processamento de dados, e os acadêmicos falavam de "computopias" (Masuda, 1985). Em 1976, o termo "tecnologia da informação" foi introduzido, e as pessoas começaram a falar de processamento de informação, de uma revolução informacional e de uma futura sociedade da informação (Dordick e Wang, 1993). No mundo inteiro, departamentos de ciência da informação, sistemas de informação e gerenciamento de informação eclodiram. Hoje falamos de processamento do conhecimento e apresentamos cursos em gerenciamento do conhecimento como preparação para uma revolução do conhecimento que levará a uma sociedade do conhecimento. Chegará o dia em que os computadores processarão a sabedoria? Nós a ensinaremos? E ela levará a uma revolução sábia que inaugurará uma sociedade sábia? Se houvesse um computador sábio, a suspeita é de que ele teria sabedoria suficiente para guardar a resposta para si.

7

O negócio é o problema
A perspectiva em uma universidade virtual e global

Então o melhor que podemos fazer é construir um mundo artificial em nossas mentes, habitado por teorias e idealizações. Assim, quando tentamos entender algo no mundo real, passamos o problema para a parte correspondente de nosso mundo imaginário e lá o resolvemos, com a esperança que a solução se aplicará também ao mundo real.

(Hudson, 1984, p.117)

Eu defenderia uma volta aos grandes problemas para reverter a tendência à fragmentação e à incoerência na ciência.

(Casti, 1992, p.498)

Como cientista, tenho buscado explorar novos mundos, e não esperar para colher em mundos já conhecidos, seguros e produtivos. A vida no limite tem demonstrado que não há certezas e que os dogmas em geral estão errados.

(Lovelock, 2000, p.5)

INTRODUÇÃO

Usamos o termo "problema" para fazer referência ao objeto de conhecimento porque ele é freqüentemente utilizado nesse sentido, sendo o menos insatisfatório de que dispomos. Às vezes é aplicado como sinônimo, mas é uma palavra por demais referencial ao conhecimento para ser usado genericamente. Reconhecemos que na aplicação do conhecimento há possibilidades tanto quanto problemas, e seria bom dispor de uma palavra inglesa que desse conta disso. Mantivemos "problema" porque esse termo se encaixa na idéia de conhecimento como resolução de algo e, assim como "professor" e "aluno", as duas idéias existem apenas em relação recíproca. Consideramos que o conhecimento e o problema estão nas extremidades de um eixo interativo de comunicação mediada pelas pessoas. Quando elas fazem coisas às coisas por causa do que sabem, temos uma forma de comunicação. Prender um criminoso, fazer uma cirurgia do coração ou escrever um programa de computador são aplicações do conhecimento a problemas que são manifestamente atos de comunicação, embora eles não se encaixem prontamente em modelos correntes de comunicação que vejam as pessoas, e não os problemas como os fins da comunicação. Contudo, se aceitarmos que uma interação comunicativa ocorre quando se aplica o conhecimento a um problema, então essa interação pode ser considerada um sintagma do paradigma do conhecimento.

Assim, a classe de problemas a que um paradigma do conhecimento se refere é parte do paradigma do conhecimento ou é paradigmática em si? Quando o conhecimento é uma invenção humana e define seus problemas, como no caso da teologia, da literatura e da administração, o conhecimento e o problema formam própria relação *yin* e *yang*, em que a existência de um depende da existência de outro. Os problemas do jogo de xadrez são o propósito do xadrez. Contudo, quando determinado setor de problemas tem seu referente na realidade física, como no caso da ciência, da medicina e da geologia, os problemas podem ser percebidos em termos de paradigma do conhecimento e ser atendidos pelo paradigma de conhecimento, mas não necessariamente respondem ao paradigma de conhecimento. A pílula que parece ser uma solução pode matar. Uma mudança de paradigma pode provocar o desaparecimento do problema. Transmutar chumbo em ouro não é mais um problema porque não acreditamos em alquimia. Por outro lado, um ciclone é um ciclone, pensemos ou não que seja ele a representação da ira de Deus, uma categoria de tempestade tropical ou a teoria do caos em funcionamento.

É claro que os problemas (e as possibilidades) são algo que as pessoas percebem e que as universidades tradicionalmente percebem a seu modo. Na forma de testes, trabalhos, exames e pesquisa são definitivamente bastante paradigmáticos. Este capítulo se volta a como conferimos existência aos problemas pela problematização deles. A proposta é analisar o papel dos problemas nas universidades como objetos de conhecimento e de pesquisa.

A pesquisa se volta à correspondência entre um paradigma de conhecimento e a área a que o problema pertence. Questionar a adequação do paradigma de conhecimento poderia indicar um desafio ao que é socialmente aceitável, politicamente correto ou culturalmente apropriado em uma episteme. Quando isso acontece, instaura-se um dilema para a universidade. Deve ela se manter fiel à sua missão básica de buscar a verdade, ou deve ser fiel à visão de mundo da sociedade que a sustenta? Surpreendidas entre diferentes epistemes, as universidades têm mais um problema a enfrentar.

Este capítulo examina a estrutura dos problemas e de sua interconexão a fim de referir-se à natureza da pesquisa em uma universidade virtual e global e estabelecer os fundamentos do que ela deveria ensinar.

PRIVILEGIAR OS PROBLEMAS

As universidades alternam-se entre os extremos do eixo conhecimento-problema. As universidades medievais privilegiavam o conhecimento bíblico, mas o Iluminismo foi responsável por uma mudança rumo aos problemas que a Bíblia não podia responder e que diziam respeito aos fatos físicos da geologia, da biologia e da geografia descobertos no trabalho de pessoas como Darwin, Humboldt e Cook. As universidades modernas baseavam-se nos problemas levantados pelo estudo científico. Elas construíram novas áreas do conhecimento para explicar a natureza e o potencial das rochas, do solo, dos climas, da vegetação e dos lugares dos países a que serviam e de suas colônias. A Revolução Industrial se fundou nas aplicações da ciência e da tecnologia, e o racionalismo científico é a ortodoxia da universidade moderna.

Com o advento do pós-modernismo e a preocupação crescente com os problemas de longo prazo derivados dos excessos da industrialização, houve um retorno aos problemas. Os alunos de hoje não querem dirigir táxis ou trabalhar como garçons. Querem um conhecimento que funcione. Os alunos mais velhos que participaram da prática profissional retornam à universidade com questões que surgem das limitações do conhecimento que obtiveram em seu primeiro curso. Querem lidar com problemas que estão enfrentando na prática e às vezes se desanimam ao perceber o quanto o conhecimento da universidade pode estar distante da realidade. Há empresas de computação, de televisão e de jornais que não contratam graduados dos cursos de ciência da computação, produção para televisão e jornalismo. Eles dizem que é mais fácil treinar alguém a partir do zero e que tenha um diploma em outra área do que treinar alguém que já se tornou proficiente em um paradigma de conhecimento e que não se encaixa nos problemas profissionais da prática atual.

O PROBLEMA COM OS PROBLEMAS

Em geral, não sabemos o que os problemas são. *The encyclopaedia plus of world problems and human potential* (1996) diz que os problemas são "entidades estranhas e nebulosas que têm uma existência sombria". O *Collins cobuild english language dictionary* (Sinclair, 1987) chama de problema "uma situação ou conjunto de eventos que causa dificuldades para as pessoas, fazendo com que pensem em uma maneira de lidar com eles. É algo que as pessoas percebem". Em outras palavras, um problema é um problema porque nós percebemos ele como sendo um problema. Estamos acostumados com a idéia de resolução de problemas desde que eles sejam considerados a partir de sua disciplina, em que o que constitui um problema está dado como certo. Robert Gagne (1973), que vê a resolução de problemas como a mais alta ordem de habilidade que pode ser ensinada, considera que a verdadeira questão é a descoberta de problemas.

O Capítulo 6 examinou a maneira pela qual o conhecimento é unificado pelas cibernéticas de primeira e de segunda ordens. O *feedback* positivo e negativo na cibernética de primeira ordem abre a questão de como o conhecedor de uma área do conhecimento pode resolver um problema a partir dos problemas a que se refere. O *feedback* negativo e positivo na cibernética de segunda ordem apresenta a pergunta sobre como o conhecimento pode resolver os problemas a que se refere. Problemas com a resolução de problemas que residem no paradigma de conhecimento (como algo distinto do praticante do conhecimento) formam problemas de pesquisa. Contudo, a distinção entre a cibernética de primeira e de segunda ordens ao aplicar o conhecimento aos problemas não é clara. Toda a vez que nos referimos a um problema, o resultado reflete no conhecimento e também no conhecedor e permeia o paradigma de conhecimento e, de maneira sutil, confere-lhe nova forma.

Na perspectiva deste livro, os problemas são problemas nas universidades porque eles são o que os paradigmas de conhecimento buscam resolver. O paradigma de conhecimento medieval e teológico buscava responder problemas, mas o conhecimento na universidade moderna apresenta-se em paradigmas discretos que se referem a domínios específicos de problemas. Lidar com determinado caso de determinado domínio de problemas é algo que se considera um sintagma do paradigma de conhecimento. Os praticantes de um paradigma de conhecimento identificam problemas (problematizam) nos termos de seu paradigma de conhecimento. Um poema, uma pintura, uma apresentação teatral talvez não pareçam problemas, mas são para o poeta, para o pintor e para o ator. Uma questão aberta para qualquer disciplina é saber se aos problemas a que ela se volta são um constructo de seu paradigma de conhecimento ou se o seu paradigma de conhecimento é um constructo derivado de seu domínio de problemas.

OS PROBLEMAS DE PESQUISA

A pesquisa nas universidades passou a ser dominada pela maneira que é comunicada. Para conseguir promoção e prestígio em uma universidade, o acadêmico deve publicar de acordo com um paradigma restrito que:

– Seja expresso em linguagem escrita. O peso será maior se a língua for o inglês.

- Refira-se a um problema ao que o paradigma de conhecimento existente não se refira de maneira adequada e demonstre que este seja o caso a partir de uma busca de literatura relacionada mostrando a extensão do conhecimento sobre o problema.
- Refira-se a um problema que é eticamente aceitável à comunidade do conhecimento.
- Proponha algum tipo de hipótese que resolva o problema.
- Explique como a pesquisa foi feita, de maneira que outros pesquisadores possam verificar os procedimentos e resultados.
- Explique o quanto a pesquisa é válida, confiável e passível de generalização.
- Cite todas as referências e forneça uma bibliografia para mostrar como ela está envolvida na rede de comunicação do paradigma de conhecimento a que se refere.
- Esteja no estilo da publicação ou da conferência à qual se submete.
- Passe por algum processo de revisão de pares que, com efeito, decida se constitui uma expressão sintagmática profissional do paradigma de pesquisa.

Quantos conselhos editoriais aceitariam um artigo de pesquisa por ser original mas que não contivesse uma bibliografia, ou que não contivesse uma "busca por literatura" por ainda não haver nada escrito sobre o assunto? Quem levaria a sério uma pesquisa que tomou a forma de um filme, um poema, um produto ou uma invenção ou uma realidade virtual?

O paradigma de publicação de pesquisa tem uma lógica poderosa e oferece uma disciplinarização ao processo de pesquisa, mas a forma na qual a pesquisa é apresentada pode tornar-se mais importante do que a própria pesquisa. A promoção dos acadêmicos depende principalmente da extensão de suas publicações de pesquisa e do quanto elas são citadas. Muitos acadêmicos respondem a isso publicando muitos artigos sobre questões triviais, mas que são formuladas de modo impecável. Em muitos cursos de pós-graduação, a ênfase agora não está na capacidade de resolver um problema de pesquisa, mas na capacidade de aplicar o modelo de publicação de pesquisa. As teses de doutorado são, às vezes, avaliadas por pessoas que não estão familiarizadas com a área estudada, mas especialistas no paradigma de apresentação de pesquisa. Não é o que é pesquisado que importa, mas como a pesquisa é comunicada.

No paradigma de publicação de pesquisa, aspectos de um problema de pesquisa que não podem ser mensurados e descritos alfanumericamente não são relatados. A apresentação de um problema e, portanto, o modo como ele é percebido pelos leitores são formatados pela maneira que é escrito e pela forma que os dados são manipulados. O uso de citações indica que muitos aspectos de um problema são vistos nos termos de outras pesquisas, de outros contextos. Os leitores de um relatório de pesquisa, por sua vez, interpretam o que lêem de acordo com suas estruturas cognitivas. O paradigma de pesquisa é um processo para ajustar problemas de pesquisa a um paradigma de conhecimento, mas é também um processo que pode progressivamente mascarar quaisquer diferenças entre o modo que um problema é considerado no paradigma de conhecimento e o modo que ele de fato é.

Se a pesquisa fosse realizada, registrada e relatada em HiperRealidade, seria possível apresentar simulacros tridimensionais, variáveis no tempo e que tornassem possível estudar a correspondência entre o conhecimento paradigmático, a realidade sintagmática e os sintagmas futuros. Um modelo de paradigma de ciclone poderia ser contrastado com um modelo de um ciclone verdadeiro e então seria possível desenvolver modelos sobre o que o ciclone poderia ser de acordo com a mudança das variáveis. O ciclone estudado seria o mesmo ciclone para todas as pessoas envolvidas na pesquisa. As pessoas que lessem a pesquisa poderiam manipular as variáveis por conta própria e examinar o modelo a partir de múltiplas perspectivas (Tiffin, 2001).

A COMERCIALIZAÇÃO DA PESQUISA UNIVERSITÁRIA

A pesquisa universitária hoje está sendo cada vez mais comercializada. A indústria e o mundo dos negócios descobriram que os alunos de pós-graduação são uma fonte de mão-de-obra barata para a pesquisa. As universidades subsidiadas pelo governo podem concorrer com vantagem com os institutos independentes de pesquisa. Para as universidades com poucos recursos e que têm de lutar por conta própria, as fontes externas de financiamento para a pesquisa são atraentes, mas quanto mais as universidades buscam o financiamento comercial de pesquisas, mais a pesquisa deixa de ser um bem público, aberta à crítica e à inspeção. As revisões de pares, a publicação e a colocação de teses nas bibliotecas das universidades mantêm a honestidade das pesquisas. A pesquisa sustentada por entes privados pode ser rotulada como algo comercial e mantida em segredo. Na busca de bolsas para pesquisa, os departamentos das universidades dão mais peso, no modo que selecionam e promovem o pessoal, a quem consegue trazer mais subvenções de pesquisa. Os recursos que os departamentos têm para a pesquisa podem ser usados para atrair as que são realizadas em outros locais. A pesquisa está, cada vez mais, restrita a financiamentos externos ou a uma área em que um departamento pode ser percebido como tendo alguma capacidade de atrair financiamento. A pesquisa torna-se algo que beneficia as finanças da universidade mais do que a comunidade ou o acadêmico que busca realizar pesquisas com base na curiosidade.

A universidade moderna ainda é um lugar para a pesquisa básica? O pouco que sabemos sobre as inovações de pesquisa sugere que elas partem de pessoas incomuns, que não são conformistas. "Os homens responsáveis pelas inovações tecnológicas... durante o começo da Revolução Industrial eram não-conformistas, que tinham sido excluídos das universidades e aprenderam sua ciência indiretamente enquanto buscavam seu próprio negócio" (Comitê Especial do Senado 1970, p.21 http://www.culturaleconomics.atfreeweb.com/art_ed_ni.htm). Os acadêmicos hoje já não falam muito sobre sua pesquisa tanto quanto falam sobre os obstáculos com que se deparam ao realizá-la. Não dispõem de tempo e nem de financiamento e têm dificuldades em fazer com que suas propostas sejam aceitas se não dispõem de fundos ou se não estão de acordo com as políticas e demandas de comitês. O Iluminismo ocorreu durante os anos de declínio da universidade medieval e, em grande parte, fora das universidades. Pensadores independentes como Voltaire ou Diderot, querendo fazer uma pesquisa criativa e original que expressasse a conotação filosófica de uma busca pela verdade, seriam capazes de fazê-lo sob a égide de uma universidade moderna?

Mesmo os pesquisadores têm de comer, e Diderot e Voltaire prosperaram com o patrocínio de déspotas e de soberanos (Bradbury, 2000; Bodanis, 2000). Seus equivalentes nos dias de hoje são as corporações e as agências de financiamento, cujos palácios são os grandes edifícios corporativos em parques científicos onde o talento, a tecnologia e o financiamento aparecem juntos em grandes temas de pesquisa, desde que estejam baseados na tecnologia. Os laboratórios da Advanced Telecommunications Research (ATR) do Japão são um centro de pesquisa na cidade de Kansai, cercado pelas sedes de grandes empresas japonesas envolvidas com a tecnologia da informação. A ATR faz pesquisas básicas sobre o futuro da tecnologia da informação, recebendo sustentação e apoio do governo japonês e das indústrias de telecomunicações e computação. As empresas vizinhas aplicam os resultados dessa pesquisa. A ATR conta com pesquisadores japoneses de ponta na área de tecnologia da informação, assim como alguns estrangeiros. As universidades estabelecem suas faculdades por perto, para que os alunos de pós-graduação possam buscar uma vaga no ramo da pesquisa. Parques de pesquisa como esses criam um ambiente para pesquisadores de universidades e da indústria que atuam em conjunto no desenvolvimento dos ambientes tecnológicos do futuro.

PROBLEMATIZAÇÃO

Shirley estava caminhando pela rua em direção ao seu apartamento, usando seu HMD (capacete de visualização) para que pudesse negociar um prazo, relativo a um trabalho, com seu professor, Sam, que a acompanhava como um avatar. Repentinamente, um adolescente a derrubou, pegou sua sacola e fugiu. Porém, além de ser uma aluna de pós-graduação, Shirley era uma professora valente, que corria todo o dia e praticava caratê. Ela se levantou, ajeitou seu HMD, colocou a câmera para a frente, a fim de que Sam pudesse acompanhar a perseguição do ponto de vista dela, e correu atrás do adolescente, que foi logo alcançado. Shirley então derrubou-o, pegou sua sacola de volta e aplicou-lhe um golpe para evitar qualquer contra-ataque.

– Problema na realidade física resolvido – disse a Sam, que estava um pouco desorientado.

As coisas poderiam ter terminado aí, mas Shirley teve medo de que o assaltante pudesse fazer o mesmo de novo. Então, com base em seu conhecimento e experiência como professora, ela o repreendeu firmemente, enquanto ele tentava levantar-se. Ao fazê-lo, Shirley passou o problema à realidade virtual da linguagem, dando a ele um quadro mental do que lhe aconteceria se tentasse de novo roubar alguém. O adolescente, quieto, levantou-se e retirou-se, de fininho.

Sam estava impressionado, mas enquanto discutiam o assunto, Shirley não conseguia parar de se preocupar com o fato de o problema estar ou não totalmente resolvido. O adolescente provavelmente usava drogas e trazia emblemas de uma gangue. Este ataque poderia ser um procedimento-padrão de ataques a mulheres, e nem todas poderiam sair-se bem. Shirley pensou que era seu dever relatar o fato e disse isso a Sam, que, dadas as circunstâncias, não teve nenhum problema em ampliar o prazo pedido, encerrando ali seu HiperEncontro.

Naquele mesmo dia, Shirley foi a uma delegacia de polícia, onde o incidente foi comunicado a um computador. Não havia relato recente de ataques similares, mas a polícia tomou o depoimento de Shirley, que o assinou. Para ela, esse era o fim do problema, embora ela tivesse achado que os policiais a olhassem com estranheza quando saiu.

Dois dias depois, Sam entrou em contato com Shirley. "Você tinha de chutar tão forte aquele cara? Ele esteve no hospital e na polícia, que entrou em contato com a universidade e estão pensando em processá-la. O computador mostra que as mulheres, sem dúvida, tendem atualmente a fazer justiça pelas próprias mãos e atacar jovens que elas dizem ameaçá-las."

– Mas – disse Shirley – você estava lá e viu tudo acontecer. – Não exatamente – disse Sam. – Eu só estava lá virtualmente. O cara tem a prova física de suas contusões para sustentar o que diz. Olhe, por que você não vai conversar com o professor de criminologia? Ele está fazendo uma pesquisa com a polícia sobre ataques como esse, visando a um relatório que será a base para alguma nova legislação sobre compensação de vítimas.

– Mas – Shirley pensou consigo – quem são as vítimas?

A história busca ilustrar a natureza evasiva dos problemas no modo como eles são percebidos por pessoas diferentes e com diferentes paradigmas de conhecimento. Existem problemas na realidade física e na realidade virtual que podem ser formulados e reformulados em diferentes níveis pelas pessoas que tenham diferentes paradigmas de conhecimento. Há o problema na realidade física do ataque a Shirley, que, ao resolvê-lo, criou outro problema. Esses problemas poderiam ter ficado no nível da violência do dia-a-dia, com que as pessoas lidam a partir dos próprios recursos de conhecimento, mas esse problema em especial estava fora da norma e poderia ser parte de um problema maior envolvendo a segurança da sociedade.

Shirley e o ladrão tomaram o problema a partir do ponto de vista próprio e o levaram a instituições profissionais aptas a resolvê-lo. Não há uma cena do crime permanente a que a polícia deva ir, então todos lidam com um problema virtual invocado pelas palavras dos reclamantes. Ao tomar depoimentos e colocar informações no computador da polícia, o problema é conceituado novamente, encaixando-se em categorias daqueles problemas pertencentes ao conhecimento da polícia e de seus bancos de dados. Contudo, a polícia tem duas realidades virtuais para o mesmo problema. Uma se encaixa no velho paradigma policial (ladrão ataca mulher) e a outra em um paradigma emergente (mulher ataca ladrão). Há um paradoxo que convida à pesquisa e exige um tribunal para resolvê-lo. As constatações de pesquisa podem ajudar a definir os paradigmas socialmente aceitáveis pelos quais os problemas são julgados.

À medida que o problema passa da maneira que a polícia o vê, de acordo com o paradigma policial, à maneira que o professor de criminologia o vê, de acordo com o paradigma da universidade sobre criminologia e ao modo como os advogados o vêem, de acordo com o paradigma legal, há uma mudança equivalente na linguagem, pois as questões se tornam mais abstratas e teóricas, e a percepção do problema muda de um fato para um padrão de comportamento social que envolve questões culturais, éticas, políticas e legais de uma episteme.

Pode ser que o professor de criminologia ache que o problema se encaixe perfeitamente nas teorias que ele expõe em um livro que está escrevendo, cuja base são seus relatórios e sua recomendação de uma nova legislação para controlar o comportamento agressivo das mulheres. Ele colocará esse novo livro na lista de leituras de sua turma. O novo paradigma de conhecimento que ele expõe pode ser aplicado a uma nova classe de problemas, e o problema de Shirley se tornará um estudo de caso que é usado como um problema prático em aulas de criminologia. Por outro lado, as intimações subseqüentes a Shirley por tentativa de agressão podem coincidir com um programa de televisão sobre uma tendência de ataques a professoras por parte de adolescentes. Há passeatas durante seu depoimento, que a televisão transforma em uma questão nacional. Ela é absolvida, o velho paradigma se torna mais forte e um livro sobre o caso se torna leitura em estudos feministas.

O caos está à espreita onde há uma falta de congruência na problematização entre diferentes paradigmas de conhecimento. É aqui que vemos os problemas que surgem da fragmentação do conhecimento nas universidades modernas e, conseqüentemente, nas sociedades. As disciplinas universitárias pesquisam a disjunção entre seu paradigma de conhecimento e o problema a que ele se refere, e com muita freqüência a solução é definir um domínio de problemas e um paradigma de conhecimento cada vez mais estreitos.

AS ESTRUTURAS DO PROBLEMA

O problema de Shirley está baseado em um incidente real e, de acordo com a *Encyclopaedia plus of world problems and human potential* (1996), tais problemas são parte de um círculo vicioso: *Alienação → Gangues de jovens → Controle dos bairros pelos criminosos → Estresse psicológico do ambiente urbano → Uso excessivo de substâncias tóxicas → Crises familiares → Alienação.* Tais círculos são vistos como viciosos porque são auto-sustentáveis e de difícil identificação.

Esse problema do círculo vicioso em particular é parcialmente atendido pelas universidades dentro dos limites das disciplinas existentes. A criminologia concentra-se nos aspectos criminais, legais e disciplinares do problema; a sociologia, nos aspectos da alienação; os estudos urbanos e a geografia social, nos aspectos espaciais; a psicologia no estresse e nos problemas familiares; e a educação, na sua falha no próprio assunto. Se essas diferentes perspectivas pudessem ser combinadas para a realização de um estudo abrangente do círculo de problemas como um todo, poderia haver alguma perspectiva de resolvê-lo, mas é difícil realizar pesquisa interdisciplinar nas universidades de hoje. Além das dificuldades administrativas criadas pelo sistema de alocação de professores, os acadêmicos têm grande dificuldade em ver as coisas a partir de paradigmas de conhecimento que não sejam os seus. Assim, esse problema particular, apesar de todos os esforços de muitos departamentos em muitas universidades, permanece crescente, de proporção mundial, como o terrorismo, ao qual quase certamente se relaciona.

Há uma insatisfação profunda em muitos países com o fracasso da educação (e, portanto, com o paradigma de educação utilizado nas universidades) no lidar com o problema da alienação dos jovens. Muitas soluções foram tentadas. Os filmes, as rádios e a televisão foram utilizados para lidar com o problema da educação no mundo inteiro. Hoje buscamos na internet a solução para amanhã e tentamos descobri-las na HiperRealidade, por isso pode ser útil voltar ao que deu errado com a última grande panacéia da educação, a televisão educativa (TVE).

No meio dos anos de 1970, a Organização dos Estados Americanos (OEA) criou um programa de pesquisa internacional para descobrir por que os milhões de dólares que eram aplicados na televisão educativa na América Latina para resolver seus problemas educacionais vinham tendo um efeito tão pequeno a longo prazo (Tiffin, 1978). Naquela época, a eficácia da TVE foi pesquisada quantitativamente por testes de comparação entre o ensino realizado pela televisão com aqueles feitos a partir do ensino convencional de sala de aula. Quase que invariavelmente, a pesquisa mostrou que não havia "nenhuma diferença significativa" e se reconheceu amplamente que o fenômeno que se examinava era mais complexo do que a metodologia usada para estudá-lo (Chu e Schramm, 1968). Contudo, a OEA queria respostas mais concretas; assim, em vez de ajustar o problema de pesquisa à metodologia de pesquisa educacional-padrão, desenvolveu-se uma metodologia que se ajustasse ao problema. A chamada "análise estrutural de problemas" abordava o problema de por que motivo a TVE não era eficaz na América Latina, considerando o problema como algo complexo com uma estrutura de subproblemas inter-relacionados e interdependentes. Pela identificação dos subproblemas e das conexões entre eles, a análise estrutural de problemas buscava criar um modelo para projetar estratégias.

A pesquisa de fato mostrou que havia uma complexidade extraordinária de problemas nos sistemas da TVE na América Latina, que, em resumo, explicavam por que ela não funcionava. Assim, foi possível rastrear esses problemas e chegar até a sua origem, que foi a decisão de usar a televisão como meio para ensinar o currículo convencional baseado em palavras: as imagens que a televisão mostrava, com um custo longe de ser baixo, eram redundantes (Tiffin, 1978). O ministro da Educação do Brasil na época perguntou se a TVE estava resolvendo o problema educacional do país ou ou se, pelo contrário, aumentava-o. A resposta foi que o havia ampliado, e assim a OEA retirou seu apoio dos projetos de TVE. Isso não resolveu o problema educacional de países como o Brasil, onde o círculo de problemas da alienação juvenil continua a crescer ainda hoje. Na verdade, reconheceu-se que a televisão não estava funcionando, mas, sim, se tornando um problema. O que isso sugeriria era uma nova abordagem de pesquisa para problemas, que examinasse a complexidade e as conexões entre eles.

Uma abordagem semelhante a essa é a da *Encyclopaedia plus of world problems and human potential* (1996). Trata-se de um programa contínuo da Union of International Associations, uma instituição com base na Bélgica que faz uso de documentos de cerca de 20 mil associações e de periódicos para identificar problemas. A empresa passou da descrição de problemas individuais a uma análise elaborada da maneira pela qual os problemas mundiais estão relacionados. Nisso também está presente a idéia fundamental de que atacar muitos problemas individuais persistentes não funciona a longo prazo, porque suas conexões com outros problemas indicam que, se apenas um aspecto for atacado, os problemas podem regenerar-se. Isso sugere que uma pesquisa altamente focada resolve sintomas em vez de ir à raiz do problema. Essa tese talvez explique o fracasso das organizações mundiais e das universidades na tentativa de resolver os grandes problemas de nossa época com uma abordagem parcial de pesquisa.

O FUTURO DOS PROBLEMAS

Os cientistas, de Galileu a Einstein, realizaram experimentos conceituais, mas a comunidade científica como um todo tem estado preocupada com o mundo observável, mensurável e tangível *que é*, e não com os mundos intangíveis hipotéticos *que poderiam ser*. A pesquisa nas universidades tende a ser reativa em vez de proativa.

As conseqüências do aquecimento global, da engenharia genética, da AIDS e da economia global ainda não chegaram, mas as universidades do mundo estão em geral voltadas ao estudo de problemas presentes e passados que podem ser explicados, se não resolvidos, com referência aos paradigmas de conhecimento existentes que derivam sua autoridade das aplicações de conhecimento a problemas passados. Eles se voltam a problemas depois que causam impactos, não antes e nem a tempo de evitá-los.

O que se precisa em uma universidade do futuro é de um paradigma de pesquisa que possa projetar seu pensamento para voltar-se aos problemas do futuro. Na famosa metáfora de McLuhan's: "Olhamos o presente através do espelho retrovisor. Marchamos para trás em direção ao futuro" (http://www.alibris.com/subjects/entertainment/feature-author).

PROBLEMAS GLOBAIS

Boa parte de nós já viu aquele tipo de documentário de televisão sobre a vida selvagem, em que predadores caçam um rebanho de herbívoros. Podemos observar o problema a partir da perspectiva dos carnívoros, que precisam matar para sobreviver, ou da perspectiva dos herbívoros, que precisam escapar para sobreviver, ou ainda da perspectiva ecológica como um todo, que precisa de um equilíbrio entre herbívoros e carnívoros. A pesquisa universitária, contudo, tem dificuldades em ver os problemas do ponto de vista de um país islâmico e também de um país cristão, a partir da perspectiva do rico que quer a globalização econômica, e também do pobre, que não a quer. As universidades modernas recebem créditos e são geralmente financiadas pelo Estado nacional a que servem, e os problemas de pesquisa a que se referem tendem a ser vistos a partir da perspectiva da sobrevivência nacional. Agora, à medida que as universidades se tornam empreendimentos comerciais, elas começam a ver os objetivos de pesquisa a partir da perspectiva de como as grandes empresas podem sobreviver e prosperar.

Sugerir que a pesquisa na universidade moderna foi dedicada aos objetivos do Estado e que no futuro ela será dedicada aos fins de empresas multinacionais é algo simplista. Muitas áreas de pesquisa, tais como a filosofia ou a matemática, não têm nenhuma inclinação nacional ou monetária, muito do patrocínio para pesquisa vem de fundações genuinamente desinteressadas que devem suas origens a negócios, muitos acadêmicos são internacionais e humanistas em suas perspectivas. Desde *Silent spring* (1963), de Rachael Carson, os pesquisadores passaram a ver a sobrevivência de nossa espécie como algo relacionado à sobrevivência de outras espécies e com o destino do planeta. Mas há uma necessidade de um novo sentido de direção na pesquisa universitária que é independente dos interesses e dedicada às questões da globalização: não a globalização no sentido estreito neoliberal, mas a globalização em um sentido de Gaia, que reconhece as interconexões das coisas (Lovelock, 1988).

Não são só os problemas da pesquisa universitária que precisam de uma perspectiva global, mas também a metodologia, os pesquisadores, a linguagem da pesquisa e a ética da pesquisa. Se os problemas têm de ser vistos globalmente, então devemos buscar as diferenças culturais no modo que pessoas diferentes lidam com um problema. Devemos realizar pesquisas em equipes multilíngües que saibam lidar com problemas a partir de múltiplos aspectos de culturas diferentes. Isso talvez nos permita encontrar denominadores comuns no cerne dos problemas que as pessoas enfrentam.

Voltamos ao propósito de que a universidade deve dedicar-se às grandes questões de seu tempo. Uma olhada em qualquer jornal de qualquer país revelará alguma história sobre condições meteorológicas malucas, interesse médico por novos vírus, engenharia genética, comércio livre ou impacto da tecnologia da informação. Eles ecoam o modo pelo qual os problemas mundiais estão listados e mapeados na *Encyclopaedia plus of world problems and human potential* (1996). Essas são questões de nosso tempo e nos chegam como problemas de dimensão global. O próximo capítulo abordará a necessidade de um currículo global baseado nesses problemas.

8
O currículo da globalização

A universidade, devo dizer, em seu nome professa ensinar um conhecimento universal.

(Newman, 1996, p.25)

(...) a nova instituição da universidade que surgiu para atender à necessidade avassaladora de oferecer treinamento a advogados, professores e clérigos, a fim de preencher as posições de administrações cada vez mais sofisticadas tanto da Igreja quanto do Estado.

(Bowen, 1975, p.105)

Depois de séculos de esforço intelectual, o homem criou para si instrumentos e métodos de pensamento nos quais ele pode confiar para a solução de seus problemas e para a compreensão do universo que o cerca.

(Beck, 1964, p.17)

(...) uma tribo pré-histórica (...) decidiu introduzir a educação sistemática para suas crianças. O currículo foi especificamente projetado para atender às necessidades de sobrevivência básica no ambiente local e, assim, incluía matérias como "assustar tigres-de-dente-de-sabre com fogo". Mas o clima da região muda e os tigres perecem. As tentativas de mudar o currículo para atender às novas necessidades de sobrevivência encontram forte oposição.

(Benjamin, 1971, p.7)

O currículo está entrelaçado com o tecido social que o sustenta.

(Smith et al., 1971, p.16)

INTRODUÇÃO

O currículo da universidade é parte do paradigma universitário e é, em si, mesmo, um paradigma. Este capítulo propõe um currículo para uma universidade virtual e global que incorpore o que é universal nos currículos universitários. O capítulo considera o currículo universitário como um todo integrado, que responde não às necessidades nacionais, mas às necessidades globais, não à comunidade da oferta, mas à comunidade da procura e não a objetivos rigidamente definidos, mas às questões da primeira episteme global.

OS UNIVERSAIS DOS CURRÍCULOS UNIVERSITÁRIOS

Nos anos de 1950, o serviço público britânico tinha o hábito de enviar uma equipe às universidades para comunicar, a alunos que se interessassem, aquilo que buscavam em novos postulantes ao cargo. Os cursos que os alunos faziam não importavam muito, desde que não fosse algo demasiadamente esquisito, como psicologia, nem importava a espécie de diploma obtido, embora daí se pudesse depreender se o aluno era um pouco preguiçoso ou uma espécie de cientista. O que se buscava era identificar o tipo certo de aluno. O processo não teria surpreendido um estudante universitário chinês anterior ao século XIX. Durante 2.500 anos o sistema educacional da China baseou-se em uma progressão de exames para o serviço público, e a filosofia era a de que o tipo certo de pessoa garantiria o tipo certo de governo para o tipo certo de sociedade.

Desde o princípio, as universidades produziram os servidores públicos de suas sociedades tanto quanto os membros de profissões como direito, medicina e educação. Contudo, as universidades também atraíram idealistas que buscavam o conhecimento pelo conhecimento e tentavam entender a natureza da realidade. Tais pessoas questionam o *status quo* e buscam mudar a sociedade. Essa polaridade está no núcleo dos currículos universitários. Os alunos aprendem a conformar-se ao paradigma e ao mesmo tempo o questionam. A natureza de algumas disciplinas estimula a conformidade enquanto outras dão maior ênfase ao pensamento crítico.

PRODUZINDO PROFISSIONAIS QUE SE VOLTAM AOS PROBLEMAS GLOBAIS

Sociedades complexas precisam de pessoas competentes e versadas na estrutura paradigmática de sua sociedade para garantir sua segurança e continuidade. Direito, medicina, engenharia, educação e teologia são universais relativos nos currículos universitários. São disciplinas vocacionais que produzem pessoal apto a resolver problemas e que compartilham o mesmo conhecimento paradigmático e uma rede de contatos profissionais.

As universidades modernas foram formatadas pela industrialização e, ao longo do século passado, expandiram seus programas vocacionais, incluindo os papéis profissionais que tornam possível uma sociedade industrial, tais como engenharia, engenharia de minas, geologia, têxteis e jornalismo. Os Estados Unidos em particular ampliaram a variedade de vocações consideradas adequadas para o estudo em nível universitário. A sociedade da informação introduziu outra camada de complexidade em uma sociedade que exige novas habilidades e novos tipos de profissional da informação. As universidades encontram-se frente a frente com uma necessidade de diversificar ainda mais os programas de especialização profissional que oferecem. E agora chega a globalização com outro nível de exigências profissionais. Uma universidade do futuro precisará preparar profissionais em nível de uma sociedade global, mas também local. Isso quer dizer que se acrescenta uma nova dimensão global a disciplinas tradicionais, de forma que tenhamos uma medicina global e um direito global, e às novas profissões, para que nos dêem estudos sobre transportes globais e sobre negócios em nível global.

O MBA é provavelmente o primeiro programa a se tornar global. Suas origens remontam a cem anos nos Estados Unidos, onde os alunos da Harvard Business School aprenderam a administrar. Nos anos de 1960, o MBA expandiu-se à Europa. Nas últimas duas décadas espalhou-se pelo mundo e se tornou o programa de estudos mais popular de pós-graduação. Como a teologia, os estudos de administração são um paradigma de conhecimento inventado pelo homem e que não têm base na realidade física, mas funcionam enquanto as pessoas acreditarem no paradigma e enquanto o paradigma se conformar à episteme. O que o MBA fez que se tornou razão de tanto sucesso foi criar um estilo comum de administração no mundo inteiro, em uma época em que os negócios globais estavam em franca expansão. Aprenderam a agir de maneira prática.

Disciplinas como geografia, oceanografia e climatologia sempre tiveram uma dimensão global, mas eram vistas a partir da perspectiva das vantagens nacionais. As grandes escolas de geografia na França, na Alemanha, na Grã-Bretanha e nos Estados Unidos que se desenvolveram na segunda metade do século XIX o fizeram em resposta a uma necessidade de explicar e justificar programas nacionais de expansão. Hoje, precisamos ver a realidade física da biosfera a partir de uma perspectiva global. Também precisamos introduzir novas disciplinas que desenvolvam profissionais globais dedicados aos processos que permitem a globalização. Minako O'Hagan (1996) apresentou a idéia da teletradução, e argumenta que ela constitui um novo negócio de proporção global necessário para que a globalização funcione. Novas profissões similares cujo foco sejam os processos de globalização são o *e-commerce*, as comunicações de desastres e a medicina para aviação.

A Universidade do Havaí usou o termo "teleprofessor" para se referir a Stan Harms em tributo à sua visão de um mundo em que teleprofissionais poderiam utilizar a telecomunicação para trabalhar em qualquer lugar, vivendo no lugar em que desejassem. Esse é o tipo de mundo para que uma universidade virtual e global prepararia as pessoas, e isso é possível por causa da HiperRealidade. Em tal mundo, existiremos e seremos responsáveis tanto local quanto globalmente. Já fazemos isso de certa forma quando dirigimos nossos carros e ouvimos notícias globais e nos perguntamos como elas podem afetar a economia local, quando obedecemos ao código de trânsito do país em que estamos e quando pagamos uma taxa por emissão de gás carbônico que contribui para o aquecimento global. Há uma necessidade crescente, nas novas áreas profissionais de tecnologia da informação, de pessoas que saibam lidar com a dualidade da globalização e do mundo local (O'Hagan e Ashworth, 2002). Um programa profissional de estudos poderia ser realizado em parte a partir de um currículo de uma universidade virtual e global com perspectiva global e em parte a partir de uma universidade local com sua perspectiva local.

A BUSCA DA REALIDADE

A preparação de profissionais que se voltam a problemas da globalização é vista como algo que forma um lado do currículo de uma universidade virtual e global. Voltemo-nos agora a outro lado e a questões curriculares daqueles que vão à universidade com uma missão: encontrar-se a si mesmos, buscar a verdade, o conhecimento e o significado da vida. Tradicionalmente tal espécie de pessoa se volta às humanidades, com suas raízes na filosofia grega e suas habilidades em línguas ou nas ciências ou em disciplinas que buscam ser científicas tendo a humanidade como seu objeto, como a sociologia, a antropologia e a psicologia. Esses paradigmas de conhecimento têm em comum uma busca pela natureza da realidade. A crença de Pitágoras de que tudo eram números é ainda tão boa quanto qualquer outra que se encaixe na era digital. Isso nos faz lembrar que a busca é tão antiga quanto as universidades, e que constitui um universal. Argumentaríamos que a missão da universidade de entender a natureza da realidade está fraturada e que precisa de renovação.

Na Universidade de Genebra, no começo do século passado, Ferdinand de Saussure (1983) ensinou a primeira abordagem científica para o estudo da língua. Em vez de se voltar ao modo como a língua é usada, ele examinou a sua natureza e assim abriu o caminho para que se percebesse como a língua estrutura a realidade, um passo que o filósofo Ernst Cassirer (1945, p.99) comparou ao da ciência de Galileu.

Hoje, temos a lingüística estrutural, a psicolingüística, a sociolingüística, a sociologia, a antropologia, estudos de meios de comunicação de massa, o jornalismo, a lingüística de *corpus*, a psicologia, a ciência cognitiva, os estudos de comunicação, a ciência da computação, a ciência da informação e a informática; todas, de várias formas, estudam como chegamos a realidades mentais a partir de realidades físicas.

Sigmund Freud (1997), um contemporâneo de Saussure, deu-nos uma explanação convincente de como fazemos isso como indivíduos. Emile Durkheim, outro contemporâneo de Saussure, deu-nos uma base lógica para fazer isso na sociedade (Perdue, 1986). Claude Lévi-Strauss (1972) buscou explicar como isso é feito culturalmente. Shannon e Weaver (1949) deram-nos um modelo sobre como comunicamos realidades mentais entre nós mesmos enquanto espécie. A disciplina de estudos da comunicação evolui para tentar sintetizar todas as centenas de teorias que foram pensadas nos últimos 100 anos para explicar o problema. Mas esses diferentes paradigmas de conhecimento não conseguem formar um consenso. Na verdade, há muita oposição entre eles. As teorias de como os meios de comunicação de massa são responsáveis por nossas realidades mentais estão polarizadas entre os que defendem que o efeito é pequeno e aqueles que defendem que o efeito é poderoso (Littlejohn, 2002). Não conhecemos muito bem disciplinas novas, como a ciência cognitiva, a ciência da informação e a neurofilosofia, que buscam compreender como entendemos a fim de reproduzir o processo com as tecnologias da informação.

A universidade moderna chegou no terceiro milênio com uma pletora de paradigmas de conhecimento, todos buscando a partir de diferentes perspectivas resolver a questão que tem estado no núcleo central das universidades desde o início: o que é a realidade? Que haja tantas abordagens à questão seria algo saudável se os acadêmicos que defendem paradigmas opostos estivessem em uma disputa aberta como na época medieval ou na época clássica. Todos eles não podem estar certos. É provável que nenhum esteja. No currículo desenvolvido neste capítulo eles são colocados em posição adjacente mútua em um programa de estudos que buscaria questionar as anomalias que existem entre eles.

A universidade moderna permite essas explicações diferentes da realidade desde que elas pareçam estar de acordo com o paradigma do racionalismo científico, o que parece ser algo como exigir o reconhecimento de uma infalibilidade papal na época da reforma. Essas são as falhas da abordagem científica que precisam ser abordadas, como observamos no Capítulo 7, principalmente na forma como a ciência é comunicada. Ela busca explicar a realidade física que está fora de nós à realidade virtual que está dentro de nós. Mas, como anteriormente previmos, isso só é possível por um meio, e todo meio e todo canal em todo meio têm uma diferente gama de capacidades e um diferente conjunto de restrições e demonstrarão uma versão diferente da realidade por causa disso. Também observamos que a linguagem é necessária, mas que toda linguagem oferece uma interpretação diferente de tudo o que sabemos, e toda escolha de toda palavra e a ordem sintática na qual elas são colocadas incorporam um significado diferente para todo indivíduo. Podemos ter passado de uma paradigma teológico para um científico, mas ainda vemos a realidade obscuramente e de maneira distorcida por meio das lentes da língua, da cultura, dos sentidos e da mídia. Os cientistas usam microscópios ou telescópios para ver aspectos do mundo que estão fora de nossas capacidades sensoriais, mas não dispõem de "linguoscópios" com os quais pudessem relacionar o que vêem aos bilhões de conexões neurais que se iluminam como conseqüência disso na vastidão de seus cérebros. Isso não é negar a ciência, mas dizer que até que sua metodologia abra espaço para o modo pelo qual as pessoas percebem o que a ciência percebe, a validade do que ela pretende explicar é questionável. Isso é como se tivéssemos a América esperando para ser descoberta na época de uma universidade virtual e global.

UM CURRÍCULO FRACTAL E ORGÂNICO

Os alunos compram e os professores ensinam programas de estudo em blocos semestrais. Os alunos não podem comprar meio semestre ou a terceira semana de um semestre ou fazer as disciplinas de dois semestres em um, ou comprar duas semanas em um ano e o restante no próximo ano, ou cursar as primeiras semanas em uma universidade e o resto em outra. Não há sequer duas universidades que tenham o mesmo horário, por isso nunca é possível para as pessoas que se mudam começar um programa de estudos em uma nova universidade a partir do ponto em que pararam em outra. Para ser delicado, a maneira que as universidades oferecem instrução não é voltada ao usuário. O único serviço que é tão inflexível é o oferecido pelo sistema prisional.

Em vez de programas de duração de um semestre de estudo, temos sugerido que a unidade básica de ensino pela qual os alunos pagam poderia ser um módulo de uma semana, como explicamos no Capítulo 3. Teria de haver alguns tutoriais fixos e seminários durante a semana, mas com um número maior de alunos divididos em grupos menores, que poderiam repetir-se em diferentes momentos. Além disso, a semana poderia ser repetida tantas vezes quanto o aluno desejasse. O Capítulo 4 apresentou o modo pelo qual os professores responsáveis pelo plano de ensino poderiam ser pagos pelos *royalties* de acordo com o número de alunos matriculados em suas turmas. Os professores poderiam operar no nível de unidades de HiperAula individuais semanais e serem pagos de acordo com o número de alunos que completassem cada unidade de uma semana. Essas unidades de uma semana poderiam ser agregadas para constituir um programa de um semestre de duração, visando a um diploma, e poderiam ser tomadas em si mesmas ou como parte de qualquer combinação que os aprendizes como clientes decidissem fazer para seus programas de estudo.

A Figura 8.2 demonstra como isso funcionaria. No primeiro nível temos uma aula virtual modular de uma semana sobre "globalização". Uma pessoa que quisesse estudar as questões práticas levantadas nessa semana poderia passar a um nível fractal onde a unidade de uma semana se torna a primeira unidade introdutória de um programa de um semestre de duração sobre a globalização que teria um mínimo de 12 unidades semanais, cobrindo diferentes aspectos da globalização e incluindo uma unidade sobre "globalização da educação".

Qualquer pessoa que queira estudar "a globalização da educação" em maior profundidade do que em uma unidade de uma semana poderia novamente passar a um terceiro nível fractal para fazer um programa de um semestre de duração sobre "globalização da educação", ao qual a unidade de uma semana de duração terá servido como introdução. O programa sobre "globalização da educação" tem uma unidade modular de uma semana sobre "a idéia de uma universidade virtual e global", que, por sua vez, forma a introdução a um programa de um semestre sobre "universidades globais virtuais" em um quarto nível. Nesse ponto teremos chegado ao nível deste livro e as unidades semanais podem ser consideradas como algo similar aos seus capítulos. Então podemos imaginar que haja uma unidade sobre a idéia de um currículo global, que corresponde a este capítulo. Será que alguém interessado nesta matéria poderia passar a um quinto nível e fazer um programa de um semestre de duração sobre ela? Na teoria, sim, mas, embora haja uma literatura considerável sobre universidades virtuais e globalização da educação, e algumas delas digam respeito a questões curriculares, não há ainda um corpo de conhecimento paradigmático sobre currículos globais. Neste momento chegamos na verdade à base da pesquisa sobre educação universitária conforme ela se aplica às questões da globalização.

A idéia de permitir que um programa de estudos se dê basicamente entre 12 e 14 semanas é se enquadrar na extensão usual de um semestre em uma universidade convencional. Não há, contudo, nenhuma razão pela qual não possa haver aulas virtuais com duração de 16, 20 ou 40 unidades modulares semanais a partir das quais os alunos poderiam selecionar. Se aceitarmos a idéia do aluno como cliente que pode escolher o que irá estudar e em que seqüência, então um currículo fractal dessa natureza dará espaço para que os alunos escolham de uma vasta gama de disciplinas aquelas que se encaixam em suas necessidades individuais.

Um currículo fractal permite que os alunos projetem sua aprendizagem, fazendo as próprias interconexões entre unidades modulares de uma semana de duração. Rastrear a demanda por diferentes unidades semanais e a freqüência com que os alunos tomam determinado rumo ao montarem seus semestres forneceria um fundamento para ensinar aquilo que refletisse o que os alunos querem.

Haveria projeção, mas esta estaria no nível de unidades semanais, em que profissionais do ensino que respondem a um *feedback* iterativo detalhado dos alunos estariam envolvidos na criação de ambientes de HiperAula, conforme o que se explicou no Capítulo 3. Quanto mais os alunos querem uma unidade, ou um caminho particular entre as unidades, mais haveria investimentos na elaboração e no desenvolvimento, assim como mais freqüente e disponível seria o ensino oferecido. Trata-se de um sistema orgânico de ensino que cresce em resposta ao interesse do aluno.

UM CURRÍCULO DE QUESTÕES

Nos locais mais remotos da Floresta Amazônica, nas ilhas mais isoladas do Pacífico, no Saara, no Congo e nos lugares mais altos do mundo nos grandes maciços montanhosos da Ásia, pessoas comuns assistem à televisão e ouvem rádio. No passado, em geral, as pessoas não-alfabetizadas sabiam o que estava acontecendo no local onde viviam e as alfabetizadas sabiam o que acontecia em seu país e nos países com os quais estivesse envolvido. Hoje, de uma maneira inédita, mesmo os mais humildes, mesmo os analfabetos sabem o que ocorre no mundo. Essa é a globalização "tecnocultural" (Green, 2002, p.69). Quando a mídia anuncia ao mundo que o World Trade Center havia desabado, que os Estados Unidos declaram guerra aos terroristas, que os refugiados são um problema e que tempestades violentas tudo destroem – todas essas situações tornam-se globais e, cada vez mais, as pessoas comuns no mundo inteiro vêem como sendo algo conectado às questões locais que as afetam diretamente. Mesmo que, como os estudiosos indicam (Schiller, 1991; Giddens, 1991), a voz global e a agenda que ela estabelece sejam dos ricos aos pobres, das nações desenvolvidas para aquelas em desenvolvimento, esse fato em si já se torna parte da agenda de quem ouve em silêncio. Mesmo se o controle comercial da mídia indique que muito não se diz e que muito do que se diz é enviesado, há alguns jornalistas que, como alguns estudiosos, permanecem fiéis à sua profissão e buscam a verdade. Às vezes, alguma coisa passa que tem um toque de realidade. As pessoas se identificam com histórias de tempestades, com histórias sobre a AIDS e sobre judeus, cristãos e muçulmanos, porque essas coisas também estão acontecendo a elas.

É com questões como essas que uma universidade deveria envolver-se e é com elas que o currículo de uma universidade global precisa começar. Contudo, ao desenvolver um currículo para uma universidade, a matéria que compõe tais questões precisa passar do caráter emotivo, simplista e isolado, relativo à mídia local e ao próprio local em que se vive. Os fenômenos da globalização precisam ser organizados em um corpo de pensamento que busque descobrir os elementos fundamentais que constituem a globalização, como eles se inter-relacionam e o que querem dizer. Se as disciplinas da universidade são paradigmas, desenvolver um currículo para a globalização implica considerar a globalização como paradigma, ainda que um paradigma emergente que não seja muito claramente percebido. A globalização não é um sistema projetado que surge da lógica humana, como as Nações Unidas. Podemos tentar controlá-la por meio de organizações como as Nações Unidas ou a Organização Mundial do Comércio (OMC), o Protocolo de Kioto e o Tribunal de Justiça Internacional, mas a globalização está desenvolvendo-se de maneira independente do controle humano e exibe as características de um sistema auto-organizado com potencial para o caos.

Inicialmente, o termo "globalização" foi usado para descrever um paradigma econômico, um jogo de mercado livre neoliberal, como um jogo de "banco imobiliário global" que todos os países eram estimulados a jogar até que ele se tornasse o único jogo do mundo. Mas, nesse jogo, os ricos tendem a ficar mais ricos e os pobres, mais pobres, a não ser que tenham muita sorte. As aplicações sintagmáticas puras da globalização como paradigma econômico não conseguiram levar em conta o impacto ecológico, as questões demográficas, a erosão da democracia e o impacto das novas tecnologias que o acompanham. O jogo da globalização é um paradigma econômico em que todos os aspectos da vida em um planeta finito sofrem um impacto. Além de já ter ultrapassado o ponto no qual as pessoas podiam dizer: "Não gostamos do jogo e gostaríamos de jogar outra coisa". Tornou-se um jogo muito maior do que qualquer pessoa pudesse imaginar. As regras e os princípios não são mais determinados unicamente pelos jogadores humanos. Nós nem sequer temos certeza sobre quais sejam essas regras e esses princípios.

É a partir da questão "o que é globalização?", conforme ela surge dos eventos da globalização, que o resto do currículo cresceria. Não há um paradigma de globalização sobre o qual haja acordo. Os estudos sobre globalização não estão ainda estabelecidos e ninguém escreveu um texto definitivo. Ainda assim, como uma espécie de "Golem", a globalização está aí entre nós, crescendo rapidamente, enquanto discutimos se a humanidade deve amá-la ou destruí-la. O que precisamos fazer é ir além de sua aparência básica como fenômeno comercial e incluir seu impacto ecológico, seu efeito sobre as culturas e comunicações e as implicações que isso tem na maneira que educamos, comercializamos e lidamos com pandemias.

O que se segue é uma sugestão para um programa de estudos cuja base seriam unidades modulares semanais que poderiam ser amalgamadas em um programa de um semestre de 12 a 16 semanas. Esse programa examinaria cada um dos processos críticos que estariam envolvidos no paradigma emergente da globalização, e o elemento econômico seria apenas um de vários subparadigmas.

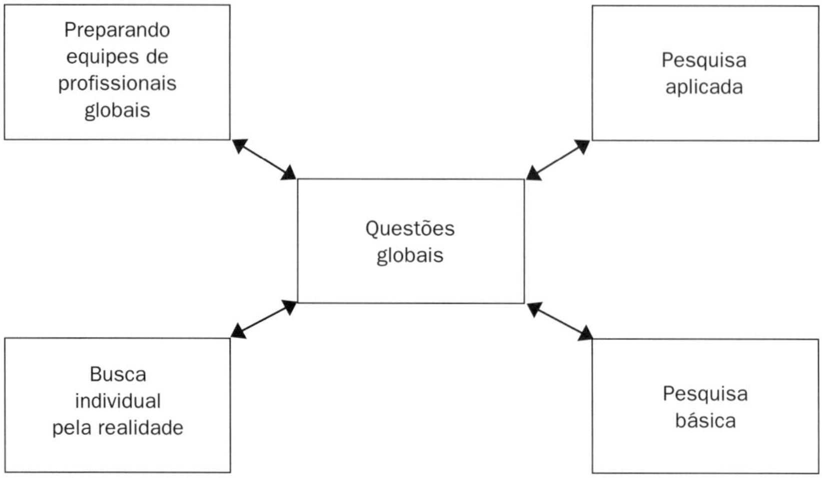

Figura 8.1 Interação básica em um currículo orientado a questões.

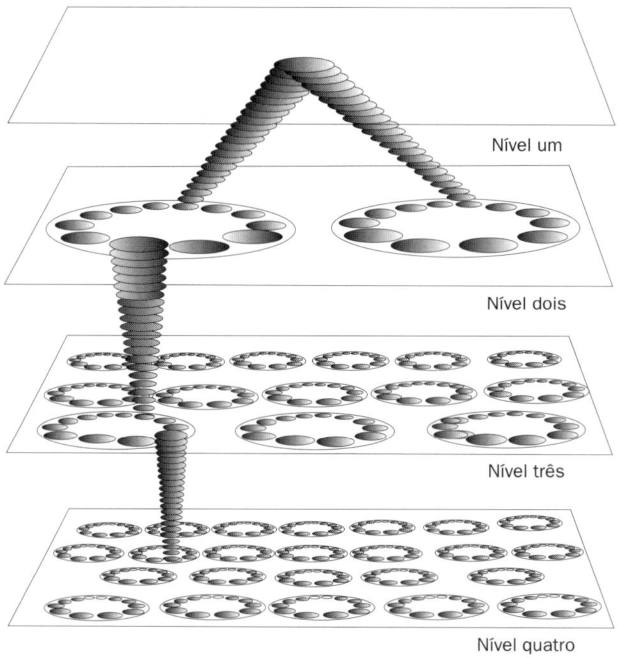

Figura 8.2 *Design* de um currículo global. O currículo tem quatro níveis. Os botões cinza representam unidades que duram uma semana. No nível mais alto, há apenas uma dessas unidades. Nos outros níveis, as unidades de uma semana estão agrupadas em formas ovais que representam programas de estudo que tenham a duração de um seminário. Os funis demonstram uma mudança fractal em que um módulo de uma semana em um nível se torna a introdução para um programa de um semestre em outro.

As questões estão conectadas aos universais dos currículos universitários, aos programas de estudo que formam profissionais e permitem a investigação da realidade, com a diferença que são postos em um contexto global, em vez de nacional. O currículo se volta às questões inter-relacionadas relativas à globalização, à realidade das questões e às habilidades que são necessárias para lidar com elas.

NÍVEL UM DE UM CURRÍCULO GLOBAL: UMA SEMANA INTRODUTÓRIA

O currículo é visto como algo que começa a partir de um módulo de uma semana que se dirige à questão: "O que é globalização?" Este seria o ponto a partir do qual o currículo evoluiria. Poderia ser oferecido livremente a qualquer pessoa em qualquer lugar via rádio, televisão ou internet e refletiria questões globais à medida que surgissem, mas todas seriam abordadas como sintomáticas de questões mais profundas. Buscaria ser um evento semanal de mídia que reagisse a eventos mundiais, gerasse debates, solicitasse comentários de figuras mundialmente conhecidas e de pensadores de destaque, desde que o assunto sobre o qual se debatesse nessa semana pudesse ser algo como quando a HiperRealidade, ou algo parecido com ela, estivesse disponível.

Ausubel (1967) modernizou a crença aristotélica de que o que se ensina deveria primeiro estar ancorado no que já se conhece. Quando as imagens de algum evento circulam pelo mundo, é isto o que as pessoas sabem. É aí que o estudo começa. Os sofistas davam aulas de graça na ágora não apenas para comercializar suas habilidades, mas para demonstrar a relevância de seu currículo para as questões de seu tempo. Isso é o que a aula de abertura virtual sobre globalização buscaria fazer: comercializar pelo exemplo, demonstrar sua metodologia e ir direto ao núcleo do que buscou ensinar e pesquisar, com a diferença que em vez de usar a praça, a universidade virtual e global utilizaria meios de comunicação de massa globais conectados a suas páginas da web.

NÍVEL DOIS DE UM CURRÍCULO GLOBAL: DOIS PROGRAMAS BÁSICOS

No segundo nível, estariam os programas de um semestre de duração: um voltado aos aspectos práticos da globalização, o outro, aos teóricos; um preocupado com a resolução de problemas profissional em nível global, o outro, com a questão da nova realidade que a globalização traz. Esses programas seriam introdutórios, mas cada uma das unidades semanais que os constituem poderia expandir-se em programas de um semestre de duração no nível três.

Nem a lista nem as descrições breves do programa de ensino pretendem ser definitivas. São pontos de partida. Elas mudariam com toda a aplicação iterativa para permitir que os programas crescessem em resposta a quem estivesse envolvido com eles, de maneira que se tornassem uma expressão do que as pessoas no mundo inteiro querem saber e estudar sobre globalização. As questões se definiriam sozinhas. Os dois programas básicos não pretendem colocar os alunos nesta ou naquela direção. Os alunos poderiam elaborar o próprio programa com seleções dos dois programas básicos.

Globalização: as questões práticas

Globalização

A aula virtual introdutória de uma semana do primeiro nível.

A globalização dos negócios e do comércio

Voltada ao paradigma econômico da globalização. Já que é isso o que a maior parte das pessoas relaciona à globalização, serve para firmar os alunos naquilo com que estão familiarizados.

Demografia global

Quem são os participantes da globalização? Onde estão os ricos e onde estão os pobres? Onde as populações estão crescendo e onde estão envelhecendo? Para onde se movem? Aqui poderiam estar incluídas questões como a dos refugiados e da pobreza, criando-se uma dialética com a unidade anterior.

Educação global

O clássico do cinema *All quiet on the western front* começa com um professor patriota entusiasmando seus alunos com a glória da nação alemã, de forma que, com orgulho e cheios de idealismo juvenil, eles marcham para os horrores das trincheiras da Primeira Guerra. Lá eles se deparam com jovens como eles que também aprenderam o mesmo sobre o orgulho em seus países. Os sistemas de educação nacionais ensinaram as pessoas a ser bons cidadãos. Que espécie de sistema educacional é necessário para também fazer deles bons cidadãos globais?

Ecologia global

A globalização ocorre em um planeta finito. Estamos cientes do aquecimento global e das conseqüências das velhas tecnologias da sociedade industrial, mas quais serão as conseqüências da engenharia genética e da nanotecnologia, do crescimento e do movimento dos povos, do aumento do turismo e da riqueza? Como chegar ao crescimento sustentável?

Recursos globais

A globalização econômica levou à exploração inconseqüente de recursos finitos do planeta: peixes, florestas, solo, minerais, água e seres humanos. A própria existência da humanidade depende desses recursos. O paradigma da globalização precisa dar espaço ao uso sustentável e equânime dos recursos globais.

Globalização do transporte

A globalização nos acompanha desde que Magellan navegou pelo mundo. É o notável desenvolvimento da tecnologia de transportes nos últimos 25 anos que permitiu o rápido movimento em massa de pessoas e de bens. Ainda assim, o desenvolvimento tecnológico dos transportes ainda está por acelerar-se. O quanto esse aspecto da globalização é sustentável? Como nos preparamos para ele?

Globalização e tecnologia da informação

Enquanto o transporte permite o fluxo livre de bens e de pessoas, a tecnologia da informação possibilita o livre fluxo do conhecimento, de idéias e de informação. Como as tecnologias de transporte, as tecnologias da informação ainda estão se desenvolvendo. No futuro, a globalização ocorrerá em um ambiente de telecomunicações de banda larga em que o poder de processamento dos computadores será parte do que usamos e as realidades física e virtual estarão misturadas na HiperRealidade. Qual será o impacto global?

Globalização do trabalho

O trabalho mental que caracteriza a sociedade da informação poderá fluir entre os países. Isso pode indicar o surgimento de novas indústrias nos países em desenvolvimento e também a exploração de trabalhadores e de trabalho infantil.

Globalização do lazer

O entretenimento tornou-se global quando os filmes de Charlie Chaplin passaram em todos os países. Cada vez mais, as pessoas ricas viajam por outros países. Os esportes são disputados globalmente. As Olimpíadas e a Copa do Mundo são transmitidas a uma audiência global. Será que isso cria um senso comum global ou será fonte de novos embates culturais?

Saúde global e a globalização da medicina

As universidades convencionais preparam os profissionais para atenderem às necessidades de saúde de uma nação. Os profissionais da saúde também são necessários na globalização. Os processos de transporte da globalização aceleram a disseminação de epidemias, e a internet levanta a possibilidade da telemedicina. Catástrofes globais e doenças associadas à pobreza exigem remédios globais.

Comunicação global

Enquanto escrevemos este livro, os Estados Unidos declaram guerra ao terrorismo. No século passado, presenciamos uma guerra muito forte contra o fascismo e uma Guerra Fria contra o comunismo, mas esses "ismos" estavam associados a determinados países e opunham nação contra nação. Com o advento da globalização, presenciamos o surgimento de novas questões de segurança em que o perigo está encoberto e talvez não consiga ser detectado por forças de segurança; uma cidade poderia ser feita refém por meio de uma bomba nuclear escondida ou de uma praga disseminada por via aérea. Há também desastres naturais que resultam do aquecimento global, dos terremotos, da fome e das doenças.

Governo global

Se o jogo da globalização tem de ser desenvolvido de acordo com regras, um sistema de governo baseado na lei que representa os povos do mundo como um todo se faz necessário. A comunidade mundial defende a democracia entre as nações, mas no núcleo das objeções que surgem nas passeatas de protesto em conferências sobre questões globais está o simples fato de que não há democracia global. As Nações Unidas são o que de mais próximo chegamos a um governo global, mas se baseiam em uma democracia de nações em que uns são mais iguais do que os outros. Ela não representa os povos do mundo. Ainda teremos de ouvir o grito de "Não à globalização sem representação", e a idéia à primeira vista parece impraticável, mas será que o desenvolvimento da tecnologia da informação poderia torná-la possível no futuro?

O impacto das novas tecnologias sobre a globalização

As tecnologias de transporte e da informação tornaram a globalização possível. Isso, por sua vez, torna possível a rápida difusão mundial de novas tecnologias, como a engenharia genética, a nanotecnologia e a robótica. Elas se tornam parte do paradigma de globalização, embora ainda não esteja claro o que sejam, que impacto causarão e qual papel terão.

Pesquisa aplicada sobre globalização

Como faremos a globalização funcionar de maneira benigna para a maior parte das pessoas e para o planeta? Quais são os elementos de um paradigma que é parcialmente um constructo humano e parcialmente uma conseqüência das forças planetárias que ainda estão surgindo? Como planejamos as novas tecnologias e controlamos sua aplicação? Quem serão os pesquisadores e quais métodos e linguagens usarão?

A caminho de uma prática da globalização

Os povos dos estados nacionais buscam viver juntos por meio da prática do respeito pelo outro, sob a lei e o governo, em um tipo de harmonia organizada que chamamos de "civilização". Como viver em comunidade como cidadãos globais?

Globalização: as questões teóricas

Este programa se dirige às questões filosóficas subjacentes sobre como percebemos e tornamos paradigmática a globalização. Isso se faz considerando paradigmas convencionais que se voltem à natureza da realidade, mas que são normalmente estudados separadamente, dando-lhes um enfoque comum sobre as questões da globalização.

Globalização

Esta seria uma unidade de aula virtual semanal a partir do primeiro nível que apresenta "Globalização: as questões práticas".

- Questões epistemológicas da globalização.
- Lingüística e globalização.
- Perspectivas científicas sobre a globalização.
- História da globalização.
- Evolução da globalização.
- Filosofia da globalização.
- Sociologia da globalização.
- Perspectivas teológicas sobre a globalização.
- A retórica da globalização.
- A comunicação da globalização.
- A economia da globalização.
- A ética da globalização.
- Pesquisa básica sobre globalização.
- A caminho de uma teoria da globalização.

NÍVEL TRÊS DE UM CURRÍCULO GLOBAL

Qualquer uma das unidades de uma semana que compõem os programas de um semestre listadas anteriormente poderia servir como unidade introdutória para um programa de um semestre neste nível. A maneira pela qual elas poderiam ser desenvolvidas está na Figura 8.2

NÍVEL QUATRO DE UM CURRÍCULO GLOBAL

Assim como os níveis dois e três, este consiste em programas de um semestre de duração, que são expansões das unidades modulares de uma semana do nível três. As unidades do nível quatro podem, por sua vez, ser expandidas em programas de um semestre de duração. Contudo, constatamos que, como no caso da educação já descrita neste capítulo, os programas de estudo deste nível tendem a basear-se em pesquisa corrente. Eles estão na ponta do conhecimento, dos problemas e das questões da globalização. O nível quatro na verdade se torna a base da pesquisa do currículo a partir do qual novos programas de estudo serão construídos.

O CURRÍCULO GLOBAL É POSSÍVEL?

Este currículo é para aprendizes autônomos em qualquer lugar e que tenham a motivação e as habilidades de linguagem para tirar proveito dele. O currículo pode ser considerado no todo ou em parte, por interesse ou por qualificação profissional, como parte de um curso de uma universidade convencional ou como um curso de uma universidade virtual e global. Diferentemente dos currículos baseados no corpo docente das universidades convencionais, ele é unitário e sincrético, dando peso à necessidade de encontrar o conhecimento para se lidar com os problemas da globalização, em vez de oferecer o conhecimento na expectativa de que ele resolverá problemas.

O currículo é projetado para ser aplicado principalmente na pós-graduação. À medida que o conhecimento da globalização se tornar um paradigma reconhecido, ele começará a infiltrar-se no sistema educacional. Os cursos de graduação vão desenvolver-se, e o estudo da globalização com o tempo estará presente no sistema escolar.

A possibilidade de desenvolver tal currículo foi testada ao pedir aos acadêmicos de todo o mundo que elaborassem programas que se encaixassem no modelo. Ao fazer isso, a hierarquia dos níveis foi-nos sugerida. Nos níveis dois e três, os acadêmicos que têm uma reputação em aspectos específicos da área expressaram interesse em conduzir uma unidade semanal modular e em projetar uma versão semestral. Eles conseguiram indicar outros acadêmicos que poderiam lecionar em unidades dentro de um calendário semestral. Contudo, chegou-se a um ponto em que os níveis fractais não podiam ser mais ampliados porque as pessoas estavam envolvidas em pesquisa original.

Pode-se pensar nos quatro níveis como uma hierarquia piramidal. O nível quatro se funda sobre uma base de pesquisa que busca entender e tornar paradigmático o que não se conhece na globalização, ao passo que a introdução à globalização do nível um se liga ao pensamento popular e a assuntos correntes que dizem respeito à globalização.

Embora haja uma estrutura seqüencial básica que sugeriria aos alunos que entrassem no nível um ou dois e progredissem em direção às raízes da pesquisa sobre globalização, a estrutura pretende tornar possível aos alunos a combinação de suas próprias escolhas de unidades em seu programa de estudos. Eles não precisam restringir-se a algum nível em especial ao fazer isso, podendo, então, por assim dizer, voltar-se a tópicos diferentes em caráter geral ou detalhadamente. A mesma unidade modular pode ocorrer em programas diferentes. Ao reconhecer essas sobreposições, o aluno pode formular com parcimônia um programa de estudos. Contudo, antecipa-se que alguns caminhos comuns surgiriam e que a elaboração do currículo reagiria a isso, dando nova forma aos programas semestrais oferecidos.

UM SINTAGMA DE ALERTA

Sam estava dando seu segundo HiperSeminário para estudantes de doutorado sobre a elaboração de um paradigma para o desenvolvimento de currículos.

– No último encontro – ele disse – analisamos os paradigmas naturais dos currículos. Há alguma questão sobre o tema antes que continuemos?

– Sim – disse Shirley – Gostaria de falar sobre gravidez. É um paradigma natural bastante importante para muitas pessoas, mas eu não consegui encontrar exemplos do tema nas universidades.

– Você já verificou o currículo médico? – perguntou Sam.

– Sim – disse Shirley. – Mas você tem de ser aluno de Medicina. Trata-se de um paradigma em que a gravidez é o problema. E o outro lado? O que as mulheres precisam saber sobre gravidez e não só sobre o aspecto médico do assunto. O que se pode dizer sobre a poesia da gravidez?

– Boa questão – disse Sam. E isso nos dá uma orientação neste seminário sobre paradigmas como invenções humanas.

Sam clicou em uma série de quadros de Colin McCahon e pediu aos alunos para deduzirem o paradigma do pintor. Eles acharam difícil, e ele explicou: "McCahon foi um controvertido pintor neozelandês que rompeu com o paradigma convencional da pintura, pintando palavras como objetos ou como parte de uma paisagem. Ao fazê-lo, ele estabeleceu um novo paradigma de pintura, e acho que ele é aceito agora porque seus quadros estão nas galerias do mundo todo e valem muito dinheiro".

Houve um murmúrio interessado e o grupo debruçou-se sobre a questão do que tornava alguma coisa paradigmática. Então, Sam apresentou-lhes outra imagem.

Há um paradigma parecido no Japão. Aqui temos um exemplo de um artista japonês chamado Tihsllub. A propósito, alguém lê japonês? – Não houve resposta. – É uma pena, porque esses ideogramas japoneses que formam a cadeia de montanhas são haicais, breves poemas que expressam a beleza das montanhas e das florestas, e vocês podem ver como os ideogramas japoneses lembram as árvores que cobrem os aclives e declives. Se observarem o céu acima das montanhas, verão como os ideogramas agora retratam nuvens que parecem sujas. A idéia é que elas sugerem poluição. Esses traços fortes que passam pela montanha e apagam as palavras simbolizam a maneira como a chuva poluída está destruindo a floresta.

A turma toda se comoveu com essas idéias e comparou McCahon com o artista japonês. Eles adoraram a maneira pela qual Tihsllub obteve um efeito com as fibras da madeira como pano de fundo e como isso lembrava o pôr-do-sol. Alguns alunos tiveram a impressão de que Tihsllub era mais sofisticado do que McCahon. Sam, então, girou a figura em 180 graus, de forma que as nuvens ficassem na parte inferior do quadro.

– Importa – disse Sam – se eu virar a figura de cabeça para baixo?

– Sim – disse Ahmed – não se segue a sintaxe do paradigma. A escrita está de cabeça para baixo e as nuvens na base do quadro.

– O que vocês diriam – disse Sam – se eu lhes contasse que essa é a maneira correta de ler caracteres japoneses?

A turma ficou intrigada. O quadro havia ficado um tanto quanto diferente. Sam virou a figura em 90 graus, colocando as nuvens à direita.

– Se o texto estivesse em inglês, ficaria assim.

– Não faz mais sentido – disse Ahmed.

– E se eu lhes dissesse que as nuvens são preços em iene? – disse Sam.

Shirley não entendia o que Sam queria. Como é que as nuvens poderiam ser preços? Então ela de repente percebeu:

– É uma lista de algumas coisas com seus preços!

– Obrigado, Shirley – disse Sam, sorrindo. – Trata-se, na verdade, de um menu de restaurante.

– Mas então o que são os traços fortes em preto? – alguém perguntou.

– São itens que foram tirados do menu – disse Sam. Uma onda de divertimento passou pelos alunos quando perceberam que haviam sido enganados.

– Então não existe um paradigma – disse Ahmed.

– Há, sim – disse Sam. – Este é um sintagma dos paradigmas dos menus.

– Então não existe um paradigma para McCahon? – perguntou Ahmed.

– Eu inventei Tihslubb, mas McCahon de fato foi um pintor famoso, embora o mundo da arte ainda discuta sobre o paradigma a que ele pertence ou se de fato pertence a algum. O que eu quero demonstrar aqui é como determinamos a validade de um paradigma. Que parcela do que ensinamos será um dia percebida como um paradigma sem sentido ou falho ou como fraude? Quantas disciplinas nas universidades têm tão pouco valor quanto o meu Tihsllub?

Denise, uma aluna francesa, disse:

– Professor, de onde você conseguiu o menu?

– De um pequeno restaurante localizado nas montanhas perto de Kyoto – disse Sam. – Pareceu-me tão atraente que pedi um ao gerente do restaurante.

– Professor, você nos mostrou o quanto é fácil inventar um paradigma e fazer com que as pessoas acreditem nele – disse Denise -, mas por que você ficou com o menu? Com certeza não foi para lembrar da comida que estava disponível naquele dia. No Japão, mesmo as coisas mais simples têm um significado subjacente à sua função.

Sam olhou interessadamente para Denise. – Você conhece o Japão?

– Eu morei lá muitos anos – disse Denise.

– Então você sabia desde o início que eu estava brincando.

– Sim, claro – disse Denise –, mas embora, eu soubesse que era só uma brincadeira, ainda vejo montanhas no menu.

Figura 8.3 "Montanhas", de Tihslubb.

As palestras do Dr. Fox sobre "Teorias do Jogo Matemático Aplicadas à Educação Médica" foram apresentadas a três grupos de psiquiatras, psicólogos, assistentes sociais e educadores, que as avaliaram com carinho pelo interesse que provocavam, pelo modo como eram apresentadas e pelo seu conteúdo. Mas a palestra era uma mistura de afirmações contraditórias, de sentido ambíguo, sem seqüência lógica e de referências sem sentido apresentadas por um ator com muita facilidade de expressão e com um *curriculum vitae* falso. De um total de 55 sujeitos, dos quais a maioria tinha o diploma de mestrado ou de bacharelado, ninguém percebeu que se tratava de uma brincadeira (Naftulin et al., 1973). Há outros exemplos como esse, que levantam a questão: "O quanto é válido o que estudamos em uma universidade?" A força de paradigmas como os da medicina e da matemática é manifesta em suas aplicações e em sua continuidade histórica, mas quantas das novas disciplinas ensinadas solenemente nas universidades de hoje ainda serão ensinadas daqui a 20 anos? Qual será sua aplicação daqui a 10 anos? A implicação das palestras do Dr. Fox é que "o grau de satisfação dos alunos com o ensino recebido e mesmo o grau de sensação de aprendizagem que julgam ter atingido refletem pouco mais do que a ilusão de ter aprendido" (Naftulin et al., p.635).

Os cientistas acreditam que na matemática há um paradigma puro isento dos labirintos lingüísticos em que o Dr. Fox pode esconder-se, um paradigma que pode explicar o mundo e permitir que se desenvolvam tecnologias para dominá-lo. São neopitagóricos que acreditam que tudo se explica em números. Dewdney (1999, p.2) fez as seguintes perguntas: "A matemática foi descoberta ou foi criada? E por que a matemática é tão incrivelmente útil nas ciências naturais?". Ele conta como levou essas perguntas a matemáticos notáveis que viviam na Grécia, no Egito, em Veneza e Oxford, e que conheciam profundamente as tradições matemáticas desses lugares, e como eles as respondiam de uma maneira que fazia sentido a partir de suas diferentes perspectivas. Mas o próprio Dewdney se assemelha muito ao poeta-matemático Omar Khayyam, que viveu quase mil anos antes dele e que escreveu:

> *Eu mesmo quando jovem avidamente freqüentei*
> *O doutor e o santo e ouvi grandes argumentos*
> *Sobre isso e sobre aquilo: mas cada vez mais*
> *Saía pela mesma porta como lá entrara.*
>
> (Khayyam, tradução de E. J. Fitzgerald, 1859)

9
Corporação global

> A educação e a economia global são vistas como possuidoras de uma relação interdependente. A competição na economia global é dependente da qualidade da educação.
>
> (Spring, 1998, p.6)

> As universidades são uma das causas da globalização e também um efeito dela.
>
> (Marginson e Considine, 2000, p.48)

> O enfoque de um negócio é o lucro, o enfoque de uma universidade é o conhecimento.
>
> (Mason, 1998, p.151)

> Se a Organização Mundial do Comércio (OMC) fizer tudo o que bem entender (...), o comércio na educação estará aberto à competição global, e se espera que ultrapasse toda outra espécie de comércio no setor de serviços (...) Não é, portanto, difícil, ver por que empreendedores predadores e vice-reitores sem dinheiro encontram no ensino *on-line* uma oportunidade atraente.
>
> (Dhanarajan, 2001)

INTRODUÇÃO

A internet tornou possível unir alunos, professores, pesquisadores, conhecimento e problemas por meio dos sistemas telefônicos e dos computadores. Essa é a base da universidade virtual. As vantagens econômicas são enormes. Já há centenas de universidades virtuais na internet. A maioria delas é composta por universidades convencionais que buscam, com sucesso variado, adaptar seus cursos já existentes à internet em busca de maiores mercados, e universidades abertas que estão trocando os cursos por correspondência por cursos *on-line*. Algumas buscam vantagens comerciais formando consórcios. Algumas são fábricas de diplomas. Algumas se voltam a culturas específicas, como os celtas, os tâmeis e os maoris. Nenhuma delas, contudo, tentou repensar radicalmente a própria natureza de uma universidade, para que ela possa voltar-se às necessidades de uma nova episteme cuja característica básica seja a tecnologia da informação e a globalização. Este foi nosso objetivo ao escrever este livro.

Os capítulos anteriores trataram dos universais de um paradigma universitário e de como eles estão propensos a mudar no futuro. Todos os sistemas importantes precisam de um subsistema de controle, e uma exigência universal das universidades é algum sistema de gerenciamento. Na universidade moderna, a administração até pouco tempo estava nas mãos de acadêmicos que viam os objetivos dessa instituição em termos acadêmicos e no contexto de um Estado que lhes dava apoio. Hoje, a administração universitária adotou o sistema MBA e cada vez mais considera sua missão em termos monetaristas. As universidades do futuro precisarão ser auto-sustentáveis e competitivas no comércio mundial do ensino que vem junto com a globalização. Este último capítulo lidará com a organização de uma universidade virtual e global como empresa global e com as principais questões que ela enfrentará para manter seu propósito acadêmico.

A IDÉIA DE UMA UNIVERSIDADE GLOBAL

Como todas as universidades, a virtual e global reuniria alunos e professores para estudar a aplicação do conhecimento a problemas de nível avançado que envolvessem tanto a pesquisa quanto o ensino. Haveria um *campus* propiciando serviços de apoio, tais como bibliotecas, um espaço para as pessoas socializarem e para o ensino em profundidade. Seriam oferecidos diplomas de bacharelado, mestrado e doutorado, os quais precisariam ser comparáveis em qualidade e peso ao das universidades tradicionais.

Enquanto a universidade convencional pode ter uma extensão na internet, mas é essencialmente baseada na realidade atômica de uma locação física, uma universidade virtual e global existiria na realidade digital da internet, embora também precise ter extensões na realidade física para fins de avaliação, que poderiam também propiciar experiências profissionais em aprendizagem situada. Uma universidade virtual e global do futuro também será diferente da primeira geração de universidades virtuais que hoje existe na internet discada, no sentido de que tirará vantagem da infra-estrutura avançada de tecnologia de informação que estará disponível nos próximos 20 anos. Quando projetam uma universidade feita com cimento e tijolos, as pessoas buscam fazê-la avançar tanto quanto possível no futuro, prevendo espaço para expansão. De maneira similar, uma universidade virtual e global deve projetar seu espaço no futuro da telecomunicação em banda larga e no poder de processamento dos computadores, que será muito maior. Isso tornará possível o tipo de ambiente descrito como HiperRealidade, em que a realidade virtual e a realidade física e a inteligência humana e a inteligência artificial se misturam. Tais infra-estruturas tornam possível construir *campi* virtuais com um rico ambiente, não apenas no aspecto artístico de sua arquitetura, mas na ampla variedade de atividades que transformam a universidade em um lugar empolgante.

A aplicação da inteligência artificial ao ensino e à administração torna possível desenvolver o ensino em escala. Adicionar 10 ou 20 alunos não implica contratar outro professor nem construir uma nova sala de aula. Quanto mais os alunos se matriculam, menor o custo *per capita* e melhor a qualidade dos programas oferecidos, pois há mais dinheiro para investir em materiais e para atrair acadêmicos de ponta. Uma universidade virtual e global tem um potencial maior de melhorar a qualidade de seus programas do que a maioria das universidades e, ao mesmo tempo, de reduzir o custo para um valor inferior à metade do custo de uma instituição convencional. Enquanto os custos da construção e da manutenção de uma universidade convencional e do sistema de transporte a ela associado aumentarão com o passar do tempo, os custos *per capita* de uma universidade virtual e global comercial diminuirão. Uma universidade virtual e global pode tornar-se um grande negócio.

Para uma universidade virtual na internet, não importa onde os professores e alunos estão fisicamente. Torna-se possível dispor de uma universidade que é global e regional em vez de nacional e local. Contudo, essa universidade não pode, como as convencionais, buscar apoio e abono de fontes nacionais. Para sobreviverem, as universidades globais virtuais têm de ser entidades empresariais e talvez tenham de encontrar espaço como universidades nacionais até que recebam aprovação global. Enquanto as universidades sustentadas pelo Estado buscam restringir a entrada e o tempo para obtenção de um diploma, uma universidade corporativa virtual e global buscaria maximizar e entrada e estimular os alunos a continuarem estudando enquanto quisessem. Caberia ao aluno decidir se está apto ou não a estudar em determinada área. A qualidade dos cursos seria controlada pelos padrões e pelo rigor dos procedimentos de avaliação e de exames.

Em vez de vender o ensino universitário em semestres, os cursos seriam vendidos em unidades semanais. Os alunos poderiam fazer um curso aos poucos, e tão rápido ou devagar quanto necessário. Eles poderão passar 20 semanas em um curso se já dispuserem da maior parte do conhecimento necessário, ou 20 anos, se gostarem de estudar.

Nenhuma universidade convencional poderia encontrar professores para lidar com o tipo de expansão que poderia ser possível com uma universidade virtual e global. Os programas de estudo de sucesso em que o número de alunos aumenta rapidamente representam um problema para as universidades convencionais e limites têm de ser estabelecidos. Os locais para aulas não são grandes o suficiente, precisa-se de mais pessoal e pelo menos um ano passará entre o reconhecimento da necessidade de mais pessoas trabalhando e o ato de contratá-las, o que poderá fazer com que o número de alunos caia tão rapidamente quanto subiu. Em uma universidade virtual, na qual os professores são pagos de acordo com o número de alunos, bastaria apenas uma troca eletrônica de contratos. O professor poderia começar imediatamente. Sua remuneração dependeria do número de alunos, da qualidade do ensino e da demanda pelo que se ensina. Os professores poderiam ganhar muito mais do que os professores universitários ganham hoje, ou muito menos. Pela primeira vez, os professores seriam pagos de acordo com o grau de sucesso.

Os bons acadêmicos acham isso um desafio. Quando testamos a idéia com acadêmicos respeitados internacionalmente, durante um mês, quase 50 deles haviam demonstrado interesse em lecionar dessa forma. É claro que a maior parte deles já tinha um posto acadêmico. No momento, os acadêmicos em geral têm a liberdade para lecionar um programa de estudos fora de suas universidades desde que ele não interfira nos programas de ensino regulares e nas pesquisas. Oferecer um seminário ou palestras durante uma semana com base em um livro que tenham escrito não é um grande compromisso. Se, contudo, a unidade semanal tiver sido um sucesso e a demanda por ela crescer, o professor talvez tenha de chegar a algum acordo com sua universidade ou tomar uma decisão de atuar como *free-lancer* para uma universidade virtual e global, o que significaria trocar a segurança da estabilidade no emprego pela possibilidade de um grande salário e reconhecimento global.

Seria preciso haver algum tipo de conselho acadêmico com função similar a um conselho editorial de uma revista especializada acadêmica que garantiria a qualidade dos cursos e as credenciais dos professores, mas o critério básico aplicado seria simplesmente que o curso proposto fosse baseado em um texto publicado academicamente aceitável e reconhecido internacionalmente. Quantos programas de estudo nas universidades convencionais são ensinados pela pessoa que produziu o texto estudado?

UMA UNIVERSIDADE VIRTUAL E GLOBAL NA ÁGORA VIRTUAL E GLOBAL

Na tradição védica, a partir das quais as universidades da Índia surgiram, um dos deveres dos alunos era mendigar por seu guru. Dando esmolas, a comunidade apoiava de maneira voluntária a educação superior. A idéia de uma universidade *pro bono publico* tem suas raízes na tradição da Grécia e também da Ásia. Ainda hoje, espera-se que acadêmicos veteranos e administradores de universidades levem seus chapéus (virtuais) para pedir esmolas a ex-alunos, grandes empresas e governo. É claro que eles usam uma abordagem mais mercadológica do que a utilizada na mendicância.

Quase tão antiga é a tradição de pagar pela educação de nível superior. Os sofistas, nos séculos IV e V a.C., ofereciam seus serviços no mercado para treinar um jovem durante um período de três ou quatro anos pelo preço de mil dracmas – um dracma correspondia ao salário diário de um trabalhador qualificado – (Marrou, 1956). Não parece tão diferente do que as universidades cobram de seus alunos hoje.

As educações privada e pública coexistem desde que as universidades existem. As tradições da universidade chinesa remontam a academias privadas que havia na mesma época em que Confúcio (551-479 a.C.) estava desenvolvendo seu modelo de educação como algo aberto a todos, independentemente da classe (Du, 1992). A universidade medieval tinha a expectativa de que os alunos pagassem, mas patrocínios da Igreja e dos senhores feudais tornaram possível que alunos pobres que reunissem as condições necessárias freqüentassem a universidade (Crane, 2002). Hoje, no mundo inteiro, a educação superior é ainda sustentada em grande parte pelo Estado, mas a educação privada já responde por mais de 37% (OECD, 2000). Esse número crescerá devido ao que Anne Duin e colegas (2001) chamam de "mercado de aprendizagem", que está se abrindo na internet.

Se as tendências atuais continuarem, por volta de 2010 a população de usuários da internet deverá estar muito próxima do segundo bilhão. Se, porém, for estimada conservadoramente em 1 bilhão, o mercado potencial para as universidades globais virtuais será algo em torno de 800 milhões de pessoas. Isso tem como base as pesquisas da internet feitas pela NUA, as quais indicam que aproximadamente 80% dos usuários de internet estão acima dos 16 anos e são, portanto, estudantes potenciais para uma universidade virtual e global (http://www.nua.ie/surveys/index.cgi?f=VS&art_id=905354750&rel=true).

As pessoas que estão na internet são as que gozam de maiores vantagens econômicas e as que mais provavelmente farão uso de uma universidade virtual e global. Se tivéssemos de pensar em um aluno médio que fizesse apenas um semestre de estudos por ano a um custo de mil dólares, o tamanho do mercado potencial ao final da primeira década do novo milênio estaria na ordem de 800 bilhões de dólares.

A maior parte dos imensos empréstimos que os alunos contraem para obter seu diploma não é gasta pagando tarifas pelos cursos, mas no estilo de vida do aluno. E pode estar em coisas muito comuns, como transporte, acomodação, comida e vestuário, mas também pode incluir literatura, entretenimento, esportes e viagens, que são parte da vida estudantil. Ao redor de qualquer *campus*, encontramos lojas e serviços de banco, de viagem, livros, objetos de decoração, esportes, sociedades, clubes, academias esportivas, planos de saúde, orientação profissional e consultoria. Analisar o valor comercial da educação universitária em termos de custos é como observar o setor de viagens em termos de lugares disponíveis nos aviões. O dinheiro que se gasta de fato na viagem está no valor dos componentes de seguro, bens comprados nas lojas *duty free*, transporte em terra, hotéis, entretenimento e tudo o que faz do turismo uma das maiores indústrias do mundo. A maior parte do dinheiro da educação universitária sempre foi gasta no estilo de vida a ela inerente. O tamanho do mercado para as universidades globais virtuais por volta de 2010 provavelmente dobrará com o valor dos serviços associados. Estamos apenas no começo da expansão da educação universitária de que falamos no Capítulo 5. A educação universitária será para a sociedade da informação do futuro o que a indústria petrolífera é para a sociedade industrial de hoje. Isso não se dá somente por causa do tamanho do mercado, mas porque é aquilo que as universidades oferecem que será o combustível de uma sociedade que depende do conhecimento.

Muito da angústia que hoje está presente nas universidades deriva do fato de os acadêmicos considerarem que o impacto da expansão do número de alunos acontece sem que haja um aumento correspondente nos recursos ou qualquer incentivo financeiro. Onde o pessoal da área de administração vê mais clientes, os acadêmicos vêem padrões declinantes. As universidades precisam desesperadamente da eficiência e do senso comum que são inerentes à boa prática administrativa. Precisam atrair alunos, remover as barreiras reguladoras e administrativas à entrada na universidade, deixar o cliente decidir o que quer e oferecer esse serviço, deixar os bons professores e os bons pesquisadores ganharem um bom dinheiro e maus professores e maus pesquisadores irem embora. As universidades têm de escapar da sombra do Estado e tornarem-se empresas, mas não devem, nesse processo, perder sua integridade como universidades. Buscamos entender o que é isso ao nos voltarmos aos universais das universidades e aos perigos que enfrentam quando passam a operar comercialmente. O modelo empresarial que está sendo aplicado às universidades de hoje parece ser aquele de uma fábrica de salsichas. Tanto a área editorial quanto o teatro, onde há respeito pelo conteúdo comercializado, representam melhores exemplos da relação que é possível entre quem oferece serviços e entre quem os manuseia administrativamente.

CONFERIR CRÉDITO (RECONHECIMENTO)

A expressão "conceder crédito" deriva do latim *credere*, acreditar, crer. Um paradigma só existe entre pessoas que aceitam sua existência e que, portanto, aceitam as idéias, as regras e os valores pelos quais ele pode ser executado.

Isso é uma forma de crença. Até bem pouco tempo as pessoas acreditavam nas universidades. Havia uma mística. As universidades abrigavam os importantes senhores do saber científico; eram a consciência da sociedade; conferiam reconhecimento aos advogados, doutores e professores em que a sociedade acreditava. Mas esse não é mais o caso. Os médicos e os advogados são processados por maus serviços. Os alunos criam litígios contra sua *alma mater* quando os diplomas obtidos não lhes garantem empregos. As universidades estão perdendo crédito.

Esta não é a primeira vez que a fé nas universidades diminui. Acontece toda a vez que a episteme muda. Em um mundo no qual as universidades estão se tornando virtuais e globais, é necessário considerar de outra maneira o modo pelo qual elas recebem crédito no que diz respeito aos seus cursos, professores e alunos.

A universidade moderna é reconhecida pela nação onde se encontra. Isso pode se dar por um procedimento regulador estabelecido pelo governo ou pode ser algo voluntário e sujeito a inspeções regulares, como nos Estados Unidos, ou pode tomar a forma de uma licença de fundação ou ato parlamentar. Uma vez reconhecida, a universidade pode em geral criar seus programas de estudos, sendo considerada autônoma. Contudo, tanto os processos internos quanto os externos para se reconhecer uma universidade envolvem a avaliação, e isso é algo que depende da episteme em que a universidade se insere.

Os gregos antigos chegaram aos seus valores por meio de um processo de pensamento racional. As universidades islâmicas e as européias medievais retiraram seus valores da teologia. Mas a episteme está mudando. O capitalismo tornou-se a ideologia dominante. O dinheiro sempre foi um modo de atribuir valor às coisas. Agora, tornou-se a única maneira da valorizar as coisas que todos reconhecem. O sistema de valores da globalização deriva não do cristianismo, do islamismo, do confucionismo, do budismo ou do cientificismo, mas do monetarismo. Na mudança do milênio, as universidades necessariamente colocaram seus valores em termos monetários, pois isso era o que o governo estava fazendo, porque era isso que o mundo estava fazendo. O ideal do Estado nacional como um Estado do bem-estar está em baixa. Os serviços públicos oferecidos pelo Estado passam por uma forte investigação monetarista, o que inclui o setor de serviços.

Pelos padrões administrativos, as universidades foram gerenciadas de maneira ineficiente pelos acadêmicos. Eles estavam abertos a críticas no que diz respeito ao uso do financiamento público. Na última década do século XX, vimos um movimento no mundo inteiro para substituir a administração das universidades realizada por acadêmicos e para acadêmicos por uma administração cuja maior característica era o gerenciamento de alunos. Um modelo industrial de gerenciamento eficiente foi introduzido nas universidades. Hoje, elas são vistas como provedoras de serviços de informação, e os alunos, como clientes. A qualidade não é mais garantida pela estabilidade no emprego ou por dias de descanso ou pelo pagamento de bons salários, mas pelos mesmos princípios que construíram as pirâmides: padronizar as unidades operacionais básicas, controlar com rigor os trabalhadores e um estalar ocasionalmente do chicote.

A AVALIAÇÃO

Em um artigo intitulado "O quanto as universidades são necessárias?", Alan Peacock (2001, p.6) volta-se aos problemas do reconhecimento, e cita Adam Smith: "Quando um homem aprendeu sua lição muito bem, certamente tem pouca importância saber onde ou com quem ele a aprendeu".

No mundo de Adam Smith, o sistema de avaliação é que seria reconhecido, e não o sistema de ensino. Isso implicaria um sistema de avaliação nacional para cursos que são nacionais em sua natureza e uma avaliação global para os cursos que são globais. Seria então possível para qualquer pessoa que pagasse uma tarifa que cobrisse os custos passar por exames de certificação. Se os procedimentos de avaliação fossem testes rigorosos à prova de falsificações e nos quais os candidatos pudessem aplicar um paradigma de conhecimento a um conjunto de problemas relevantes, importaria onde, ou como, ou por quanto tempo aprendessem a fazê-lo? Se os procedimentos de avaliação fossem testes cegos, os avaliadores não saberiam se um candidato tinha estudado sob a proteção de uma universidade de prestígio ou anonimamente em uma fábrica de diplomas ou, na verdade, se eles tinham já estado em alguma instituição de nível superior. Seria possível comparar o ensino entre universidades a partir de premissas válidas. Aprendizes autônomos poderiam estudar por conta própria. Por que uma pessoa tem de ir à universidade para conseguir um diploma? Será que um sistema independente de avaliação, em princípio similar ao do serviço público chinês, é mais justo que o sistema atual? Universidades do mundo todo aceitam o International Baccaleureate como uma qualificação de entrada, por que não criamos então um International BA como uma qualificação universal de saída?

Toda universidade tem um conjunto próprio de regras sobre o conteúdo de um curso: quem pode fazê-lo, como será feita a avaliação e o que o aluno deve fazer para tirar seu diploma. Embora as universidades saibam o que se passa nas outras, especialmente quando estão no mesmo país ou campo de estudo, o fato é que não há uma definição operacional geralmente acordada sobre o que constitui um curso ou os padrões pelos quais ele deva ser avaliado. Não há um equivalente global, no paradigma de uma disciplina universitária, ao Test of English as a Foreign Language ou ao International English Language (TOEFL)ou ao Testing Service (IELTS). Ainda assim, as universidades de língua inglesa dependem desses testes internacionais de proficiência do paradigma da língua inglesa quando aceitam alunos que não são falantes nativos de inglês. Não há um modo de se comparar um curso em determinada área de uma universidade a outro. Cada universidade oferece seu próprio currículo desenvolvido a seu modo pelos próprios padrões e pelos próprios professores. E aqui chegamos ao que todo aluno sabe ser a carta-surpresa do baralho: o professor. Pois, em última análise, é o professor quem decide exatamente o que se ensina e como se ensina e também quem prepara e corrige os testes, trabalhos e exames que decidem as notas de um aluno.

Os alunos aprendem com rapidez quais disciplinas são fáceis e em que a avaliação é mais branda e, conseqüentemente, montam um programa de estudos que farão com que obtenham seu diploma com um esforço mínimo. O sistema sempre foi aberto a excessos, e graças aos professores da universidade moderna é que se manteve uma avaliação objetiva. Mas hoje há uma pressão de parte dos alunos e da administração para melhorar as notas obtidas. O inchaço das notas está amplamente difundido nos Estados Unidos, mesmo entre as universidades prestigiadas, segundo Harvey Mansfield (2001), professor da Universidade de Harvard, que durante um semestre de 2001 provocou um grande tumulto entre seus colegas ao dar aos seus alunos duas notas distintas: uma nota oficial, que estava em conformidade com o nível inchado adotado em Harvard, onde 50% dos alunos têm nota A; e uma nota pessoal que avaliava os alunos de acordo com o que ele achava ser justo.

Para ser válido, o processo de avaliação deve ser separado do de ensino. Isso não quer dizer que os professores não devam elaborar e corrigir os testes e trabalhos, que são parte do processo de ensino e da avaliação formativa. Estamos aqui nos referindo à avaliação final da capacidade de um aluno aplicar seu conhecimento a um grupo de problemas. Isso precisa ser avaliado por um grupo de especialistas que estejam de fora do processo de ensino. É a base para a certificação para a prática profissional e que avalia não apenas o aluno, mas também o professor e a instituição de ensino.

Quando os alunos realizam trabalhos assincrônicos por conta própria, alguns deles colam, entregando o trabalho de outra pessoa como se fosse o seu. Esse parece ser um fato da vida universitária que provavelmente remonta a Pitágoras (será que o teorema era dele mesmo?). A única maneira de estar certo de que um aluno tem a capacidade professada por um diploma é fazer com que ele, pessoalmente, sob a supervisão de um especialista neutro ou inspetor aplique o paradigma de conhecimento a uma instância arbitrariamente selecionada do conjunto de problemas a que o conhecimento se volta. Em última análise, o exame e a prática supervisionada permanecem sendo a única base de que se depende para a certificação.

Temos sugerido que uma universidade virtual e global tenha um sistema de estudos de três camadas, em que os alunos poderiam acumular unidades semanais até formar um programa de um semestre, que, por sua vez, poderia ser acumulado para a obtenção de um diploma. Um diploma de bacharel seria concedido, como é o padrão das universidades, quando o aluno completasse 12 semestres de estudo, com uma avaliação ao final de cada um deles. Tais exames devem ser elaborados, aplicados e corrigidos, sob a supervisão de um comitê, na realidade física, também sob supervisão rígida de centros sancionados, em que o aluno precisaria apresentar provas documentais de que ele é a pessoa que se inscreveu para o exame. Sem esse sistema, nenhuma universidade virtual seria levada a sério. Na verdade, sem esse sistema de exame, nenhuma universidade deveria existir.

Além de estabelecer um sistema nivelado para conceder diplomas, poderia haver benefícios, especialmente para a globalização, na padronização da prática que isso garantiria. Tome-se o caso da teoria da informação, da teoria cibernética e da teoria de sistemas. Todos são paradigmas de conhecimento bem-estabelecidos, aceitos universalmente e interconectados que não têm nenhuma conotação cultural especial e que são ensinados nas universidades do mundo todo em várias línguas. Deveria, portanto, ser possível estabelecer um currículo universal e um sistema de avaliação para essas disciplinas. Isso seria na verdade algo muito sensato, pois em conjunto elas formam o paradigma de conhecimento no qual a infra-estrutura da tecnologia de informação se baseia. Um setor da International Telecommunications Union, conhecido como ITU Telecommunications Standardization Sector (ITU-T), tem como tarefa padronizar os conceitos e procedimentos do paradigma de conhecimento pelo qual as telecomunicações funcionam globalmente, a fim de estimular o crescimento da infra-estrutura de informação global emergente. Grupos internacionais de estudo elaboraram recomendações para novos planejamentos que se tornam os padrões internacionais aceitos. É isso que permite que haja a telefonia global, a internet e o futuro ambiente de banda larga. Sem a interoperacionalidade do equipamento e dos serviços que essa padronização torna possível não haveria globalização. Não é surpresa que o ITU-T tenha um grande interesse em chegar a um consenso sobre as técnicas de descrição utilizadas para padrões de telecomunicações, no treinamento e na educação. Faria sentido envolver uma organização tal como a ITU-T na concessão de crédito e na avaliação do ensino das estruturas teóricas que sustentam o paradigma de telecomunicações internacional (assim como o paradigma internacional de computação).

As disciplinas que buscam ser não-culturais e operam globalmente, como a matemática e a medicina, poderiam também buscar estabelecer currículos e sistemas de avaliação sobre os quais houvesse concordância internacional por meio de associações e sociedades internacionais. Tais sistemas de crédito e de avaliação deveriam estar disponíveis em tantas línguas quanto possível.

Nem todos os paradigmas do conhecimento são globais por natureza. A comunicação interpessoal, de grupo e organizacional, diferentemente de técnicas e artefatos da tecnologia da informação, não funciona da mesma maneira no Japão e nos Estados Unidos. Um currículo nacional e um sistema de avaliação sobre comunicação humana que incluísse esses paradigmas de conhecimento precisariam ser elaborados para o Japão e para os Estados Unidos. Quando os paradigmas de conhecimento são específicos de um Estado, tal como a lei de um Estado, ou culturais, como a lei islâmica ou *shariah*, ou específicos de uma língua, como no caso da literatura portuguesa, sistemas de avaliação e de reconhecimento público voltados a questões nacionais, culturais ou lingüísticas seriam necessários, mas esses ainda deveriam ser externos às universidades e, portanto, capazes de oferecer mensurações imparciais de competência.

OS NOMES COMERCIAIS

Se um título fosse um título, independentemente do local onde a pessoa estudou, importaria saber onde ela estudou? Nós não compramos serviços simplesmente com base em seu aspecto utilitário. Não necessariamente vamos ao restaurante mais barato para satisfazer nossa fome. Queremos aproveitar a experiência. O paradigma da universidade implica mais do que ensinar as pessoas a aplicar o conhecimento.

As pessoas estão preparadas para pagar pelo nome de uma marca. Estudar em Heidelberg, Cambridge ou Yale tem prestígio. Tais universidades atraem acadêmicos de alto nível e também bons alunos. Dependendo do tempo e do espaço e do ponto de vista, universidades de grande nome podem ser vistas como instituições imbuídas de honestidade intelectual ou como universidades que inculcam certo fanatismo estreito. Um aluno de pós-graduação de West Point e um aluno de pós-graduação de uma universidade islâmica podem ter notas iguais em navegação, mas visões de mundo muito diferentes. O lugar em que a pessoa estuda e com quem estuda é algo que não se mede por exames, mas indica coisas relativas ao contexto social e cultural no qual se obteve o diploma e sobre a rede de profissionais com quem provavelmente se trabalhará.

Pode ser que as primeiras universidades virtuais e globais desenvolvam-se como extensões das universidades que já possuem uma reputação global. A idéia de uma versão virtual dos *campi* das universidades de Bologna ou de Cambridge em uma versão virtual das cidades de onde tais universidades retiram seus nomes pode vir um dia a provar que seja difícil demais para essas universidades resistirem.

Para os geógrafos, há distinção em estudar na Universidade de Wisconsin-Madison, para pedagogos, na Universidade do Estado da Flórida, para medicina da aviação, na Universidade de Otago, pois nesses cursos tais universidades são líderes mundiais. Talvez tenhamos universidades virtuais de medicina global, transporte global, tecnologia da informação global e teletradução, que pelo fato de unirem os melhores acadêmicos, bases de dados, pesquisadores e apoio profissional poderiam tornar-se especializadas em campos específicos ainda não abordados por universidades comerciais.

O HIPERCAMPUS

O Capítulo 8 voltou-se a um currículo para uma universidade virtual e global que atendesse à questão da própria globalização como uma base para retornar ao ideal de uma universidade que lidasse com o universo do conhecimento. Para esse currículo ser ensinado em um contexto que estimulasse o ensino em profundidade, seria necessário um *campus* virtual que pudesse encantar da mesma maneira que Oxford fazia no passado.

Tentamos descrever tal *campus* (Tiffin e Rajasingham, 1995), baseando-o no princípio de que uma universidade é um local de encontro para professores, alunos, conhecimento e problemas. Esses itens foram representados por quatro prédios virtuais colocados nas quatro extremidades de um quadrado. Os cantos da figura tinham trilhas que poderiam levar a jardins virtuais, campos esportivos virtuais, lojas virtuais e teatros virtuais. Sentimos que era suficiente colocar juntos os elementos de uma universidade; o ambiente deveria gerar entusiasmo intelectual. Uma nova arquitetura foi necessária, que não estivesse limitada às leis da física, investida de inteligência artificial e de uma expressão imaginativa de esperanças e possibilidades que uma universidade deveria apresentar para o futuro de sua comunidade. JITAITs poderiam andar pelo quadrado e estar sempre disponíveis para conversar, as árvores poderiam cantar arranjos corais, enquanto suas folhas dançariam, e as estátuas de grandes filósofos poderiam ser questionadas sobre suas idéias.

> Antes de sair do *campus*, Shirley queria visitar as Torres de Ensino. Ela foi primeiro até o quadrado e ficou encantada ao descobrir que ele estava programado para começar o dia, pois agora era justamente o início da noite. Mas então ela lembrou que [a universidade] ficava aberta todo o tempo e estava disponível para qualquer pessoa de qualquer país. As luzes estavam se acendendo e os últimos raios do sol estavam sobre a torre. Será verdade, pensou ela, que quanto mais altas as torres em que os grandes senhores do conhecimento têm seus quartos, mais alta a estima com que são tratados? Ela apontou para a imponente entrada das torres e lançou-se em uma realidade virtual que era, com suas paredes de carvalho, com a balaustrada de uma escada e com interpretações suaves de "Gaudeamus igitur", a própria epítome de uma grandiosa e velha universidade. (Tiffin e Rajasingham 1995, p.160)

Em 1996, uma de nossas alunas de mestrado, Liz Mirams, preparou uma versão básica desse *campus* virtual na internet, e testamos turmas em que os participantes de diferentes locais participavam como avatares. Apresentamos o *campus* virtual em várias conferências e pedimos a colegas de diferentes partes do mundo para participarem como avatares.

Estamos falando de uma simulação da HiperRealidade por meio da projeção de realidades virtuais gráficas tridimensionais em uma grande tela de uma sala escura. O efeito será melhor se selecionarmos um avatar neutro para representar a audiência e se adotarmos o ponto de vista subjetivo do avatar a fim de que os membros da audiência possam identificar-se com a perspectiva dele. Em uma ocasião, a audiência, como avatar, encontrou-se com o avatar de Mirams, que começou a mostrar-lhes o *campus* virtual que ela havia desenvolvido. Eles visitaram os laboratórios de pesquisa virtual, a biblioteca virtual, o grêmio estudantil virtual e finalmente as "torres de ensino" com sua galeria de retratos de acadêmicos. O avatar da audiência foi então levado a uma janela virtual e convidado a olhar através dela. Quando o fez, a audiência descobriu que estava olhando para a parte de trás de suas cabeças. Em uma versão virtual da caverna de Platão, a imagem que tinham diante de si na realidade virtual vinha de uma câmera de vídeo colocada atrás deles.

Depois disso, várias pessoas da audiência disseram que até que descobrissem como o efeito era obtido tiveram uma sensação de deslocamento. Como toda mídia que exige imersão, apenas percebemos suas possibilidades e limitações quando começamos a usá-las. Um novo fator está envolvido em um HiperCampus, que podemos pensar como telepresença. Ele sugere uma grande questão de pesquisa quanto ao impacto da HiperRealidade e da realidade virtual sobre a psique humana (Schuemie et al., 2001).

A ORGANIZAÇÃO DE UMA UNIVERSIDADE VIRTUAL E GLOBAL

A Figura 9.1 reflete como uma universidade virtual e global poderia ser organizada a partir do ponto de vista do aluno. Mostra o jeito que os alunos a encontrariam quando buscassem, na web, informações sobre qualquer disciplina que poderiam conectá-los a qualquer aspecto da universidade ou qualquer parte de uma disciplina ensinada ou pesquisada na universidade. O *site* seria projetado como uma teia de aranha, para apanhar idéias e seus criadores.

Como visitante ao *site* de uma universidade virtual e global, um possível aluno poderia, como está se tornando rotina nos *sites* das universidades, estudar o currículo, examinar o *background* dos professores, ver o que está disponível na biblioteca, que pesquisa está sendo feita e como a universidade é governada, administrada e gerenciada, e quem são seus proprietários. Usando óculos especiais ou um capacete de visualização, os alunos poderiam também experimentar a realidade virtual do *campus* como uma experiência de imersão total. Na Figura 9.1, o visitante está no centro do quadrilátero, olhando em direção à biblioteca. O prédio fractal à direita é o centro de pesquisas, e à esquerda está o centro de ensino. Entrar em qualquer um desses prédios significa entrar em realidades virtuais dentro de realidades virtuais que o visitante poderia explorar, mas a interação no *site* não estaria aberta a eles.

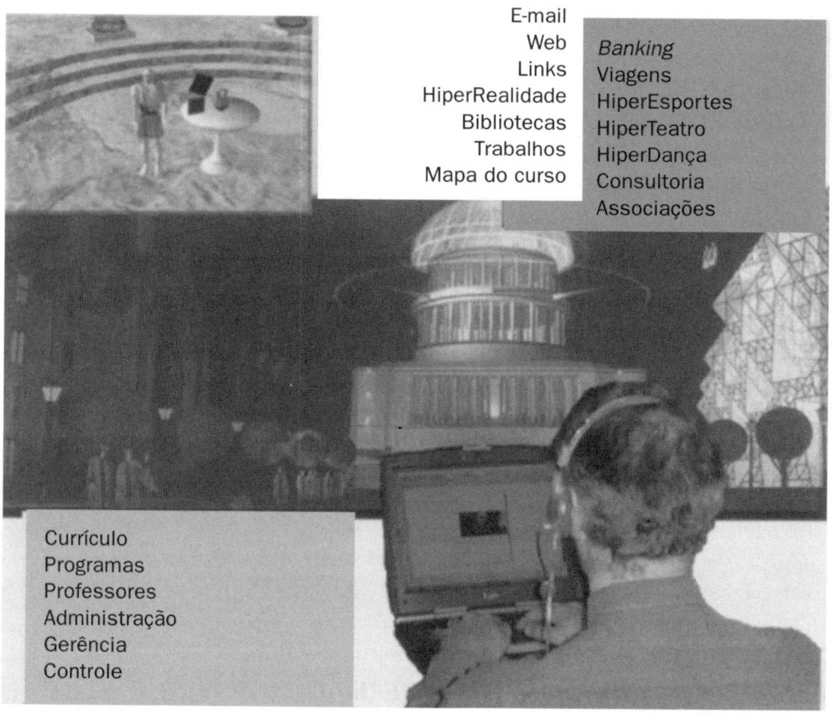

Figura 9.1 Organização de uma universidade virtual e global a partir da perspectiva de um aluno. O *campus* virtual no centro da figura é da capa de *In search of the virtual class: education in an information society*.

O visitante poderia a qualquer momento decidir ingressar na universidade. Tudo o que precisaria ser feito é uma transação básica feita pela internet com um cartão de crédito. Em poucos segundos, eles teriam uma senha de aluno matriculado e um avatar com o qual teriam sua telepresença interativa no *campus*. O avatar poderia usar uma toga e talvez um chapéu com as cores de seu curso para reconhecer colegas com os quais tenha afinidade. Da maneira já descrita no Capítulo 2, o avatar poderia ter a aparência da pessoa que representa e refletir sua expressão facial. Também seria possível ajustar o avatar cosmeticamente para que tivesse a aparência que a pessoa desejasse, ou ter qualquer aparência possível.

O único critério para ingressar seria a responsabilidade que o aluno assumiria de decidir quais disciplinas cursar e em que seqüência, bem como sua capacidade de enfrentar o estudo exigido. Se um aluno escolher mal, as conseqüências de desistir seriam pequenas, pois o pagamento seria semanal. Ninguém precisa se preocupar com acomodação, segurança e estacionamento. Os acadêmicos não precisariam estar presentes em salas próprias, salas de pessoal ou participar de reuniões infindáveis. A comunicação entre os administradores e os professores envolveria pouco mais do que o acordo de um contrato. Uma considerável quantia do trabalho administrativo de uma universidade simplesmente desapareceria ou seria automatizada.

O aluno poderia ingressar pagando uma tarifa mensal ou anual por direitos totais no *campus* interativo que lhe permitiriam socializar com outros alunos, ir a eventos do *campus*, tais como palestras com convidados, teatro virtual, eventos virtuais esportivos e usar facilidades *on-line*, por exemplo agente de viagens, banco, serviços de seguro e saúde e lojas do *campus* com descontos de aluno. Seria possível para uma pessoa desfrutar da vida estudantil sem ter de estudar, mas a expectativa é a de que ela queira fazê-lo, mesmo que seja apenas como ouvinte em um módulo virtual em que poderia participar de tutoriais, seminários e palestras, mas sem ter de fazer trabalhos. A tarifa seria menor do que a de quem faz o módulo semanal visando a um diploma.

Quando os acadêmicos administram as universidades, eles não conseguem administrá-las como negócios. As universidades precisam ser empresas para sobreviver no futuro; elas não sobreviverão como universidades. Alguma forma de administração conjunta é necessária, com um CEO responsável pelos negócios, e um reitor responsável pela gerência acadêmica. Ambos devem considerar-se como pessoas que trabalham juntas e de maneira comprometida. A universidade tem de ser um negócio, e o negócio tem de ser a universidade; uma tensão dinâmica entre negócios e academia deve ser reconhecida como fundamental para o desenvolvimento. O controle administrativo geral da universidade deve sustentar essa polaridade. Conselhos de controle administrativo devem ser compostos por acadêmicos e homens de negócios. Isso também se refletiria nos acionistas. Uma possibilidade sugerida por John Sinclair (1998) é que os estudantes de pós-graduação adquirissem uma opção de controle acionário da universidade. Dessa forma, os alunos, depois de formados, seriam uma voz poderosa no controle administrativo, preocupada com a manutenção do valor do diploma obtido e do bom nome da instituição.

OS CENTROS GLOBAIS DE ESTUDO

Uma das principais coisas que aprendemos é que a maioria dos alunos, mas não todos, quer encontrar-se na realidade. Quanto mais se comunicam na realidade virtual mais querem aproveitar a realidade física. Surpreendemo-nos com o número de alunos que pagaram viagens internacionais e hotéis para encontrar colegas e professores de outros países que participaram de suas turmas. Isso parece ter pouco a ver com o a aquisição do paradigma e com a prática do sintagma, mas muito a ver com aprendizagem situada. Os *campi* virtuais têm o potencial de ser lugares bastante empolgantes, mas precisam ser contrabalançados por encontros em lugares reais. Isso sugere que haja um *link* entre ensino e turismo, o que já está evidente em viagens acadêmicas a lugares históricos e clássicos. Centros de estudo poderiam ser estabelecidos em lugares de grande beleza natural ou de interesse cultural, em que os alunos de diferentes países que tenham estudado juntos na realidade virtual pudessem encontrar-se, na realidade física, com seus professores em uma atividade extra que propiciaria o ensino em profundidade em um ambiente social e cultural agradável que também propiciasse facilidades para o turismo.

Outra possibilidade poderia resultar do desenvolvimento, por parte das universidades virtuais, de contratos com universidades convencionais, que permitiriam aos alunos virtuais participarem de sessões conjuntas nas dependências de uma universidade convencional.

O mundo empresarial vê as universidades como "(...) uma indústria madura para o desdobramento de atividades" (Duderstadt, 1999, p.13). Uma característica popular que se desenvolveu em décadas recentes em muitas cidades é o da praça de alimentação. Muitas lojas de franquia em países diferentes estão lado a lado em um lugar em que as pessoas podem sentar-se e conversar enquanto comem. Será que um dia as universidades convencionais adotarão o princípio básico envolvido nesse processo e se tornarão pontos-de-venda de uma gama de universidades virtuais competidoras, enquanto as funções esportivas, recreacionais e sociais do *campus* tradicional ofereceriam um lugar comum para os alunos encontrarem-se e dançarem independentemente da universidade que freqüentam? Muitas praças de alimentação hoje vendem comida que retrata a mistura de diferentes culturas. Talvez vejamos algo similar no desenvolvimento de cursos que tenham como fonte diferentes universidades. Isso sugere um futuro em que os alunos poderão cursar diferentes programas e diferentes partes de programas em diferentes universidades.

A MISSÃO CIVILIZADORA

Hoje, a Universidade de Wisconsin-Madison (UW) é uma universidade moderna. Desde o início, como as que surgiram graças à concessão de terras ou como outras universidades estatais dos Estados Unidos, a UW dedicou-se às necessidades do Estado que a fundou e sustentou. Ela ensinou às classes administrativas e de governo as leis, a filosofia, a medicina, os procedimentos contábeis, a língua e os valores culturais das pessoas que estabeleceram o novo Estado de Wisconsin. Ela pesquisou o território do Estado em termos de sua geomorfologia e drenagem, sua geologia e solo, sua flora, fauna e clima. Os departamentos de cartografia e de geografia mapearam e mensuraram e buscaram, com as estatísticas, explicar as relações causais entre os atributos físicos do Estado. Uma pesquisa empírica precisou explicar os fenômenos em termos quantitativos e ensinou as pessoas como aplicar e tirar vantagem de tais estudos em campos como os da agricultura, silvicultura, mineração e engenharia. O povo de Wisconsin prosperou.

Uma nova episteme baseada na utilidade da realidade física substituiu a dos ameríndios. Black Hawk e seu povo não cercavam a terra e nem a compravam e vendiam como mercadoria ou pensavam nela como propriedade privada. Nisso, os Sauk eram como outros povos tribais sem língua escrita e, portanto, fadados à carência de civilização. Ações similares às guerras com Black Hawk ocorreram ao longo do século XIX à medida que os Estados Unidos se expandiam para o oeste, a Rússia para o leste, os poderes europeus lutavam pela África, Australásia e por boa parte da Ásia, e a Argentina, Brasil e outros países independentes da América Latina à época expandiam seu domínio do mesmo modo que os Estados Unidos.

Figura 9.2a Uma placa diz "Black Hawk, Cacique Sauk refugiou-se nesta área em 21 de julho de 1832, perseguido pela milícia e por soldados dos Estados Unidos. (Fotografia reproduzida com a permissão de D. E. Hanna.)

Figura 9.2b A área é da Universidade de Wisconsin, que foi fundada 16 anos depois. (Fotografia reproduzida com a permissão de D.E. Hanna.)

A Etiópia tinha uma linguagem escrita pelo menos tão antiga quanto a de Roma, embora não fosse uma nação industrializada, e, na luta pela África, a Itália buscou colonizá-la. O soberano Menelik era, como Black Hawk, um tático brilhante, com tropas bem-treinadas, lutando com armas primitivas contra um exército moderno. Ao contrário de Black Hawk, contudo, Menelik tinha um grande exército e conseguiu derrotar o exército italiano na Batalha de Adowa. Como resultado, Menelik ficou com a posse das armas de um exército moderno. Ele se voltou, com elas, contra os povos tribais da fronteira de seu território, que não tinham linguagem escrita e eram, por sua vez, considerados pelos etíopes como não-civilizados. Os exércitos de Menelik se movimentaram para o sul, para o leste e para o oeste, para estabelecer as fronteiras do império etíope. Cerca de cem anos depois, o exército italiano vingou-se. Uma silenciosa Liga das Nações ouviu Hailé Selassié argumentar que a Etiópia era uma nação como elas. Os países desenvolvidos não viam o fato dessa forma, e a Itália então colonizou a Etiópia. Mas, nas excentricidades da Segunda Guerra, Hailé Selassié conseguiu novamente recuperar seu império. Uma das primeiras coisas que ele fez foi fundar uma universidade. A Etiópia é hoje um membro de longa data das Nações Unidas e tem duas universidades. Desde a Segunda Guerra, toda nação tem buscado ter alguma universidade, mesmo que, como a

Universidade do Pacífico Sul, seja uma universidade compartilhada. Assim como ter um Exército, um Poder Judiciário e uma bandeira, ter uma universidade é algo visto com um ritual de passagem a uma situação de Estado internacionalmente aceito.

Os meios do império do século XIX eram a força da tecnologia industrial: armas, navios e ferrovias. O que decidia se determinado território era civilizado, como algo distinto de ser algo que precisasse de civilização (*pace* Etiópia), era se o povo tinha uma língua escrita e se tinha adotado práticas científicas racionais e tecnológicas. Para ter isso, uma nação precisava de um sistema de educação superior. A missão civilizadora da universidade moderna tem sido a de unir a ciência e a tecnologia com a saúde, a educação e as noções de democracia para a nação a que serve.

Qual será então a missão civilizadora das universidades globais virtuais e a quem elas servirão? Elas podem surgir a partir de universidades pertencentes a países de língua inglesa para que estes estendam sua hegemonia. Podem servir como o braço do conhecimento das empresas globais à medida que elas substituem os estados nacionais, da mesma forma que estes substituíram a sociedade tribal. Podem tornar-se empresas globais e não mais do que empresas globais, o equivalente na sociedade do conhecimento à indústria do petróleo na sociedade industrial. Podem tornar-se um movimento global como os Verdes ou a ONG Médicos Sem Fronteiras, oferecendo uma contra-ideologia à abordagem neoliberal da globalização.

Os territórios a serem explorados e reclamados são os mundos virtuais dentro de nós e aqueles localizados nas florestas crescentes da tecnologia da informação. O que precisa de civilização é o que conhecemos hoje como globalização. Os profissionais que uma universidade virtual e global produzirá são aqueles que trabalharão em âmbito global. Os indivíduos que ela deve inspirar são aqueles que buscam um *insight* que esteja além do aprisionamento inerente aos paradigmas nacional, cultural, lingüístico e de pesquisa. A busca, como sempre na universidade, é por sabedoria na busca da verdade.

Referências

Ardener, E. (1973), "Some Outstanding Problems in the Analysis of Events' , in M. Chapman (ed.) *Edwin Ardner – The Voice of Prophecy and Other Essays,* pp. 86-104. Oxford: Black.

Ausubel, D.P. (1967) *Learning Theory and Classroom Practice,* Toronto: The Ontario Institute for Studies in Education.

Averroes, R.I. (1966) *Commentary on Plato's Republic,* Cambridge: Cambridge University Press.

Barnett, R. (1997) *Higher Education: A Critical Business,* Buckingham: Open University Press.

Barthes, R. (1977) *Image, Music, Text.* London: Fontana.

Bates, A. W. (1995) *Technology, Open Learning and Distance Education,* London: Routledge.

Bateson, G. (1979) *Mind and Nature: A Necessary Unity,* first edn, New York: Dutton.

Bear. J. *(1994) Bear's Guide to Earning College Degrees Non Traditionally,* California: C and B Publisher.

Beard. M. (1995) 'Don's diary', *CAM: Cambridge Alumni Magazine,* Easter: 7.

Beck, F.A.G. (1964) *Greek Education,* London: Methuen and Co.

Beer, S. (1992) 'About flat earths: cybernetics and human knowing', A *Journal of Second Order Cybemetics and Cyber-Semiotics,* 1,1: 1.

Benjamin, H. (1971) 'The saber-tooth curriculum', in R. Hooper (ed.) *The Curriculum: Context, Design and Development,* Edinburgh: Oliver and Boyd in association with the Open University Press.

Biggs, J. and Davis, R. (eds) (2002) *The Subversion of Australian Universities,* Wollongong, NSW: Fund for Intellectual Dissent.

Blackboard, available: http:www.blackboard.com/ (7 November 2002).

Blair, T. (2002) 'General election speech May 2001', in J. Sutherland, *The Guardian,* 22 July 2002.

Bodanis, D. (2000) *E=MC²: A Biography of the World's Most Famous Equation,* London: Macmillan.

Boulding, K. (1958) *General Systems Theory: The Skeleton of Science,* Chicago: Aldine.

Bowen, J. (1975) *A History of Western Education,* London: Methuen.

Bradbury, M. (2000) *To the Hermitage,* London: Picador.

Bridgeman, N. (1997) 'Application of information technology to rural communities: case study Taranaki', unpublished PhD Thesis, Victoria University of Wellington.

Bridgeman Dairy Farmer Website, available: http://grazel.taranaki.ac.nz/grazel/ (7 November 2002).

Brier, S. (1992) 'Cybernetics and Human Knowing', A *Journal of Second Order Cybernetics and Cyber-Semiotics,* 1: 61.
Burleson, B.R. (1989) 'Paradigm exemplars', in B. Dervin *(ed.) Rethinking Communication: Paradigm Exemplars,* Newbury Park, CA: Sage.
Burton, R. (1913) *The Anatomy of Melancholy,* Volume II, London: Belle and Sons.
Cahoon, B. (1998) 'Teaching and learning internet skills', *New Directions for Adult and Continuing Education,* 78: 5-13.
Canter, M. (1994) *How to Make a Fortune on the Information Super Highway,* New York: Harper Collins.
Carson, R. (1963) *Silent Spring,* London: Hamish Hamilton.
Cassirer, E. (1945) *Structuralism in Modern Linguistics,* in B. Malmberg (ed.) *Readings in Modern Linguistics,* The Hague: Mouton.
Casti, J.L. (1992) *Paradigms Lost: Images of Man in the Mirror of Science,* London: Abacus.
Chu, G. W. and Schramm, W. (1968) *Learning from Television: What the Research Says, Washington, DC: National Association of Educational Broadcasters.*
Columbia University Online, available: http://www.columbia.edu/cu/osi/DeansDay/DDknowledge_univ.htm (7 November 2002).
Coombs, P. W. (1968) *The World Educational Crisis: A Systems Analysis,* New York: Oxford University Press.
Crane, N. (2002) *Mercator: The Man who Mapped the Planet,* London: Weidenfeld & Nicolson.
Crystal, D. (1997) *English as a Global Language,* New York: Cambridge University Press.
Daniel, J.S. (1996) *Mega-Universities and Knowledge Media. Technology Strategies for Higher Education,* London: Kogan Page.
Dawkins, R. (1976) *The Selfish Gene,* Oxford: Oxford University Press.
de Hamel, C. (2001) in Peter Richards . 'Treasury of learning', *CAM: Cambridge Alumni Magazine,* Easter, 33: 28-33.
de Saussure, F. (1983) *Course in General Linguistics,* London: Duckworth.
Derrida, J. (1974) *Of Grammatology,* Baltimore: Johns Hopkins University Press.
Dewdney, A.K. *(1999) A Mathematical Mystery Tour,* New York: John Wiley and Sons.
Dhanarajan, G. (2001) 'Changing expectations of global education: charting a new course', Keynote presentation 15th Annual IDP Education Australian Conference Sydney: University of New South Wales, 25-28 September 2001.
Dickson, T. (2001) 'UK universities and the state: a Faustian bargain?', *Journal of the Institute of Economic Affairs,* 21,3: 23-9.
Dirr, P.J. (1999) 'Distance and virtual learning in the United States', in G. Farrel (ed.) *The Development of Virtual Education: A Global Perspective,* Vancouver: Commonwealth of Learning.
Dordick, H. S. and Wang, G. (1993) *The Information Society: A Retrospective View,* Newbury Park, CA: Sage.
Drexler, E.K. (1990) *Engines of Creation,* London: Fourth Estate.
Driscoll, M. (1998) *Web-based Training Using Technology to Design Adult Learning Experiences,* San Francisco: Jossey-Bass Pfeiffer.
Du, R. (1992) *Chinese Higher Education,* Basingstoke: Macmillan Press.
Duderstadt, J. J. (1999) 'Can colleges and universities survive in the inforrnation age', in R. N. Katz and Associates (eds) *Dancing with the Devil: Information Technology and the New Competition in Higher Education,* San Francisco: Jossey Bass Inc.
Duin, A.H., Baer, L. and Starke-Meyerring, D. (2001) *Partnering in the Learning Market-space,* EDUCAUSE Leadership Strategies, Volume 4, San Francisco: Jossey Bass Inc.
Eco, U. (1983) *The Name of the Rose,* London: Secker and Warburg.

Edwardes, M. (1961) *A History of India,* London: Thames and Hudson.
Einstein, A. (1982) *Ideas and Opinions,* New York: Crown.
Encyclopaedia Plus of World Problems and Human Potential [electronic resource] (1996) fourth edn, Union of lnternational Associations, Munchen, New Providence: K.G. Saur.
Ferrate, P.G. (2000) Prologo to the Spanish edition of J. Tiffin and L. Rajasingham (1995) *In Search of the Virtual Class: Education in an Information Society,* Barcelona: Universitat Oberta de Catalunya.
Fiske, J. (1990) *Introduction to Communication Studies,* London and New York: Routledge.
Fordham University Online, available: http://www.fordham.edu/halsall/source/vitryl1.html (7 November 2002).
Foucault, M. (1970) *The Order of Things,* New York: Pantheon House.
_____. (1990) *The Care of the Self. The History of Sexuality: Volume Three,* trans, R. Hurley, London: Penguin.
Freud, S. (1963) Reprint 1997 *General Psychological Theory,* New York: Touchtone Books.
Gagne, R.M. (1973) Personal communication, Wisconsin University, Tallahassee.
_____. (1974) *Principles of Instructional Design,* New York: Holt, Rinehart and Winston.
_____. (1977) *The Conditions of Learning,* New York: Holt, Rinehart and Winston.
Gardner, H. (1983) *Frames of Mind: the Theory of Multiple Intelligences,* New York: Basic Books.
Gee, J.P. (1990) *Social Linguistics and Literacies: Ideology in Discourses,* London, New York and Philadelphia: Falmer Press.
Ghosh, J.C. (1939) 'Universities of lndia', in E. Bradby (ed.) *Universities Outside Europe: Essays on the Development of University Institutions in Fourteen Countries,* London, New York and Toronto: Oxford University Press.
Gibb H.A.R. (1939) 'The University in the Arab Muslim World', in E. Bradby (ed.) *Universities Outside Europe: Essays on the Development of University Institutions in Fourteen Countries,* London, New York and Toronto: Oxford University Press.
Gibson, W. (1984) *Necromancer,* New York: Ace Books.
Giddens, A. (1991) *The Consequences of Modernity,* Cambridge: Polity Press.
Gleick, J, (1987) *Chaos: Making a New Science,* London: Cardinal.
Goleman, D. (1996) *Emotional Intelligence: Why It Can Matter More Than I.Q.,* London: Bloomsbury.
Gopnik, A., Meitzoff, A. and Kuhl, P. (2001) *How Babies think: The Science of Childhood,* London: Wiedenfield and Nicolson.
Gramsci, A. (1971) *Selections from the Prison Notebooks of Antonio Gramsci,* New York: International Publishers.
Green, L. (2002) *Technoculture: from Alphabet to Cybersex,* Sydney, NSW: Allen and Unwin.
Griffith University Online, available: http://www.autc.gov.au/caut/rrgt/chapter2.html (7 November 2002).
Hall, B. (1997) *Web-Based Training Cookbook,* New York: John Wiley and Sons.
Halliday, M.K.A. (1989) *Spoken and Written Language,* Oxford: Oxford University Press.
Hanna. D.E. (2000) 'Higher education in an era of digital competition: global consequences', in D. E. Hanna and Associates (eds) *Higher Education in an Era of Digital Competition: Choices and Challenges.* Madison. WI: Atwood Publishing.
_____. (2001) 'Open and flexible learning; an environmental scan', in C. Latchem and D. Hanna (eds) *Leadership for 21st Century Learning, Global Perspectlves from Educational Innovators.* London: Kogan Page.
_____. Glowacki-Dudka. M. and Conceicao-Runlee. S. (2000) 147 *Practical tips for Teaching Online Groups: Essentials of Web-based Education.* Madison. WI: Atwood Publishing.

Hartshorne. R. (1939) *The Nature of Geography: A Critical Survey of Current Thought in the Light of the Past.* Lancaster: Association of American Geographers.
_____. (1960) *Perspective on the Nature of Geography.* London: John Murray.
Haxton. B. (2001) *Fragments: The Collected Wisdom of Heraclitus of Espherus.* New York: Viking.
Heinich. R. (1970) *Technology and the Management of Instruction.* Washington, DC: Association for Educational Communications and Technology.
Herrnstein. R.J. and Murray. C. (1996) *The Bell Curve: Intelligence and Class Structure in American Life.* New York: Simon and Schuster.
Hewett. D. (ed.) (1999) *Neap tide,* Ringwood, NY: Penguin.
Hewitt. J., Scardamalia. M. and Webb. J. (1997) 'Situated design issues for interactive learning environments: the problem of group coherence', *Annual Meeting of the AERA, Indianapolis. April 1997.*
Hills. G., Sir (2001) 'Who owns the universities? The battle for university independence and against the dependency culture' *Journal of the Institute of Economic Affairs*, 21, 3: 12-17.
Hooper. R. (ed.) (1971) *The Curriculum: Context, Design and Development,* Edinburgh: Oliver and Boyd in association with the Open University Press.
Hudson, R. (1984) *Invitation to Linguistics.* Oxford: Martin Robertson.
Innis, H.A. (1950) *Empire and Communications,* Oxford: Clarendon Press.
_____. (1972) *Empire and Communications.* Toronto: University of Toronto Press.
Internet2, available: www.Internet2.edu (7 November 2002).
Johnston. S. (1997) 'Examining the examiners: an analysis of examiners' reports on doctoral theses', *Studies in Higher Education,* 22,3: 333-48.
Jones. S. (2002) 'Y: The descent of Man' *The Observer.* 29 September.
Kanigel. R. (2000) *One Best Way: Frederick Winslow Taylor and the Enigma of Efficiency. London: Abacus.*
Katz. R.N. (1999). Competitive Strategies for Higher Education in the Information Age', in R.N. Katz and Associates (eds) *Dancing with the Devil: Information Technology and the New Competition in Higher Education.* San Francisco: Jossey Bass Inc.
Kember. D.H. and Harper. G. (1987) 'Approaches to studying research and its implications for the quality of learning from distance education', *Journal of Distance Education.* 4, 2: 15-30.
Khayyam. Omar, *Rubaiyat,* trans. E. J. Fitzgerald (1859). London: B. Quaritch.
Kleijwegt. M. (1991) *Ancient Youth: The Ambiguity of Youth and the Absence of Adolescence in Greco-Roman Society.* Amsterdam: J. C. Gieben.
Kramer. S. N. (1963) *The Sumerians at Sumer.* Chicago: University of Chicago.
Kristeva. J. (1969) *Semeiotike. Recherches pour une Semanalyse.* Paris: Editions du Seuil.
Kuhn, T. S. (1962) *The Structure of Scientific Revolutions,* Chicago: University of Chicago Press.
_____. (1977) 'Second thoughts on paradigms', in T. S. Kuhn (ed.) *The Essential Tension: Selected Studies in Scientific Tradition and Change,* Chicago: University of Chicago Press, 239-319.
Langton, C., Tayler, C., Doyne, F. and Rasmussen, S. (eds) (1992) *Artificial Life II: The Proceedings of the Workshop on Artificial Life,* Santa Fe, February 1990, Redwood City, California: Addison-Wesley.
Lanier, J. (2001) 'Virtually there', *Scientific American,* April 1.
Lebedoff, D. (1981) *The New Elite: The Death of Democracy,* New York: Franklin Watts.
Levi-Strauss, C. (1972) *The Savage Mind,* London: Wakefield and Nicolson.
Littlejohn, S.W. (1992) *Theories of Human Communication,* Belmont, CA: Wadsworth Publishing Co.
_____. (2002) *Theories of Human Communication,* Belmont, CA: Wadsworth/Thompson Learning.

Litto, F. (1999) Personal communication, Rio de Janeiro.
Lovelock, J. (1988) *The Ages of Gaia: A Biography of our Living Earth,* Oxford: Oxford University Press.
_____. (2000) *Homage to Gaia: The Life of an Independent Scientist,* Oxford: Oxford University Press.
Lyotard, J-F. (1984) *The Postmodern Condition: A Report on Knowledge,* Minneapolis: University of Minnesota Press.
Macleod, D. (2001) 'But what now', *Guardian Weekly,* 13 February, available online: http://www.guardian.co.uk/GWeekly/front/0,3936,181083,00.html (14 November 2002).
McCormack, C. and Jones, D. (1998) *Building a Web-based Education System,* New York: John Wiley and Sons.
McLuhan, M. (1964) *Understanding Media: The Extensions of Man,* New York: Random House.
_____ and Fiore, Q. (1967) *The Medium is the Message,* New York: Bantam. Available online: http://www.alibris.com/subjects/entertainment/feature-author (7 November 2002).
Major-Poetzl, P. *(1983) Michel Foucault's Archaeology of Western Culture: Toward a New Science of History,* Brighton: Harvester.
Mansfield, C.H. (2001) 'Grade inflation: it's time to face the facts', *The Chronicle of Higher Education,* 6 April, 47,30: 24.
Marginson, S. and Considine, M. (2000) *The Enterprise University: Power, Governance and Reinvention in Australia,* Cambridge: Cambridge University Press.
Marrou, H.I. (1956) *A History of Education in Antiquity,* New York: Sheed and Ward.
Marton, F.S.R. and Säljö, R. (1976) 'On qualitative differences in learning -2: outcome as a function of the learner's conception of the task', *British Journal of Educational Psychology,* 46, 115-27.
Mason, R. (1998) *Globalising Education: Trends and Applications,* London: Routledge.
Masuda, Y. (1985) 'Computopia', in T. Forester (ed.) *Technology Revolution,* Oxford: Blackwell.
Merisotis, J.P. and Phipps, R. A. (1999) 'What's the difference? Outcomes of distance vs. V traditional classroom-based learning', *Change,* May/June: 13-17.
Miller R.E. (1998) *As if Learning Mattered: Reforming Higher Education,* Ithaca: Cornell University Press.
Mitchell, W. J. (1995) *City of Bits,* Cambridge, MA: The MIT Press.
Mudaliar, A. L. (1960) *Education in India,* London: Asia Publishing House.
Naftulin, D. H. Ware, J. E. and Donelly, F. A. (1973) 'The Doctor Fox lecture: a paradigm of educational seduction', *Journal Of Medical Education,* July, 48: 630-5.
Netto, S. P. (1998) *Telas que Ensinam: Media e aprendizagem do cinema ao computador,* São Paulo: Editora Alinea.
Newman, J. H. (1902) *Newman's University Sketches,* G. Sampson (ed.), London: Walter Scott Publishing Co.
_____. (1996) *The Idea of a University,* F. M. Turner (ed.), New Haven: Yale University Press.
Noelle-Neumann, E. (1984) *The Spiral of Silence: Public Opinion – Our Social Skin,* Chicago: University of Chicago Press.
NUA Internet Survey (2002) 'IntelliQuest: almost 80 million Americans Online', available online: http:/ /www.nua.ie/surveys/index.cgi?f=VS&art_id=905354 750andrel=true (5 November 2002).
O'Conner, J. and Robertson, E.F. (2000) '"Pythagoras' theorem" in Babylonian mathematics', available online: http://www-history.mcs.st-andrews. ac.uk/history/HistTopics/Babylonian_Pythagoras.html (5 November 2002).
O'Hagan, M. (1996) *The Coming Industry of Teletranslation,* Clevedon: Multilingual Matters.

_____ and Ashworth, D. (2002) 'Translation-mediated communication in a digital world', in G. Samuelson-Brown *(ed.) Facing the Challenges of Globalization and Localization,* Clevedon: Multilingual Matters.

Olcott, D.J. (2000) 'Redefining faculty policies and practises for the knowledge age', in D. E. Hanna (ed.) *Higher Education in an Era of Digital Competition: Choices and Challenges,* Madison, WI: Atwood Publishers.

O'Leary, D.L. (1980) *How Greek Science Passed to the Arabs,* London: Routledge and Kegan Paul.

Organisation for Economic Cooperation and Development (2000) *Investing in Education: Analysis of the* 1999 *World Education Indicators,* Paris: OECD. Available online: http://www.oecd.org (7 November 2002).

Palloff, R. M. and Pratt, K. (1999) *Building Learning Communities in Cyberspace: Effective Strategies for the Online Classroom,* San Francisco: Jossey-Bass.

Patterson, G. (1997) *The University from Ancient Greece to the 20th Century,*
Palmerston North, New Zealand: The Dunmore Press.

Patton, M. (1978) *Utilization-Focused Evaluations,* Beverley Hills, CA: Sage.

Peacock, A., Sir (2001). 'How necessary are universities?', *IEA Journal of the Institute of Economic Affairs,* 21, 3: 6-11.

Perdue, W.D. (1986) *Sociological Theory, Explanation, Paradigm and Ideology,* PaloAlto, CA: Mayfield Publishing Company.

Perez, C. (1983) 'Structural change and the assimilation of new technology in the economic and social systems', *Futures,* 15: 357-75.

Piltz, A. (1981) *The World of Medieval Learning,* trans. D. Jones, Oxford: Basil Blackwell.

Plato (1952) *Plato's Phaedrus,* trans. R. Hackforth, Cambridge: Cambridge University Press.

Pleumarom, A. (1994) 'The political economy of tourism', *The Ecologist,* 24: 142-8.

Pollan, M. (2001) *The Botany of Desire,* New York: Bloomsbury.

Porter, L.R. (1997) *Creating the Virtual Classroom: Distance Learning with the Internet,* New York: John Wiley and Sons.

Preston, D.S. (2002) 'The evolution of the English university mission', The Idea of Education Conference, Mansfield College, Oxford, 3-4 July 2002. Available online: http://www.inter-disciplinary.net/Preston%20Paper.pdf (26 November 2002).

Raza, M. (1991) 'Higher education in India', in M. Raza (ed.) *Higher Education in India: Retrospect and Prospect,* New Delhi: Association of Indian Universities.

Readings, B. (1996) *The University in Ruins,* Cambridge, MA: Harvard University Press.

Reagan, T. (2000) *Non-Western Educational Traditions: Alternative Approaches to Educational Thoughts and Practice,* Mahwah, NJ: Laurence Erlbaum Associates.

Rheingold, H. (1993) *The Virtual Community: Homesteading on the Electronic Frontier,* Reading, MA: Addison-Wesley.

Richards, P. (1995) 'King and martyr', *CAM: Cambridge Alumni Magazine,* Easter: 13-14.

Ryder, R.J. and Hughes, T. (1998) *Internet for Educators,* Upper Saddle River, NJ: Prentice-Hall.

Sayer, A. (1984) *Method in Social Science,* London: Routledge.

Schiller, H. (1991) 'Not yet the post-imperialist era', *Critical Studies in Mass Communications* 8,1: 13-28.

Schroeder, M. (1991) *Fractals, Chaos, Power Laws: Minutes from an Infinite Paradise,* New York: Freeman.

Schuemie, M.J. , Van Der Straaten, P., Krijn, M. and Van Der Mast, A.P.G. (2001) 'Research on presence in virtual reality: a survey', *CyberPsychology and Behavior,* 4: 2, 183-201.

Schweizer, H. (1999) *Designing and Teaching an On-Line Course: Spinning your Web-Classroom,* Boston: Allyn and Bacon.

Senate Special Comittee, (1970) 'Cultural economics: collected works of Henry Hillman Chartrand', available online: http://www.culturaleconomics.atfreeweb.com/art_ed_ni.htm (13 November 2002).
Shannon, C. E. and Weaver, W. (1949) *The Mathematical Theory of Communications,* Urbana: University of Illinois Press.
Shimohara, K. (2001) 'Artificial life in HyperReality', in J. Tiffin and N. Terashima (eds) *HyperReality: Paradigm for a Third Millennium,* London: Routledge.
Sinclair, J. (1987) *Collins Cobuild English Language Dictionary,* London: HarperCollins.
____. (1998) Personal communications, 20 September.
Siqueira, T.N. (1943) *The Education of India: History and Problems,* Humphry Milford: Oxford University Press.
Slaughter, S. and Leslie, L. L. (1997) *Academic Capitalism: Politics, Policies and the Entrepreneurial University,* Baltimore: The Johns Hopkins University Press.
Smith, B.O., Stanley, W.O. and Shores, J.H. (1971) 'Cultural roots of the curriculum', in R. Hooper (ed.) *The Curriculum: Context, Design and Development,* Edinburgh: Oliver and Boyd in association with the Open University Press.
Sobel, D. (1999) *Galileo's Daughter,* London: Fourth Estate.
Spring, J. (1998) *Education and the Rise of the Global Economy,* Mahwah, NJ: Lawrence Erlbaum Associates.
Stephenson, N. (1992) *Snow Crash,* New York: Bantam Books.
Svensson, L. (1976) *Study Skill and Learning,* Gothenburg: Acta Universitatis Gothoburgensis.
Tallman, J. (2000) 'Who owns knowledge in a networked world?', in D.E. Hanna and Associates (eds) *Higher Education in an Era of Digital Competition: Choices and Challenges,* Madison: Atwood Publishers.
Tapscott, D. (1998) *Growing up Digital: The Rise of the Net Generation,* New York: McGraw-Hill.
_____. (1998a) 'Introduction: alliance for converging technologies', in D. Tapscott, A. Lowry and D. Ticoll (eds) Associate Editor Natalie Klym, *Blueprint to the Digital Economy: Creating Wealth in the Era of E-Business,* New York: McGraw-Hill, 1-16.
Tehranian, M. (1996) 'The end of university?' *Information Society,* 12, 4: 441-7.
_____. (1999) Personal communication, PTC Conference, Hawaii, 19 January.
Terashima, N. (1993) 'Telesensation – a new concept for future telecommunications', in *Proceedings of TAO First International Conference on 3D Image and Communication Technologies,* Tokyo, Japan.
_____. (2001) 'The definition of HyperReality', in J. Tiffin and N. Terashima (eds) *HyperReality: Paradigm for the Third Millennium,* London and New York: Routledge.
The Australian, 26 June 2002.
The Economist (1997) 'Inside the knowledge factory', 4 October: 3-5.
The Virtual Human Project, available online: http://www.crd.ge.com/esl/cgsp/projects/vm/ (7 November 2002).
The Weekend Australian, (2001) 'Teachers oppose WTO agreement', 25-26 August: 13.
Tiffin, J. (1978). 'Problems in instructional television in Latin America', *Revista de Tecnologia Educativa* 4, 2: 163-265.
____. (1996) 'In Search of the Virtual Class in "The Virtual University."?', in G. Hart and J. Mason (eds) *Proceedings and Case Studies,* Melbourne: University of Melbourne.
____. (2001) 'The HyperReality Paradigm', in J. Tiffin and N. Terashima (eds) *Hyper Reality: Paradigm for the Third Millennium,* London and New York: Routledge.
____ and Rajasingham, L. (1995) *In Search of the Virtual Class: Education in an Information Society,* London and New York: Routledge.

_____ and Rajasingham. L. (2001) 'The HyperClass', in J. Tiffin and N. Terashima (eds) *HyperReality: Paradigm for the Third Millennium,* London and New York: Routledge.

_____ and Terashima, N. (2001) 'HyperMillenium', in J. Tiffin and N. Terashima (eds) *HyperReality: Paradigm for the Third Millennium,* London and New York: Routledge.

Tight, M. (2002) 'What does it mean to be a professor?' *Higher Education Review,* 34, 2: 15-32.

Torres, C.A. (1998) *Democracy. Education and Multiculturalism Dilemmas of Citizenship in a Global World,* Lanham, MD: Rowman and Littlefield.

Trindade, A. R. (1993) *Basics of Distance Education: The Conceptual Panorama of Distance Education and Training,* Oslo: European Distance Education Network.

Turing, A. (1992) *Mechanical Intelligence,* Amsterdam and New York: Elsevier Science.

UN Chronicle (2002) 'The state of world population 2001: an opportunity to Johannesburg', *UN Chronicle,* 1 September.

UNESCO (2000) *World Education Report* 2000: *The Right to Education: Towards Education for All Throughout Life,* Paris: UNESCO.

Universal Declaration of Human Rights (1948) Available Online: http://www.un.org/Overview/rights.html (20 November 2002).

Verger, H. (1992) 'Teachers', in De Ridder-Symoens (ed.) *A History of the University in Europe,* Vol. 1, Cambridge: Cambridge University Press.

von Foerster, H. (1990) 'Ethics and second-order cybernetics', paper presented to the Intemational Conference on systems and family therapy, ethics, epistemology, new methods, Paris, 4 October 1990.

Vygotsky, L.S. (1978) *Mind in Society: The Development of the Higher Psychological Processes,* Cambridge MA: Harvard University Press.

_____ (1987) in R.W. Reiber (ed.) *The Collected Works of L.S. Vygotsky: Problems of General Psychology,* Vol. 1, New York: Plenum Press.

Wang, G. (1994) *Treading Different Paths: Information in Asian Nations,* Westport, CT: Ablex Publishing.

____. (1999) Personal Communication.

____ (2000) 'Introduction', in A. Goonasekera and J. Servaes (eds) *The New Communication Landscape,* London: Routledge.

Watson, J. and Hill, A. (1996) *A Dictionary of Communication and Media Studies,* London and New York: Edward Arnold.

White, K. W. and Weight, B. H. (eds) (2000) *The Online Teaching Guide: A Handbook of Attitudes, Strategies and Techniques for the Virtual Classroom,* Boston: Allyn and Bacon.

Whorf, B.L. (1956) *Language, Thought, and Reality,* New York: Wiley.

Williams, B. (1995) *The Internet for Teachers,* Foster City, CA: IDG Books.

Winchester, S. (1998) *The Surgeon of Crowthorne: A Tale of Murder, Madness and a Love of Words,* London: Viking.

Wordsworth, W. (1895) T. Hutchinson (ed.) *The Poetical Works of William Wordsworth,* London: Oxford University Press.

Wortham, S. (1999) *Rethinking the University: Leverage and Deconstruction,* Manchester: Manchester University Press.

Índice

Gráfica
METRÓPOLE

www.graficametropole.com.br
comercial@graficametropole.com.br
tel./fax + 55 (51) 3318.6355